中国工程院院士
是国家设立的工程科学技术方面的最高学术称号,为终身荣誉。

中国工程院院士传记

田兆运 陈沫 田茗羽 著

叶铭汉传

科学出版社
人民出版社

内 容 简 介

叶铭汉，我国著名的实验物理学家，中国工程院院士，为我国核物理事业的发展做出了卓越贡献，是我国低能加速器、低能核反应实验、粒子探测技术和高能物理实验等研究领域的开拓者与持续的推动者。1982 年起主持大型高能物理实验粒子探测装置北京谱仪的研制，是大型科研工程北京正负电子对撞机和北京谱仪的主要科技领导之一，该项目曾荣获国家科学技术进步奖特等奖等奖项，为推动我国高能物理实验基地建设发挥了重要作用。他出生并成长于上海，曾求学西南联合大学，终身受到其叔父、在近代教育史上享有盛名的叶企孙先生影响，致力于科教救国、科技强国，演绎出壮丽多彩的人生华章。

本书适合大众读者，特别是大中学生、研究生和科技工作者阅读，对广大物理专业从业者和爱好者具有较高的参考价值与借鉴意义。

图书在版编目(CIP)数据

叶铭汉传 / 田兆运，陈沫，田茗羽著 . —北京：科学出版社，2024.3

（中国工程院院士传记）

ISBN 978-7-03-078118-5

Ⅰ．①叶⋯ Ⅱ．①田⋯ ②陈⋯ ③田⋯ Ⅲ．①叶铭汉-传记
Ⅳ．①K826.16

中国国家版本馆CIP数据核字（2024）第045631号

责任编辑：张 莉 / 责任校对：韩 杨
责任印制：吴兆东 / 封面设计：有道文化

科学出版社 出版
北京东黄城根北街16号
邮政编码：100717
http://www.sciencep.com

北京中科印刷有限公司印刷
科学出版社发行 各地新华书店经销

2024 年 3 月第 一 版 开本：720×1000 1/16
2025 年 3 月第三次印刷 印张：21 1/2 插页：6
字数：286 000
定价：118.00元
（如有印装质量问题，我社负责调换）

中国工程院院士　叶铭汉

叶铭汉的母亲陈月生（约30岁时）　　　　中学时的叶铭汉

叶铭汉（后排右一）与兄姐合影（摄于1936年，上海）

1958年近代物理研究所工作人员合影（二排右四为叶铭汉）

1985年，叶铭汉与吴健雄、李政道等合影（前排左一为叶铭汉、右二为李政道、右五为吴健雄）

1984年参加全国宇宙线和高能天体物理会议（前排右六为叶铭汉）

叶铭汉与丁肇中等参观欧洲核子研究中心
（前一为叶铭汉，后排左一为丁肇中）

1983年，叶铭汉及团队赴美考察
（后排左一为叶铭汉，前中为谷羽）

1984年9月，参观欧洲核子研究中心（右为叶铭汉）

叶铭汉（前右）与美国布鲁克海文国家实验室所长（前左）握手并合影

1988年，叶铭汉（左）会见法国巴黎大学美思等教授

1996 年，参加北京医用磁共振物理培训班及研讨班（前排左六为叶铭汉）

2004 年，参加何泽慧院士九十华诞（前排右三为叶铭汉）

2004 年，参加散裂中子源学科应用研讨会（前排左六为叶铭汉）

2017年中国科学院副院长王恩哥（左三）等拜访叶铭汉院士（中）

2015年参加"叶铭汉先生与北京谱仪物理"学术报告会期间合影（前排左十为叶铭汉）

2015年在"叶铭汉先生与北京谱仪物理"学术报告会上发言

> 铭汉
> 敢为人先育英才
> 善思实干结硕果
> 祝新年快乐
> 　　　　李政道
> 　　　二〇一七年十二月

2017年12月，李政道写给叶铭汉的新年祝福

北京正负电子对撞机和北京谱仪荣获国家科学技术进步奖

北京正负电子对撞机建成
30周年颁发给叶铭汉的奖牌

1995年，叶铭汉当选为
中国工程院院士

中国工程院院士传记丛书

编辑出版工作领导小组
  顾 问：宋 健 徐匡迪 周 济
  组 长：李晓红
  副组长：钟志华 蒋茂凝 邓秀新 辛广伟
  成 员：陈建峰 梁晓捷 罗莎莎 唐海英
       丁养兵 李冬梅

编辑和审稿委员会
  主 任：辛广伟 罗莎莎
  副主任：葛能全 唐海英
  成 员：梁晓捷 吴晓东 赵 千 常军乾
       侯 春

编辑出版办公室
  主 任：赵 千
  成 员：侯 春 张丽四 龙明灵 蔡昌金
       方鹤婷 姬 学 高 祥 何朝辉
       宗玉生 张 松 王小文 张秉瑜
       丁 宁 聂淑琴

总　序

　　20世纪是中华民族千载难逢的伟大时代。千百万先烈前贤用鲜血和生命争得了百年巨变、民族复兴，推翻了帝制，肇始了共和，击败了外侮，建立了新中国，独立于世界，赢得了尊严，不再受辱。改革开放，经济腾飞，科教兴国，生产力大发展，告别了饥寒，实现了小康。工业化雷鸣电掣，现代化指日可待。巨潮洪流，不容阻抑。

　　忆百年前之清末，从慈禧太后到满朝文武开始感到科学技术的重要，办"洋务"，派留学，改教育。但时机瞬逝，清廷被辛亥革命推翻。五四运动，民情激昂，吁求"德、赛"升堂，民主治国，科教兴邦。接踵而来的，是国民大革命、10年内战、14年抗日和4年解放战争。恃科学救国的青年学子，负笈留学或寒窗苦读，多数未遇机会，辜负了碧血丹心。

　　1928年6月9日，蔡元培主持建立了中国近代第一个国立综合性科研机构——中央研究院，设理化实业研究所、地质研究所、社会科学研究所和观象台四个研究机构，标志着国家建制科研机构的诞生。20年后，1948年3月26日遴选出81位院士（理工53位，人文28位），几乎都是20世纪初留学海外、卓有成就的科学家。

　　中国科技事业的大发展是在新中国成立以后。1949年11月1日成立了中国科学院，郭沫若任院长。1950—1960年有2500多名留学海外的科学家、工程师回到祖国，成为大规模发展中国科技事业的第一批领导骨干。国家按计划向苏联、东欧各国派遣1.8万各类科技人员留学，全都按期回国，成为建立科研和现代工业的骨干力量。高等学校从新中国成立初期的200所增加到600多所，年招生增至28万人。到21世纪初，高等学校2263所，年招生600多万人，科技人力总资源量超过5000万人，具有大学本科以上学历科技人才达1600万人，已接近最发达国家水平。

新中国成立60多年来，从一穷二白成长为科技大国。年产钢铁从1949年的15万吨增加到2011年的粗钢6.8亿吨、钢材8.8亿吨，几乎是8个最发达国家（G8）总年产量的2倍。水泥年产20亿吨，超过全世界其他国家总产量。中国已是粮、棉、肉、蛋、水产、化肥等第一生产大国，保障了13亿多人口的食品和穿衣安全。制造业、土木、水利、电力、交通、运输、电子通信、超级计算机等领域正迅速逼近世界前沿。"两弹一星"、高峡平湖、南水北调、高公高铁、航空航天等伟大工程的成功实施，无可争议地表明了中国科技事业的进步。

党的十一届三中全会以后，实行改革开放，全国工作转向以经济建设为中心。加速实现工业化是当务之急。大规模社会性基础建设，大科学工程、国防工程等是工业化社会的命脉，是数十年、上百年才能完成的任务。中国科学院张光斗、王大珩、师昌绪、张维、侯祥麟、罗沛霖等学部委员（院士）认为，为了顺利完成中华民族这项历史性任务，必须提高工程科学的地位，加速培养更多的工程科技人才。中国科学院原设的技术科学部已不能满足工程科学发展的时代需要。他们于1992年致书党中央、国务院，建议建立"中国工程科学技术院"，选举那些在工程科学中做出重大的、创造性成就和贡献、热爱祖国、学风正派的科学家和工程师为院士，授予终身荣誉，赋予科研和建设任务，请他们指导学科发展，培养人才，对国家重大工程科学问题提出咨询建议。

中央接受了他们的建议，于1993年决定建立中国工程院，聘请30名中国科学院院士和遴选66名院士共96名为中国工程院首批院士。于1994年6月3日，召开了中国工程院成立大会，选举朱光亚院士为首任院长。中国工程院成立后，全体院士紧密团结全国工程科技界共同奋斗，在各条战线上都发挥了重要作用，做出了新的贡献。

中国的现代科技事业比欧美落后了200年。虽然在20世纪有了巨大进步，但与发达国家相比，还有较大差距。祖国的工业化、现代化建设，任重道远，还需要有数代人的持续奋斗才能完成。况且，世界在进步，科学无止境，社会无终态。欲把中国建设成科技强国，屹立于世界，必须持续培养造就数代以千万计的优秀科学家和工程师，服膺接力，担当使命，开拓创新，更立新功。

中国工程院决定组织出版"中国工程院院士传记"丛书，以记录他们对祖国和社会的丰功伟绩，传承他们治学为人的高尚品德、开拓创新的科学精神。他们是科技战线的功臣，民族振兴的脊梁。我们相信，这套传记的出版，能为史书增添新章，成为史乘中宝贵的科学财富，俾后人传承前贤筚路蓝缕的创业勇气、魄力和为国家、人民舍身奋斗的奉献精神。这就是中国前进的路。

宋健

2012年6月

目　　录

总序 /i

第一章　故乡家国 …………………………………………（001）

　　第一节　家乡上海 ………………………………………（003）

　　第二节　叶氏家族 ………………………………………（005）

　　第三节　慈母恩深 ………………………………………（011）

　　第四节　两位叔父 ………………………………………（016）

　　第五节　同胞兄姐 ………………………………………（025）

　　第六节　童年往事 ………………………………………（028）

　　第七节　初中时光 ………………………………………（037）

　　第八节　高中时光 ………………………………………（043）

　　第九节　上海往事 ………………………………………（048）

第二章　辗转求学 …………………………………………（053）

　　第一节　远赴重庆 ………………………………………（055）

　　第二节　山城求学 ………………………………………（063）

　　第三节　初到西南联合大学 ……………………………（072）

　　第四节　加入青年军 ……………………………………（079）

　　第五节　重回西南联合大学 ……………………………（090）

　　第六节　北京求学 ………………………………………（095）

第三章　投入科学实验 （109）
第一节　第一台静电加速器 （111）
第二节　第二台静电加速器 （136）
第三节　核物理实验 （154）
第四节　曲折中坚持 （160）
第五节　建立高能物理实验基地 （170）
第六节　国际帮助 （184）

第四章　国家使命 （195）
第一节　选择正负电子对撞机的曲折历程 （197）
第二节　北京正负电子对撞机工程正式启动 （211）
第三节　北京谱仪简介 （216）
第四节　担任物理一室主任与高能物理研究所所长 （240）
第五节　北京谱仪的研制 （248）
第六节　双 β 衰变实验 （260）
第七节　BEPC Ⅱ 和 BES Ⅲ （265）
第八节　高能物理研究所与互联网 （280）
第九节　访问学者 （291）

附录 （299）
附录一　叶铭汉大事年表 （301）
附录二　叶铭汉主要著述目录 （330）
附录三　北京谱仪工作人员名单 （333）

第一章
故乡家国

第一节 家乡上海

东方明珠，十里洋场。上海是叶铭汉的家乡。

在20世纪二三十年代的中国，这个象征着繁华和时尚的沿海都市，曾经成为无数人怀揣梦想、实现人生理想的舞台。

1925年4月2日傍晚（阴历三月初十酉时），叶铭汉出生在世居上海的一个小康知识分子家庭，在相当长的一段时期里，尽管他在这座城市出生、成长，但对这座城市、这片土地的历史却所知不多。

其实，在叶铭汉上小学的时候，史地教科书里讲到上海时，都说帝国主义列强在强迫我国开放五个通商口岸，上海作为通商口岸崛起之前，只是一个渔村。

上海别称"申"或"沪"，这个名称可谓历史悠久。春秋战国时期，上海地区先是吴、越的属地，后又属楚。楚考烈王时为春申君黄歇的封地，相传黄歇疏通了黄浦江，黄浦江因而又名春申江，上海的别称"申"便由此而来。

吴淞江下游两岸居民多以捕鱼为生，渔民创制了一种用以捕鱼捉蟹的工具"扈"，后来"扈"演变为"沪"；古时又称单独流入海的江河为"渎"，因而上海又被称为"沪渎"，简称"沪"。

从汉代起，上海就有铸钱、冶铁、煮盐等业，到了隋唐时期，随着江南经济的不断发展，上海一带的经济也得到较快的发展。到唐代中叶，上海地区的农业、渔业和盐业已经有一定的发展。唐天宝十年（751年）设立了华亭县，现在上海市区就在原来的华亭县境内。

据相关史书记载，华亭县东北部的青龙镇①（位于今上海市青浦区白鹤镇），相传建于唐天宝五年（746年）。由于地处江海要冲，它逐渐成为上海地区最早的外贸港口。曾记载有三十六坊、烟火万家的繁荣景象，它也是人文荟萃的文化名镇。北宋大书法家米芾曾任青龙镇监镇②。随后，由于河道变迁和海岸线向外延伸，青龙镇距海日远，逐渐变为内港，其地位被北宋熙宁年间兴起的上海所取代。南宋咸淳三年（1267年），设上海镇治，属华亭县管辖。当时上海成为新的贸易港口。

至元十四年（1277年），在上海镇设立市舶司，与广州、泉州、温州、杭州、庆元（宁波）、澉浦（海盐）合称全国七大市舶司。上海的市舶司衙门设在后来的上海县管辖的区域内，即在原南市区（今属黄浦区）小东门内方浜中路以南的光启路上。同年，华亭县升格为松江府。至元二十八年（1291年）八月十九日，元朝将上海镇及周围的五个乡划出，成立上海县，县治在今天上海市中心原南市区，隶属于松江府，这是上海建县的开始③。

上海建县后，经济很快大发展。植棉业日趋兴盛，棉纺织业亦逐渐兴起。一位松江妇女黄道婆从海南带回了先进的纺织技术，并改革了纺织工具，纺织品从而量多且质优，促进了当地棉纺织业的发展。关于黄道婆的故事曾在民间广泛流传，上海还有专门祭祀她的庙。由于她改进了纺织技术，明代中叶，松江府辖境（包含上海县在内）成为全国的棉纺中心，其生产的布匹行销全国，远销海外。

上海县经济的另一支柱产业是航运业。当时因运河逐渐淤塞，南方向北方的粮食运输主要依靠海运，上海成为海运漕粮的一个主

---

① 仲富兰. 上海六千年·远古文明 [M]. 上海：上海人民出版社，2018：188-190.
② 仲富兰. 上海六千年·远古文明 [M]. 上海：上海人民出版社，2018：174.
③ 仲富兰. 上海六千年·千年之城 [M]. 上海：上海人民出版社，2018：132.

要集散点。海运用一种专用的平底帆船，适合在近海水浅且沙滩多的航道上航行，所以这种船被称为沙船。小的沙船可载25吨货物，大的沙船可载150吨货物，是当时漕运的主要运输工具。

清康熙二十三年（1684年），开放海禁，次年又设立江海关，从此上海的航运业得到空前发展。上海逐步形成内河航运、长江航运、南北洋航运和国际航运等多条航线，成为棉布进出口量最大的吞吐港，也成为海上贸易的中转站。清乾隆、嘉庆年间，上海逐渐成为全国的贸易大港和漕粮运输中心，聚集在上海港的船舶有时达3000多艘。

叶铭汉的外祖母家是上海一个经营航海业的世家，船行的字号为陈丰记，专门经营货运，航线是上海到天津、营口一线。五口通商前，根据当时的记载，上海有3000多艘沙船。上海有5家大航船商，陈丰记是其中之一。五口通商后，由于外国轮船进入这条航线，沙船航业逐渐衰落。2019年前上海外滩附近还有一条街，街名为丰记码头。

第二节　叶氏家族

叶铭汉家族曾经完整保留了一本家谱——《寿春堂叶氏家谱》。有一段时期，这本家谱就存放在叶铭汉的三叔父叶企孙家，后虽在"文化大革命"中被抄走，但客观上却帮助叶家保存了这一宝贵的家族历史资料。如果当时家谱存放在上海家中，很可能就会跟祖先的画像一起被毁掉，能够保存下来可以说是非常难得。

这本家谱是从迁到上海县城的第一世（1542～1579年）开始记录的，没有更早历史的记录。叶铭汉曾听祖父讲过，叶家祖先原住青浦，在明嘉靖年间迁到上海县城内，一直居住在文庙附近。在青浦时叶家从事什么职业并不清楚，家谱上也没有记载。至于究竟是在嘉靖哪一年，又是为何迁到上海县城内的，他的祖父也不清楚。

据家谱记载，叶家原姓夏。家谱上第一到第五世（1542～1726年），只记录了人员姓名和生卒年月，没有关于职业的说明。第五世从母姓改姓叶，开始有叶氏家族。叶铭汉曾听祖父讲，从第一世到第四世时，还跟居住在青浦的祖先有来往。改姓叶后，便逐渐没有来往了。从第六世（1691年）开始才有关于家族成员职业的记录。

第六世有一位名叫叶嘉树（1691—1742），家谱记录中有"邑庠文生，康熙四十八年学院张岁取第四十八名入学"[①]。邑庠文生就是秀才，入学是被取为秀才，主持考试的考官姓张。叶氏开始有人读书应考成为读书人。

第七世有一位名叫叶绍焯（1727—1814），"恩给九品冠带"。这在封建社会是一种荣誉。在封建社会，官员与普通百姓是穿不同的衣服的。家谱上没有说他是因何而得到恩施的，不知是"捐"的[②]还是其他原因。

第八世有一位名叫叶森（1737—1796），"医学训科"，是位医生。还有一位名叫叶予桐（1772—1841），"本县吏员"。

第九世是叶铭汉的高祖父叶和（1805—1874），"邑庠文生（道光九年学院申启贤岁试取中第二名入学），议叙八品职衔（道光二十九年接济捐资），加布政司经历衔，并作附监生（咸丰七年捕盗捐资）。精研礼学。分纂同治上海县志，续志有传"。相当明显，此

[①] 家谱在2011年重新抄录，添加标点符号和公元年月。本书引用家谱上的记录时，一律用楷体并加引号。——作者注

[②] 在明、清两朝，老百姓可以用一定的钱向政府买一个官衔，实际不做官，但可以相应穿戴一定的冠带，成为士绅。——作者注

时叶家家境比较富裕了，因此可以两次捐资。另外，也有一定的学术地位，开始参与编写县志。从第六到第九世，估计叶家家境逐渐改善，进入小康的所谓"士绅"阶层。

到第十世，即叶铭汉的曾祖父叶佳镇（1828—1900），从事经营海运，曾任江苏海运董事，并襄理轮船招商局的漕务江鄂运务[①]。那时候，由于贯通南北的运河淤塞，上海因而成为将南方粮食运输到北方的重要海港之一。清政府很重视这条运输线，时常给予经营海运漕粮的商人奖励。

据家谱记载：叶佳镇是"国子监典簿衔，捐资指分浙江候补知县，历届江苏海运出力，奏报俟补缺"，大概是说他经营海运得利，然后捐资得到一个虚名的国子监典簿的头衔，成为"候补知县"。后来大概又捐资，"以同知直隶州知州用，赏给五品封典"。

用现在的话说，"捐资"就是按照政府的规定出钱合法地买一个"职称"。在那时"捐资"是合法的，是政府的一项财政收入。在封建社会，有了某种官衔，就可以穿某种颜色的衣服，帽子上戴有某种顶珠等，区别于普通老百姓的穿戴，可以成为"红顶"商人。捐资买了一个当官的资格，称为候补，如候补知县，就是有了当知县的资格，不同等级的候补所花的钱不同。但是一个人即使有了当官的资格，如果要真正做官（当时叫补缺），还得靠上级官员的"提拔"，也就是还得再花钱。叶佳镇实际没有当过官，得了一个"赏给五品封典"，在当时可以光宗耀祖。

一、祖父叶景澐

第十一世叶景澐（1856—1935）是叶铭汉的祖父，他终身从事教育工作。1875年应科举考试，成为秀才。1879年开始从事教育工

[①] 江苏海运是官民联合组织的航海业行会。轮船招商局是官民合办的企业，经营航海业。——作者注

作，在家设立家塾。他的思想比较开明，除了教授"四书五经"[1]及八股文文体外，还着重修身治学之道。1885年应试成为举人。

上海曾有一家书院，名为敬业书院。清乾隆十三年（1748年），由江苏按察史[2]翁藻等在上海创建，旨在以经书举业为主。道光十二年（1832年）林则徐出任江苏巡抚[3]时，常以敬业书院为家，并亲笔题额赞誉书院为"海滨邹鲁"。敬业书院的声名卓著，清末报人、政论家王韬在其《瀛壖杂志》中称：在沪"诸生多来肄业"。巡道[4]杨魁（后升任江苏巡抚）在《重修书院记略》中亦称"而他邑亦有负笈而来者，海上文风骚骏乎日上矣"。

1902年，敬业书院改制成为新制学校，定名为敬业学堂，叶景澐任敬业学堂董事。1905年，该校改名为上海县官立敬业高等小学堂，并采用校长制，他任首任校长。该学堂不是现在大家熟悉的小学，而是古代意义上的小学。古代学校有小学、大学之分，没有中学。古代的大学以诗书礼乐为学习内容，小学则以文字训诂为学习内容，后者是对学生进行基础教育的场所。

叶景澐办了24年家塾。1903年，新制的学校养正学堂设立后，他任养正学堂总教习。他让家塾的全部学生转入养正学堂，当时设立上海县官立敬业高等小学堂的设想是将其作为对学生进行基础教育的场所。1905～1913年叶景澐任校长期间，在课程中最早设置西算、理化、博物等学科。

叶景澐曾奉派到日本考察教育。出国到日本考察一事，叶铭汉直

---

[1] "四书五经"是"四书"和"五经"的合称，是中国儒家的经典书籍。"四书"是指《大学》《中庸》《论语》《孟子》，"五经"是《诗经》《尚书》《礼记》《周易》《春秋》五本儒家经典的合称。明、清两朝的科举考试出题范围限定在朱熹注的"四书"之内，考生必须用八股文的形式答题。由于这些因素，"四书"不仅成为儒学的重要经典，而且成为每个读书人的必读书，直到1905年废除科举考试为止。——作者注

[2] 明、清朝时，按察史是正三品。——作者注

[3] 清朝时，巡抚是正三品，是一省最高军政长官，拥有处理全省民政、司法、监察及指挥军事大权。——作者注

[4] 清朝时，巡道为从三品或正四品官员。——作者注

到20世纪70年代末看到家谱后才知道。1904年秋，叶景澐奉派赴日本考察教育，时长约3个月。同行者有袁希涛①、沈信卿②、夏琅云③，当年冬季回国，著有《甲辰东游录》，没有出版，现在不知稿子的下落。

叶铭汉小时候喜欢乱翻书，看书上的插图。他记得小时候家里有五六本精装的日文书，书中有一些插图，画的都是一些穷凶极恶的日本武士，当时看了有点儿害怕，但还是会时常翻翻看看，家里有插图的书不多，因此他的印象很深刻。他当时觉得有点儿奇怪，不知道这几本书是从哪里来的。后来猜想，一定是他的祖父从日本带回来的。

在有关文献中，曾有人写文章提到叶景澐和黄炎培一起到日本考察教育的故事，但据叶铭汉考证，实际上并没有二人同去这回事。历史上确有其事的是二人曾分别先后去日本考察过教育，结交很深。

1935年叶景澐病故后，叶铭汉记得黄炎培写了一副挽联，家里人还把这副挽联长期挂在客厅里。叶铭汉的父亲也对他说过，应好好珍藏这副挽联。令人惋惜的是，"文化大革命"中，这副挽联不知所终。

1913～1923年，叶景澐被清华学校聘为国学教师。1925～1927年，任位于松江的江苏省立第三中学校长。1927年他年已71岁，辞职退休回家。

---

① 袁希涛（1866—1930），字观澜，又名鹤龄，江苏宝山（今属上海市）城厢人。清光绪举人，清末民初教育家，曾赴日本考察教育。1897年任沪广方言馆教习时接触新学并注重教育，参与筹办复旦公学（现复旦大学）于吴淞，担任复旦公学第一任教务长，将德国创办的同济医工学堂（现同济大学）收回自办，迁校于吴淞。1912年，应教育总长蔡元培之邀，赴北京任教育部普通教育司司长，历任教育部次长、代理教育总长。——作者注

② 沈信卿（1864—1944），号渐庵，江苏吴县人，曾赴日本考察教育，回国后改龙门书院为师范学堂，从事教育事业。曾任中国图书公司总编辑，创立全国教育联合会并任首任主席、中华职业教育社甲子社（后扩充为上海鸿英图书馆）。——作者注

③ 夏琅云（1870—1945），学名夏曰璈，上海人，近代教育家，曾赴日本考察教育，参办龙门师范学堂（现上海中学），曾赴天津任学务公所教育科长等，宣统三年（1911年）因办学劳绩异常，由学部嘉奖，授通判衔。——作者注

79 岁时的叶景澐

在叶铭汉的记忆中，祖父是家中地位最高的人，他们孙子辈每天第一次见到他时都要礼貌地叫他一声"爹爹"，这是上海本地人对祖父的称呼。他只是答应一声，除此之外，并不多说什么话。大多数时候，孙子辈跟他之间并没有什么交流。

说到对祖父的印象，叶铭汉记忆最深刻的是，他十分关心时事，天天看书读报，有时以写字自娱。家里订有一份《申报》和一份《大晚报》。当时上海有两份大型报纸——《申报》和《新闻报》，前者刊登的国内外新闻多一些，后者刊登的社会新闻多一些。

19世纪初，叶家祖先从事经营航海业。19世纪中叶，叶铭汉的曾祖父叶佳镇在今上海市蓬莱路附近购买了一块地，并在那块地的南端建了三间平房作为祠堂，在距离祠堂四五十米处建了住房，房子的布局类似于北京的四合院平房。在祠堂与住房之间的空地开辟出一个小花园，种了一些树。

经过几十年的发展，19世纪下半叶，叶家又在这块地的北端建了一栋二层楼房，式样是当时上海流行的民居楼房，楼房地基呈"凹"字形，朝南是正屋，两翼是东西厢房。楼房成为一个单元，房前的空地，上海人称为天井，天井里一般有一口井，那时几乎家家用水都靠自家的井。叶铭汉家住楼房，二叔父家住平房，平房的一部分租了出去。

在楼房西北角盖有厨房（平房），厨房旁边还有井。上海地区的地下水水位相对较高，掘地两米多就能见水。1883年，英国商人在上海创建了中国第一家自来水厂，开始有自来水供应。在叶铭汉的记忆里，他小时候已有电灯，但他并不知道是何时开始有电灯的。

20世纪20年代，上海的一些老房子的窗户都还没有装玻璃，而是用磨薄了的蚌壳，这样可以从窗户透进屋里一些亮光。

1931年，叶铭汉家从老宅搬到法租界康悌路（现建国东路）。在那里有叶家的一块坟地，在坟山的旁边建造了一栋二层房子，住房面积比老宅原来的房子小了一些，但是比较现代化，有了自来水、玻璃窗，但没有抽水马桶。

20世纪末，为了市区的整体改造，建国东路叶家所在的一段所有建筑全部被拆除，成为一大片平地。后来叶铭汉再没有去过，不知那里现在被改造成了什么样子。

现在叶家位于南市的老房子还在，由区政府管理，住了十多家房客。花园在1958年被一家工厂占用，在此处建了一栋四层厂房。

第三节　慈母恩深

一、父亲叶鸿绩

叶铭汉的祖父共生育有四儿四女，但男孩中的老大不幸夭折。

叶铭汉的父亲叶鸿绩（1888—1969），字慕橘，是四个男孩中的老二，上海龙门师范学校毕业，随后又在江苏省立高等文科专攻文学。1911年辛亥革命爆发，叶家姻亲李平书带头发动推翻清政府的革命活动，叶鸿绩跟随李平书，做他的秘书，帮办文书事务。1912年叶鸿绩任上海都督府司法衙门秘书处秘书，几个月之后，成为江苏省行政公署内务部（民政厅）官员。上海地方立法会议成立后，任秘书长。

1913年4月，第一届国会开幕，叶鸿绩任参议院秘书。1914年3月，任约法会议（临时约法会议修改处）秘书。1915年4月，约法会议结束。

1915年8月，叶鸿绩被委派去湖北省署任职，由候补省署段书云派赴日本考察半年。1916年5月又被任命为约法会议秘书，一年后，约法会议终止，湖北省署要求他做地方官员待命。

1917年秋，叶鸿绩被交通部任命为上海县电话局局长，1921年转任青岛胶济铁路局电气科科员。自1927年起，他先后担任国民政府外交部驻沪办事处科员、财政部盐政督察处科员、《大陆报》(The China Press)职员等。1937年抗日战争全面爆发后，无业在家。1969年1月15日逝世。

关于父亲，叶铭汉对他的记忆很少。因为从20世纪20年代初叶铭汉出生之前，叶鸿绩就另外纳妾成立小家，大部分时间全在小家，完全不管原来家中经济。叶铭汉从小跟父亲几乎没有什么接触，因而也就基本上没有什么感情。

二、母亲陈月生

叶铭汉的母亲陈月生（1886—1964），出生于上海一个经营航海业的世家。船行的字号为陈丰记，在她出生时，由于外商的轮船进入了这条航线，沙船航运一蹶不振，家业逐渐衰落，但整体来说仍算是小康之家。

陈月生小时候，家里请老师教她姐妹四人念了几年书，出嫁后也就忘了。但是，她非常懂得为人处世的大道理，教育子女有方，对叶铭汉的成长影响极大。在教育子女方面，她既不溺爱孩子，又不太限制孩子，也不寄予过高期望。

叶铭汉对此深有体会，他认为母亲从来也没有"望子成龙"，而是"望子成好人"。她大概相信，成不成龙是上天注定，而做好人是一个人应该努力去做的。母亲对孩子们的教育，就是很纯粹地教育他们要做一个好人。

陈月生觉得孩子们上学，能升级就可以了，从来没有要求孩子考第一名。也许是为了求得心理上的安慰，她成了一名佛教徒，她心中的好人是一个信佛教、慈悲为怀的人。碰到叫花子（上海话称乞丐为"叫花子"）讨钱，她总会让孩子们给一两枚铜板[1]。每年清明节后，她都会跟自己的姐妹和几位亲戚挎了黄布进香袋到普陀山等地烧香拜佛。

1936年夏，峨眉山某寺庙的一位方丈到上海组织了一次前往峨眉山的烧香拜佛活动，叶铭汉的母亲和她的姐妹等参加了这次活动，有三十多位善男信女参加，有点儿类似现在的旅行团，交了一定的钱，一切由那位方丈安排。

这次出行他们先是坐轮船从上海出发到重庆，再换其他交通工具。那时候，中国正在加速发展，长江的航运已经现代化。母亲烧香回来后对卢作孚[2]创办的民生公司的客轮十分赞赏，说船上非常干净，船上的服务人员大都是初中毕业的年轻人，对他们的服务也赞不绝口。这件事给叶铭汉留下了非常深刻的印象。

尽管只是一名家庭妇女，但母亲却在世事的处理上非常有主见，对一些事情看得非常透彻。对于丈

叶铭汉的母亲陈月生
（约30岁时）

---

[1] 20世纪20年代，一元银币可换300枚铜板。——作者注
[2] 卢作孚（1893—1952），重庆合川人，中国著名爱国实业家、教育家、社会活动家、农村社会工作先驱，跨越了"革命救国""教育救国""实业救国"三大领域。——作者注

夫另有家室一事，曾经有一位亲戚给她出主意，劝她花点儿钱"买断"女方让她离开父亲。母亲却说："没有用的，他这个人本性难移，去掉一个，他还会娶第二个。"

三、诞育之恩

19世纪以前，妇女都是在家里生孩子，由专业的年老妇女（俗称"接生婆"）接生，她们有经验，但是缺乏医学知识，碰到难产，往往束手无策。妇女头产难产的情况时常发生，死亡率很高。叶铭汉母亲的大姐就是这样死的。

叶铭汉的祖父原本只相信中医，但在叶铭汉的母亲头产时，还是同意让她住进了上海知名的红房子妇产医院①。母亲曾告诉叶铭汉，自己在生叶铭汉的大哥时难产，医生最后用产钳强行把孩子拉了出来，当时小孩的头都给夹扁了。叶铭汉和他的哥哥姐姐都是在红房子妇产医院里出生的。这家医院的名声极好，现在在上海他处另建了新大楼，但是老房子还在，继续造福百姓。

由于叶铭汉的父亲不管家中老小，所以家里经济开支完全靠房租收入，由母亲来主持。在抗日战争全面爆发前，叶家的基本生活是可以维持的，只有到了每年开学时，子女的学费筹集比较困难。1937年抗日战争全面爆发后，叶家的大部分房租收不到了，家中经济状况逐渐下降，生活日渐困难。

叶铭汉自幼跟随母亲生活，母亲的言行举止对他影响很大。因为家里经济并不宽裕，母亲当家十分节省，除了生活必需外，绝不乱花钱。她性格很好，没有什么脾气。在子女教育方面，她非常开

---

① 上海红房子妇产科医院是我国历史最悠久的妇产科医院之一。1884年，在美国人玛格丽特·威廉逊（Margaret Williamson）女士的资助下，伊丽莎白·罗夫施耐德（Elizabeth Reifsnyder）和伊丽莎白·麦基奇尼（Elizabeth McKechnie）两位医学传教士在南市西门外创办了上海西门妇孺医院，因建院时屋顶是红色的，老百姓便把这座医院亲切地称为"红房子医院"。现在改名为复旦大学附属妇产科医院。——作者注

通，经常教育孩子们，长大了一定要靠自己的努力来谋生养活自己。遇到孩子们想看电影或者想买玩具时，她总是说："等你长大自己赚了铜钿买多少都可以。"面对母亲的坚决态度，孩子们也都明白这个道理，而不会再继续要求。

每逢春节时，亲戚之间都要互相给小孩压岁钱，其他人家给叶家的孩子们，母亲也会给人家的孩子们。叶家孩子们收到的压岁钱一律由母亲代管，因为孩子们很清楚，家里不富裕，自己得到的压岁钱应该用来贴补家用，对此孩子从来没有提出过异议，也从来没有把压岁钱归己使用过。

母亲的教育让叶铭汉从小便养成了节俭的习惯。吃饭从不挑食，有什么就吃什么，母亲从来不问孩子们想吃什么，要求他们吃饭时不许浪费，不许掉一粒米。母亲常说，糟蹋粮食要受天打的，浪费是作孽。叶铭汉年龄最小，穿的衣服绝大部分是他的八哥穿过的，但他对此从不抱怨。

作为家中年龄最小的孩子，叶铭汉经常跟着母亲，有时帮母亲做一些家事，因而他最受母亲喜爱。从小学五年级开始，母亲就要他帮自己记录家用支出的账目，由她口述，由叶铭汉记录。

母亲相信人生一切都是注定的。她碰到不如意的事，常以"命里注定的"来自我疏导，从不抱怨，也不沉溺于悲伤的情绪中。她相信算命。那时候，有专门算命的盲人沿街走动，有人要算命，就将盲人请进屋里来。叶铭汉清楚地记得，有一次他刚好在家，母亲把一位算命的盲人请进家里请教一些问题。其中一个问题是关于铭汉六姐铭梯的，她性格开朗，经常帮母亲做家务，她属羊，当时有一种说法，说是属羊的女性命苦，母亲就想问问算命的盲人铭梯的命运怎样。

此外，母亲问的另一个问题是，她去世时会有几个孩子送终。对于这些事情，幼年的叶铭汉感觉非常奇怪，不知道母亲为什么会问这些问题。在他当时那个年龄，当然不可能想到有关死亡的问题，死亡似乎是极其遥远的事情。

1946年，母亲到天津帮助叶铭汉的大姐叶铭燕带孩子，在寒假期间，叶铭汉曾到天津看望母亲。当叶铭汉告诉她自己上完大学还要读研究生的打算时，母亲露出无奈而又失望的表情，好一阵子没有说话。

也就是从那时候开始，叶铭汉忽然感受到，母亲最大的愿望一直是等他大学毕业后有了工作，自己能跟小儿子一起生活，现在却要推迟几年，她只能继续默默地等待。但他没有想到的是，1948年，母亲随大姐一起去了台湾，从此两相分别。更让他没有想到的是，母亲过世的时候，居然没有一个亲生子女在她身旁送终，她一定是抱着极大的遗憾离开这个世界的。

叶铭汉的母亲陈月生
（约60岁时）

第四节 两位叔父

叶铭汉的一生中，除了母亲，对他影响最大的是其三叔父叶企孙。这就要说到他的两位叔父了。叶铭汉的祖父共生育了四儿四女，其中四个儿子中的长子不幸夭折，叶铭汉的父亲便成为儿子中的老大，他的两个弟弟后来分别有着不一样的人生。

一、二叔父叶鸿基

叶铭汉的二叔父叶鸿基（1892—1940），字颂高，自幼天资愚钝。为了让他掌握一门技艺，以求在社会上立足，叶景澐将他送到画铅画人像的张东绅画师那里做学徒学习画帧技术。20世纪初，照相技术在上海还不是十分普及，有些人甚至一辈子都没有照过相。一个人过世后，其家人会把专门画祖宗像的画师请到家里，让他看看死者的容貌，画师随后根据记忆画出供下一代祭祀祖宗时悬挂的画像，上海人称这种画像为"帧"。

叶家的帧是从叶铭汉的高祖父一代开始的。他见到的帧是在民国时期重新画的，帧中人穿着的衣服都由画师画成清朝官员穿的样子，衣服上有飞禽的图案，有的像仙鹤。叶铭汉记得，自己小时候，每逢春节，家里人都会把所有的帧都挂起来，在帧前摆上祭品，磕头致敬，七天后再把这些帧都收起来保管，第二年再挂。

在跟随画师学艺的过程中，学徒先画最简单的背景，再循序渐进画人脸。也许是智力残障的原因，叶鸿基学了几年也没有学成。1911年，他想去报考军官学校，家人没有同意，后来他一直赋闲在家。

叶鸿基结婚成家后生有一女一男，儿子不幸在三岁时夭折。他的妻子毕业于上海务本女校，人很能干，两人的婚姻本来就极不合适，儿子夭折后，她非常伤心，感到生活无望，后带女儿回了娘家，实际上相当于两人离婚了。作为长辈的叶景澐对此表示理解，没有提出异议。叶铭汉的母亲与这位妯娌一直有来往。鉴于叶鸿基的情况，作为一家之主的叶景澐决定分家，1931年把老宅的全部房产给予叶铭汉的二叔父，让他能够依靠房租生活下去。叶鸿基后来因肺病于1940年去世。

二、三叔父叶企孙

叶铭汉的三叔父叶企孙（1898—1977），原名鸿眷，物理学家、教育家，中国近代物理学最重要的奠基人之一，中央研究院院士，中国科学院学部委员（后改称院士）。他在兄弟姐妹中排行第八，也就是最小的一个；他在男孩中排行第三，小一辈的便称他为三叔，上海话是"三爷叔"。

叶企孙六岁丧母。由于家里藏书多，他从小就喜欢看书，安静少动。叶铭汉曾听一位表哥讲，叶企孙小时候很喜欢在家中玩"巡游"，晚饭后，他坐在椅子上，让家里的大人抬着椅子，打着灯笼在家里到处走。那时候老家的院子比较大，还有一个小花园，可以走上一阵。

在叶铭汉祖父的眼里，作为老幺的叶企孙之所以能得到特别的偏爱，跟他所表现出来的独特天分有关。早在他读小学时，晚上叶铭汉的祖父就时常带他看星空，教他认识星座，培养他对天文的兴趣。

熟悉清华大学历史的人都知道，这所学校与当年美国退回的"庚子赔款"有关。根据当年中国与美国达成的协议，清政府承诺将这笔钱固定的一部分用于送学生到美国留学。为了更合理高效地使用这笔经费，当时清政府特成立了清华学堂，作为培养到美国留学学生的预备学校。

当时确立的办学理念是：凡是在国内可以学习的学科尽量在国内学习，这样可以缩短在国外的学习时间，节省经费，可以多派出一些学生。更重要的考虑是：出国前，学生从清华学校高等科毕业时，已学完了相当于美国大学二年级的课程，有相当好的英语水平，思想比较成熟，到美国学习时可以较好地选择专业。

至于选择什么专业完全由学生本人决定，理、工、农、商、法、医、艺术等都可以，政府完全不干预。美国大学一年级和二年级的大部分课程是通识教育，在国内都能教。清华学校请了一批美国籍老师，课程几乎完全按照美国大学的课程开设。美国的大学承认清华学校高等科毕业学生的学分，从清华学校高等科毕业的学生可以插班进入美国大学三年级。

清华学堂于1911年成立后，便开始面向全国招生，按照各省负担的"庚子赔款"的百分比份额分配录取名额。叶铭汉的祖父获悉这个信息后，就让叶企孙到北京报名参加入学考试。

在当时那个年代，很少家长愿意让孩子到国外读书，叶家亲戚中就有一个这样的例子。曹本熹①是叶铭汉的表哥，他的父亲19世纪末毕业于交通大学的前身南洋公学，成绩很优异，被选拔出国深造，但曹本熹的祖父并不同意，不放他走。相比之下，叶铭汉的祖父是比较开明的。

为了到北京应试，叶铭汉的祖父特地请了一位年长的亲戚带领8个十三四岁的学童一起到北京报考。叶企孙顺利地考进了清华学堂。然而，没过多久，辛亥革命爆发，清王朝被推翻，学校被迫停课。叶企孙只好回到上海，进入上海制造局兵工学校，这实际上是一所普通的中学，当时的同学有谢家荣②、侯家源③，该校的化学老师是吴蕴初④。

1913年中，上海制造局兵工学校停办，叶企孙重新考入清华学校（此时清华学堂已改名为清华学校）。他在上海制造局兵工学校的

---

① 曹本熹（1915—1983），上海人，中国核化工专家、教育家，一生主要从事化工教育、核化工的研究和领导工作。为创建中国第一所石油学院（北京石油学院）奠定了基础。参与了核工业部的化工生产、铀化工转化过程、热核材料生产、核燃料后处理和放射性废物处理等许多重大试验与工程项目的领导工作，为中国核燃料化工生产做出了重大贡献。——作者注
② 谢家荣（1898—1966），上海人，中国科学院院士，对我国早期的地质事业发展贡献极大，首先指出我国东北可能有大油田。——作者注
③ 侯家源（1896—1957），字苏民，别号苏生，江苏省苏州人，著名铁路工程师。中学时代就读于清华学校，后考入唐山路矿学堂。1918年自唐山路矿学堂毕业后，考取清华官费留学，入美国康奈尔大学研究生院攻读土木工程专业，1919年获硕士学位。抗日战争期间，出任黔桂铁路工程局局长兼总工程师，同时兼滇缅铁路工程督办，为打通西南国际通道、支援抗战做出重大贡献。——作者注
④ 吴蕴初（1891—1953），化工专家、著名化工实业家，我国氯碱工业的创始人。1911年毕业于上海兵工学堂化学专业，留校任化学老师。20世纪二三十年代，他研究成功廉价生产味精的方法，在我国创办了第一家味精厂、氯碱厂、耐酸陶器厂和生产合成氨与硝酸的工厂。他大力支持学会活动，资助清寒优秀学生上大学，注重培养高级科技人才，为我国化学工业的兴起和发展做出了卓越贡献。——作者注

同学中有十多人考入了农商部地质研究班[①]。

　　根据叶企孙的日记记载，他在清华学校念书时，常与谢家荣等上海制造局兵工学校的老同学来往。同时，他常跟进入唐山路矿学堂的侯家源通信。他们两人都喜欢解数学难题，特别是几何难题，并以此为乐，经常通信互相交换难题及其解答，相互促进，共同进步。

　　就在1913年，叶景沄应聘任清华学校国学教师。叶企孙在清华学校读书时，于父亲指导下在课余阅读经史子集著名篇章和《九章算术》《海岛算经》《算法统宗》《畴人传》等著作。也许是自幼培养的结果，他对数学和天文的兴趣很大。

　　在清华学校读书期间，叶企孙在学校创办的杂志上发表了多篇科学史方面的文章，包括《天学述略》、《中国算学史略》、The Chinese Abacus（《中国的算盘》）、The History of Mathematics in China（《中国的数学史》）、The History of Astronomy in China（《中国的天文史》）。他还演算了《九章算术》第五章"商功"中所提出的计算方法，写出《考正商工》一文[②]。课余，他常演算美国专为中学生阅读的数学杂志上的一些数学难题，并乐此不疲，每解出一题，即向该杂志投寄。

　　1918年，叶企孙从清华学校高等科毕业，赴美插班进入美国芝加哥大学物理系三年级。1920年6月，获理学学士学位，之后进入哈佛大学攻读博士学位。在攻读博士学位期间，他与合作者一起利用X射线法重新测定了普朗克常数，获得当时该方法最精确的普朗克常数的实验数据。他的博士学位论文为《流态静压力对铁、钴和镍的磁导率的影响》，对高压磁学做出了开创性的贡献。这两项实验都是当时的国际前沿工作，也是中国物理学家在近代物理实验方面

[①] 农商部地质研究班（后改名地质研究所）是一所地质专科学校，其领导者和主要教员都是中国地质事业的奠基人，如章鸿钊、丁文江和翁文灏，曾培养出谢家荣等中国早期地质工作的骨干。——作者注

[②] 本节所列举的叶企孙的文章见：叶铭汉，戴念祖，李艳平. 叶企孙文存[M]. 北京：首都师范大学出版社，2013.

的首批重要贡献。

经过6年多的留学生活，1924年，叶企孙回国，历任国立东南大学副教授，国立清华大学副教授、教授、物理系系主任、理学院院长、代理校长，抗日战争期间，任国立西南联合大学教授、理学院院长，清华大学特种研究所委员会主任委员，中央研究院总干事。抗日战争胜利北返复校后，任清华大学教授、理学院院长。1948年当选为中央研究院院士。

1949年，叶企孙出任清华大学校务委员会主席，后改称主任委员（即校长）。1952年11月，叶企孙调离清华大学，任北京大学物理系教授、金属物理及磁学教研室主任、磁学研究室主任、北京大学校务委员会委员、中国自然科学史研究室兼任研究员。

1949年9月，叶企孙作为教育界代表参加第一届中国人民政治协商会议，当选为全国政协委员代表。1954年、1959年和1964年分别当选第一、第二、第三届全国人民代表大会代表。1950年当选中华全国自然科学专门学会联合会（现称为中国科学技术协会）全国委员会常务委员兼计划委员会主任、中华全国科学技术普及协会委员。20世纪五六十年代，曾任中国科学院近代物理研究所（以下简称近代物理研究所）、中国科学院物理研究所（以下简称物理研究所）、中国科学院紫金山天文台（以下简称紫金山天文台）、中国科学院原子能研究所（以下简称原子能研究所）等院所的学术委员会委员。

叶企孙从小就立志要学科学来救国。1924年回国到国立东南大学任副教授后，他开始全身心地投入教育

叶企孙（约1925年）

工作，以实现自己的科学救国和教育救国梦。在国立东南大学，赵忠尧[①]、施汝为[②]是他的学生。1925年9月，叶企孙任国立清华学校副教授，是年清华学校开始办大学本科。1926年物理系成立，他担任系主任。当时全系仅梅贻琦、叶企孙两位教授，梅贻琦当时是清华学校教务长，忙于校务，实际上教学工作都由当时为副教授的叶企孙一人承担。他负责清华学校所有物理学课程的讲授，同时精心擘画，千方百计延聘良师，使物理系蒸蒸日上。

叶企孙一边教书育人，一边努力创造条件，广延名师，建设实验室，开展研究工作。他亲自创建清华大学物理系和理学院，不到10年时间，至20世纪30年代中叶，国立清华大学物理系已经成为我国高水平物理学人才培养和物理学研究的重要基地，理学院在全国位居领先行列。他是创建清华大学研究生院及研究所的元老之一。

叶企孙和一批国外留学归来的年轻教授，抱着科学救国和教育救国的信念，在当时清华大学罗家伦校长、梅贻琦校长的领导下，长期参与制定学校重大决策，在清华大学形成了一套以"教授治校"为中心的管理制度。1925年，清华学校设立大学部，不到10年时间，成为全国首屈一指的大学，这样的进展速度在我国教育史上是罕见的。现在看来可以说是奇迹，当时的办学理念和管理制度是其成功的最重要因素之一。

20世纪50～60年代，叶企孙在北京大学开创了磁学的研究，培养了一批磁学人才。他协助竺可桢筹建中国自然科学史研究室，任筹备委员会副主任委员，后又任中国自然科学史研究委员会副主任委员，培养了一批科学史学家。

他是中国物理学会创始人之一，曾先后担任多届中国物理学会

---

① 赵忠尧（1902—1998），中国科学院院士，物理学家、教育家，中国核物理、中子物理、加速器、宇宙线研究开拓者。在中国首先建立核物理实验室，开设核物理课程，培养了中国首批核物理人才。——作者注

② 施汝为（1901—1983），中国科学院院士，物理学家，中国近代磁学的奠基者和开拓者之一。20世纪50年代中期以后，长期担任物理研究所所长。——作者注

副会长、会长、常务理事长。他曾长期担任中央研究院评议员、国民政府教育部学术审议委员会委员、清华大学留美公费生考选委员、国民政府教育部留英公费生考选委员等。

作为清华大学留美公费生考选委员，每届选派公费留学生时，叶企孙总是高瞻远瞩，大公无私，他根据学科本身的发展，结合国家科学技术的发展需求，提出相应的学科发展建议，为国家及时储备人才，做出了巨大的贡献。

当时在清华大学留美公费生考试中，1934年以前，有"铁道工程"专业一个名额。1934年，叶企孙注意到了航空专业的重要性，及时把"铁道工程"改为"航空工程"。

钱学森原从交通大学机械工程铁道门毕业，但是公费留学的科目改为航空门（机架组），钱学森被引导而改考航空门，走上航空工程的道路，后来对我国的航天事业发展做出了巨大的贡献。有人说，叶企孙是伯乐，功不可没。

在叶企孙培养的大批科学家中，有"两弹一星"功勋科学家、中国科学院和中国工程院两院院士、诺贝尔奖获得者，以及诸多知名科学家。他们的名字犹如中国现代科学星空中的璀璨明星，为中国科技界增光添彩。这些人包括王淦昌[1]、赵九章、彭桓武、钱三强、王大珩、陈芳允、朱光亚、邓稼先、屠守锷、赵忠尧、施汝为、李善邦、顾功叙、周同庆、施士元、龚祖同、冯秉铨、傅承义、王竹溪、翁文波、张宗燧、胡宁、钱伟长、何泽慧[2]、郁钟正（于光

---

[1] 王淦昌（1907—1998），生于江苏常熟，核物理学家、中国核科学的奠基人和开拓者之一、中国科学院院士、"两弹一星功勋奖章"获得者。1929年毕业于国立清华大学物理系，1933年获柏林大学博士学位。1964年，独立提出用激光打靶实现核聚变的设想，是世界激光惯性约束核聚变理论和研究的创始人之一。——作者注
[2] 何泽慧（1914—2011），籍贯山西灵石，江苏苏州人。中国科学院院士、核物理学家。1936年毕业于清华大学，1940年获德国柏林高等工业大学博士学位。发现并研究了铀的三分裂和四分裂现象，研制出对粒子灵敏的原子核乳胶探测器，被誉为"中国的居里夫人"。——作者注

远）、葛庭燧、秦馨菱、林家翘、陆学善、戴振铎、李政道、黄祖洽、李德平等。

在留美、留英考选的学生与年轻教师中，受叶企孙指导的还有华罗庚、钱学森、慈云桂、毕德显、余瑞璜、钱临照、马大猷等。培养了中国大批科学精英是叶企孙一生中最大的成就，这些科学精英又成为20世纪下半叶中国科学发展的中坚力量。

叶企孙不仅能教书育人，还能"上马击贼"。1937年7月7日，抗日战争全面爆发，当时他正在北京准备出国进行学术访问，梅贻琦在庐山参加蒋介石召集的讨论国家抗日的国事会议。叶企孙立即放弃出国的机会，领导师生抢运清华大学的仪器与图书。他的学生熊大缜助教本来联系好了出国深造，面对这种情况也放弃了出国的机会，留下来帮助叶企孙做好相关工作。

1937年7月，日军侵占清华大学，叶企孙等撤退到天津，梅贻琦校长指令他办理组织滞留在北方的清华大学师生南迁。熊大缜在1938年年初参加抗战心切，到冀中抗日根据地参加抗日。叶企孙同时组织一大批学生支援共产党领导的冀中抗日根据地。

他们在天津躲避日军和汉奸的搜查、跟踪，购买各种仪器零件和金属物资，为抗日根据地制造炸药、地雷、收发报机等，多次炸翻日军列车，受到聂荣臻司令员表扬。叶企孙用自己的积蓄，借助自己的声望在天津募捐，并动用清华大学备用公款万余元，为抗日战争做出了重大的贡献。

然而，非常不幸的是，在抗日根据地开展的锄奸运动中，误将熊大缜打成特务，被迫交代自己是"C.C.特务"，交代其老师叶企孙为"特务头子"。此时已到昆明的叶企孙对此毫无所知，还在昆明出版的《今日评论》上以"唐士"为笔名发表《河北省内的抗日概况》一文。在该文中，他号召科技人员、机匠、医生到冀中根据地参加抗日。后来，熊大缜的交代口供静静地躺在档案柜中。30年之后，"文化大革命"终使叶企孙晚年被关入监牢，受到严重的身心摧残。直到

1986年他逝世近10年后，才得以平反。

叶企孙不仅是一位物理学家、教育家，而且是一位忠诚的爱国者，是一个正直的人。他为新中国科技事业的发展培养了大批栋梁之材，是现代中国科教兴国的先驱者。他的人格魅力如同磁铁一般吸引着一代代的科学求知者和探索者。

第五节　同胞兄姐

叶铭汉的母亲共生育了9个孩子，其中有两个孩子不幸夭折。剩下兄弟姐妹7人，三男四女，叶铭汉年龄最小，排行第九，比大哥叶铭新小12岁。家里人口多，父亲另有家小，不管家里的生活，全家依靠祖父教书积下的储蓄盖了一些房子出租，靠收取房租维持一家九口人的生活。

叶铭汉的兄弟姐妹上了初中后，学费全部由叶企孙供给。兄姐七人中，一位姐姐年幼时因病高烧伤了大脑，只念了小学；四人大学毕业；一位在大学二年级时投笔从戎，参加抗日；一位幼稚师范学校毕业。

大哥叶铭新（1913—1998），先在上海圣约翰大学化学系读书，后转上海光华大学经济系，1937年毕业。他的学士毕业论文题目是"中国经济的现状"，题目涉及的问题很多，为此他花了一学期的时间收集资料写论文，后来获得光华大学民国二十六年（1937年）学士论文第一名。

叶铭新很想继续深造，却没有机会，后来进了银行做职员，再后来取得会计师资格，1946年到资源委员会保险事务所工作。20世纪50年代，叶铭新在一家私营企业做会计，公私合营后成为工人，被分配到一家制药厂工作。他没有想到的是，自己在大学一年级时学的化学知识竟在这家制药厂获得了用武之地。

大姐叶铭燕（1915—1953），1935年进位于杭州的之江大学教育系学习。1937年抗日战争全面爆发后，她在上海参加支援抗战活动，和男友潘韫德（复旦大学经济系学生）一起参加抗日，离开上海。1942年两人结婚，从部队退伍后，潘韫德回到复旦大学继续学习，叶铭燕则参加了工作。1945年潘韫德到资源委员会保险事务所工作。母亲陈月生从1946年起开始帮大姐带孩子，1948年潘韫德被资源委员会调到台湾，全家随即动身前往台湾，母亲随同一起。1953年叶铭燕患胃癌病故，母亲陈月生于1964年患肺癌病故。

四姐叶铭琪（1917—1996），幼年因发高烧损伤大脑，只有小学毕业。后一直住在大哥叶铭新家，承蒙大哥大嫂长期照料，得终天年。

母亲陈月生和大姐叶铭燕（摄于1948年，北平）

六姐叶铭梯（1920—2013），复旦大学会计系毕业，1949年后长期在上海交通大学图书馆工作。她性格开朗、活跃，业余爱好绘画、歌唱，一直到90岁高龄还经常作国画、参加合唱团。2013年病故，享年93岁。

上海交通大学图书馆在给她的悼词中写道：

> 叶铭梯同志一生对工作勤勤恳恳、任劳任怨、服从组织安排，丝毫不计较个人得失；对同事，她为人谦虚，团结友爱；对自己，她严格要求，严于律己；对子女，她严格教育，精心呵护。
>
> "文革"十年动乱期间，叶铭梯因家庭出身及叔父叶企孙、丈夫上海交通大学造船系教授魏东升等因素影响，受到残酷迫害，身心饱受摧残。然而，这段严酷的经历并没能动摇她对生活的信念、对祖国的热爱。她求真务实、默默奉献、爱岗敬业的工作作风和精神始终激励着年轻人，至今，还会有很多图书馆人常常想起她，深深感谢她为图书馆做出的贡献。

六姐夫魏东升（1919—1968），美国麻省理工学院硕士毕业，1949年前回国，后担任上海交通大学副教授，为人十分耿直。但令人极其痛心的是，他在"文化大革命"期间去世。

七姐叶铭璇（1921—2009），重庆幼稚师范学校毕业，后在郑州专区新乡机关托儿所担任幼儿园教师。1980年退休。

七姐夫陈本善（？—1969），国立西南联合大学水利工程系毕业。毕业后原定留校做助教，但他志愿到西北艰苦的地区。后在黄河水利委员会工作，他工作积极努力，在黄河水文测量方面做出了贡献。1957年反右时，他没有错误言论。反右后，在交代思想提高觉悟时，他老实交代了自己的思想情况，竟被错划为漏网右派，从此因过重之劳动，致患肝炎。"文化大革命"中又加重劳动，因肝病恶化病故。

八哥叶铭琮（1922—2011），上海东南医学院毕业，后任天津市人民医院儿科主任医师，天津市医学情报研究所研究员。

八嫂薛璇英（1923—2008），上海东南医学院毕业，后任天津医学院（现天津医科大学）附属医院小儿外科主任医师、教授，她是该院小儿外科的主要创建人，在小儿外科方面有很深造诣。夫妇两人一生全心全意为患者服务，深得患者好评。

叶铭汉（后排右一）与兄姐合影（摄于1936年，上海）

第六节　童　年　往　事

一、幼年瘦弱

叶铭汉从小身体瘦弱，不太爱动，胆子也比较小，总是跟着母亲。母亲在提到他小时候的事情时常说，他在三四岁前，晚上一醒来总会哭，起先母亲不知道是什么原因，后来发现一开灯他就不哭了，估计是醒来看不见东西，就着急地哭。后来母亲设法装了一盏小小的长明灯，他晚上醒来就再也不哭了。

叶铭汉的身体健康情况一度是母亲最担心的事，加上有的亲戚曾当着他的面对母亲说，这个孩子身体不好、有病。母亲时常向亲友打听吃什么东西可以让小孩发胖（那时候以胖瘦作为小孩健康的标准），不惜花费工夫为叶铭汉补充营养。

当时上海有一种被称为"炭结"（木炭和黏土做成的圆饼，高约5厘米，直径约8厘米）的燃料。冬天把炭结点燃，放在手提炉内用来取暖，或者用来作为加热小炖锅的燃料，一个炭结可燃烧三四个小时。母亲时常用小炖锅煮一些补品给叶铭汉吃，其中包括红枣、哈士蟆[①]等，可惜的是并没有见到任何效果。

和叶铭汉年龄最近的哥哥比他大3岁，由于年龄的差距，他时常只能一个人玩。那时候小孩子的玩具只有几种，比如橡胶小皮球（直径约10厘米）、毽子、纸球、跳绳、风筝等，都是简单的，花钱不多，有的还可以自己制作。尽管身子瘦弱，但伴随着母亲的担忧和照顾，叶铭汉还是一天天地长大了。

二、入读唐家湾小学

叶铭汉6岁时，叶家从南市老宅搬到了法租界。那时候还没有幼儿园，他进入唐家湾小学上学。

叶铭汉刚进唐家湾小学那个学期，学校已经开课了一段时间，他是插班进去的。当时，他由六姐叶铭梯带进教室，年幼的他根本记不清老师说什么，老师让他坐在最后一排。从那一天开始，他就结束了独自玩耍的童年时光，进入校园开始了正式求学的生活。

上学第一天的经历在叶铭汉的脑海里几乎没有留下什么值得回忆的往事。小小的他，完全无法搞清楚老师在讲些什么。好在他比较听话，就安静地坐在那里听讲。

有一天，他带了一个小皮球到学校，下课期间正一人玩时，一个年龄较大的孩子忽然走过来跟他打招呼，笑嘻嘻地跟他说话，手

[①] 哈士蟆，又名雪蛤。——作者注

中还拿了一支彩色蜡笔，说要跟他的球交换。叶铭汉没有彩色蜡笔，就同意了。等到放学时，六姐发现他的小皮球没有了，问清楚经过，叶铭汉才知道自己被骗了。这是他进入学校后上的人生第一课，一直没有忘记。

三、转学至金荣小学

不知不觉间，叶铭汉在唐家湾小学的第一学期很快就过去了。叶家在比较近的地方找到另一所小学，名叫金荣小学。这所小学是当时上海有名的"闻人"之一——黄金荣[①]出资创办的。黄金荣是上海黑社会的头面人物，但在当时，他也办公益性的学校。

叶铭汉进入这所学校后，重新上一年级，开始学第一课，学习"人、一人、二人"。授课老师比较严格，他上课也能注意听讲，开始认识了一些字。黄金荣每学期要到学校视察一次，老师会带领全体学生在他来校之前进行大扫除。叶铭汉在金荣小学上了三个学期课。黄金荣后来改变了办教育的想法，决定把破旧的校舍拆掉，在原址建造一所影院（建成后名叫荣金大戏院）。

四、转学至萨玻赛小学

刚刚9岁的叶铭汉面临重新寻找学校上学的问题。就在这时，恰巧法租界当局决定把一栋法国军队的营房改建为小学校。改建后的学校几经更名，直到叶铭汉毕业时，正式的名称是萨玻赛小学（校门口的那条路名叫萨玻赛路）。

1934年秋天，9岁的叶铭汉进入萨玻赛小学开始二年级下学期的学习。这所学校的校舍是钢筋水泥结构的两层楼楼房，楼上楼下

[①] 黄金荣（1868—1953），旧上海赫赫有名的青帮头子，流氓"三大亨"之首（另二人是杜月笙、张啸林）。他在1930年建造黄金大戏院，1933年建造荣金大戏院。抗日战争时期寓居上海，拒绝出任伪职。抗日战争胜利后重新从事帮会活动。中华人民共和国成立后，未离上海，向人民政府坦白罪行。——作者注

都是教室。教室的天花板较高，窗户十分高大，教室内有供学生使用的洗手盆和镜子。冬天，会在教室内安装一个火炉生火。上海人家里冬天一般不生火取暖，教室生火在当时是极为少见的。教室前面的黑板很大，老师站立的讲台比地板高出大约半尺，在讲台的一角有老师的办公桌和椅子，学生自习时，老师就坐在讲台上批改作业，同时可监督学生。老师们有专用的大办公室，所有老师都在那里休息、备课或彼此交流。此外，还有专门上音乐课的教室，里面有一台风琴。学校的操场面积也相当大，还有一个室内操场，遇到下雨天或其他恶劣天气时可在室内操场活动。

总的来说，这所学校的校舍设施在当时算是一流的了。因为是公办的，学费比民办小学低。学校刚开班招生，所以学生报名就收，叶家的四个学龄孩子都被收录。更加让人意想不到的是，学校请的老师都有大学文凭。课程方面也与别的小学不同，四年级开始上法语课，五年级开始上英语课，要求学生学两门外语。

小学时期的这段求学经历，至今依然清晰地保留在叶铭汉的记忆里。学校早上的第一项活动是全体学生一起做早操，大约要10分钟。学生们列队整齐，由一位体育老师带队做早操，之后才进入教室上课。小学二三年级的体育课，除了训练排队以外，以游戏为主。叶铭汉很喜欢上体育课。体育课上一种名叫"拉朋友"的游戏暴露出他的体能差，力气小。这个游戏的玩法是：同学们排成两排面对面站立，双方各出一个人，两人拉手，用力把对方向自己一侧拉过来，结果，叶铭汉总是被对方拉过去。

进入四年级后，学校新来了一位体育学校毕业的老师。他上体育课时，大部分时间是要求学生做器械操，如双杠和单杠。叶铭汉往往都上不去，感觉非常扫兴，也觉得有些在同学们面前抬不起头。时间一长，他就变得很不喜欢上体育课了。自小学四年级开始，学校里有了几张乒乓球桌。打乒乓球是一项适合他的运动，他开始着迷打乒乓球。体育课上有时玩篮球、排球时，他都跟不上。

叶铭汉的六姐和八哥在萨玻赛小学上五年级，他们下课比低年级晚一个小时，叶铭汉放学后就在学校里玩，等他们下课再一起回家。实际上，叶家到学校走路不到十分钟，但是家里大人不放心让他一人走，要求他等姐姐和哥哥下课后一起回家。

五、童年玩伴

童年时的玩伴总是令人难以忘怀。叶铭汉清楚地记得，他同班有一个女生，性格十分开朗，老师特别喜欢她。每天放学后她也等自己高年级的姐姐一起回家，在等待时，叶铭汉就跟她一起玩耍，有时两人还玩捉迷藏的游戏。

有一天放学后，叶铭汉要提早回家，这个女生提出借叶铭汉的小皮球继续玩。第二天到学校后，叶铭汉看到自己的课桌里塞了一个全新的小皮球，他马上明白了是怎么回事：肯定是她把球弄丢了，归还叶铭汉一个新球。两人都没有说一句话，但双方心里仿佛都清楚。尽管这件事过去了多年，但叶铭汉始终记得这件事，也一直记得她的姓名：林玄文。

到了四年级时，男女生的座位分开了，从此男女生之间也就很少来往。四年级那年，叶铭汉留级，不再和林玄文一个年级了。然而，叶铭汉却始终没有忘记她。十多年前，叶铭汉偶然看到林玄文的姐姐林芷音写的散文集，其中有一篇写到她的妹妹林玄文，说她在19岁时因肺结核病故。这让叶铭汉不由得想到曹操的《短歌行》中的句子"人生几何？譬如朝露，去日苦多"，深感命运的无常。

六、童年游戏

在叶铭汉的记忆里，那时候的小学生都很爱踢小皮球。小皮球是用橡胶做的空心球，直径约10厘米，球皮较厚，约3毫米。充气后，弹性很好，可以用打气筒配上针头为其打气，气可以维持一两个月。一下课休息时,大家就分为两队对踢。球员人数不限,可多可少。无须穿特殊的足球鞋,布鞋就可以。小皮球不贵,不少同学都有,经常拿出来跟大家一起踢着玩。中学生也都喜欢踢小皮球。叶铭汉上初中时,班级之间还举行踢小皮球比赛,那时还有由小皮球制造商赞助的区域性比赛。

叶铭汉认为,踢小皮球是极好的运动,既可以培养踢球的兴趣,又可以训练灵活性,跟踢足球一样,而且不需要穿特殊的球鞋,也不容易发生踢伤事故。让他感到非常不解的是,20世纪50年代后市场上就不容易买到这种小皮球了。他当时猜想可能是当时我国缺少橡胶,因此就不生产小皮球了。踢小皮球时,叶铭汉的动作灵活性比别人差,踢球分配位置时,因为踢得不好,他时常被分配当守门员。大家认为守门员最不重要,他当时也这样认为。课间10分钟,大家也要抓紧时间踢一场。有感于青少年时期的这段经历,叶铭汉认为,国家要想振兴足球事业,应该同时提倡踢小皮球。他为此还曾以人民来信方式呼吁,中国科学院把他的建议转呈给了有关单位。

除了踢小皮球之外,还有其他一些游戏项目。比如,用纸做的纸球很便宜,自己吹气就可以变成球形,可以不停地轻轻向上拍着玩,是五六岁小孩一个人可以玩的玩具,也可以两人比赛看谁连续拍的次数多。毽子也是自制的,那时候很容易得到旧的铜钱,铜钱中间有一个方孔,用来做毽子特别合适,鸡毛也是非常容易得到的。在踢毽子方面,叶铭汉不会像其他孩子那样花样踢,只会简单地连续踢,连续踢得越多越好,自己跟自己比。

风筝很容易制作,他也学习制作风筝。几根竹篾和一张纸就可以做瓦片形风筝,也能飞得很高。在他家附近有一个体育场,20世纪30年代初,亚洲运动会曾经在该体育场举行。平时人可以随便进出该运动场,他经常去那里放风筝。

叶铭汉大约10岁时,他的舅舅陈梁生从《科学画报》上抄下一张设计图样，请木匠制作了悬挂在梁上的形状像马的木马，骑在上面，可以前后来回晃动玩。一开始叶铭汉不敢骑上去，总要等别人玩够了不玩时才一人骑上去试试。12岁时，三叔父叶企孙送给叶铭汉兄弟一双旱冰鞋，此后，他们就在家里天井水泥空地上滑着玩。

七、四年级留级一学期

童年的记忆中，玩耍总是主流的，学习反而不是主要内容。应该说，叶铭汉所上的学校的整体条件还是不错的，可是他的成绩并不好。主要原因是他上课时时常精力不集中，容易胡思乱想，在教科书上乱写乱画。另外，他还喜欢跟旁边的同学讲话。这样一来，他的成绩往往是中等偏下。

当他的座位比较靠近老师时，听课时精力相对容易集中一些。如果坐在后面，那就难免会跟别人偷偷讲话，加上有时听不太清楚老师讲的内容，或有时听不懂。三年级时，音乐老师讲五线谱，他一开始没有好好听，后来就越来越听不懂。好在音乐课不及格不影响升级。可到了四年级，问题就严重了。算术课开始讲四则运算，讲鸡兔同笼问题。老师讲得不甚清楚，他又不好好听，完全不懂，不会做这种习题，考试就不及格。

按照学校规定，算术或国语有一门不及格就要留级一学期。因此，叶铭汉在四年级上学期留级了。对于孩子的学习，母亲平常只会过问他们功课做了没有，从来不问考试多少分，只要能升级就行，从来不要求孩子考高分。对于那年留级，她也只是训了叶铭汉几句，要他下学期好好念，不要再留级。

留级重新念四年级时，教这一班的算术老师讲鸡兔同笼问题的方法与之前的老师有所不同，他除了讲道理外，还编了口诀让学生依样画葫芦。叶铭汉虽然还是懵懵懂懂，但算术总算及格了。到了初中，一用代数，马上就很清楚了。

对于这件事情，叶铭汉时常想，在小学讲一点代数，学生也能懂，为什么不早一点用代数来解鸡兔同笼问题呢？实际上，不必在小学讲鸡兔同笼问题，那时候似懂非懂，白白占了学生的时间，让学生感到压力很大。他清楚地记得，当时不少同学都怕算术，对算术没有兴趣。

在小学阶段，叶铭汉只是一个各方面表现很一般的学生，成绩马马虎虎，比较守规矩，偶尔在班上做些小动作，并不怎么能够引起老师的注意。小学毕业时，他的总成绩是中等偏下。那时候，小学不在班上公布每个学生的成绩，大家只知道谁是第一名，并不知道其他人的名次。只要不留级，学生也没有什么压力。

八、课外读物

虽然上课学习是一件被动的事情，但在学校里，却有更多机会接触适合儿童读的课外读物。大概是在叶铭汉上小学三年级时，有一天，老师拿来一大批儿童读物，随手分给每人一本，说可以借回家看。结果，分到叶铭汉手里的是一本没有图画的书，这让他大失所望，就把书退回给了老师。

作为当地的诗书之家，叶铭汉家里的藏书很多，不过大多是古书，小小的叶铭汉还看不懂。那时候，叶铭汉的八哥叶铭琮订了中华书局出版的《小朋友》杂志，每周一期，还订了一份商务印书馆出版的《儿童画报》，也是每周一期。这两种刊物，他能看懂一些。

叶铭汉至今还记得一位为小读者写文章的作家的名字，就是我国著名儿童文学家陈伯吹先生。多年之后，叶铭汉才知道陈伯吹就是我国物理学家陈佳洱的父亲。《小朋友》和《儿童画报》时常报道日本帝国主义列强侵略中国的消息，这让叶铭汉开始受到了爱国主义教育。此外，八哥叶铭琮时常从学校借回家一些历史故事书看，小开本，内容通俗易懂，叶铭汉非常喜欢看。到小学五六年级时，叶铭汉开始看家里订阅的《申报》的每周新闻图片版，只看图片。

进入初中的八哥叶铭琮订了开明书店出版的《新少年》，叶铭汉虽似懂非懂，但很有兴趣看。那时候，他的舅舅和姨母家的经济情况比叶家好得多，他们各买了一套商务印书馆出版的"小学生文库"给孩子看，这些书大部分图文并茂，叶铭汉非常羡慕。

　　那时候亲戚之间经常走动，上海人有一传统，每逢清明、中秋等节日前后都要祭祖，一些近亲都要到家中聚会，名叫"过节"。舅舅家过节，叶家的孩子们都到他家，叶铭汉就有机会在舅舅家看"小学生文库"。在叶家的亲友中，叶铭汉最喜欢这个舅舅，他很懂得小孩们的心理。过农历新年时，孩子们给他拜年说"恭喜发财"，他会回答说"今年升级"。

　　除上述刊物之外，叶铭汉的八哥叶铭琮还订了一份《科学画报》。叶铭汉也很爱翻看，看杂志上的一些图。上海当时有一家明复[①]图书馆，里面有科学方面的杂志，叶铭汉在小学六年级时，有时去看书，实际上只看《大众科学》(Popular Science) 和《大众机械》(Popular Mechanics) 一类杂志的插图，有时也能根据图片看懂一点点内容。

　　孩提时代是充满幻想的，叶铭汉小时候时常把自己想象成为另一个人，同时想象自己能做一些非凡的事，口中还往往念念有词。在小学阶段，叶铭汉时常如此。小学六年级时，在劳作课上他把木板锯成大刀的样子，做了一把木头大刀，常常一个人在家里玩。小学毕业后，1937年夏上海"八一三"淞沪抗战开始之前，他常拿了木头大刀，想象自己是一名战士，一边冲上家楼房旁边的坟山，一边唱着"大刀向鬼子们的头上砍去"，十分兴奋。

---

① 胡明复（1891—1927），江苏无锡人。数学家，教育家。1917年获哈佛大学博士学位，是我国以攻读数学在国外获得博士学位的第一人。参与创建了中国最早的综合性科学团体——中国科学社和最早的综合性科学杂志——《科学》。1927年6月12日，在无锡溺水身亡。为纪念他，当时教育界筹建了"明复图书馆"（今上海卢湾图书馆前身）。胡氏三兄弟——胡敦复（1918年创办上海大同大学）、胡刚复（我国物理学教育和研究开创者之一）、胡明复，都是我国近代教育事业的先驱。——作者注

第七节 初中时光

一、初中升入震旦大学附属中学

1937年9月，叶铭汉结束了小学阶段的学习生活升入初中。那时候，上海的一般家庭对于子女进入的初中主要选择离家近、学费较低的。叶铭汉的八哥叶铭琮小学毕业后，就近进了家附近的震旦大学附属中学，这是一所由天主教教会创办的中学，只收男生。学校的校长由震旦大学校长兼任，教务主任是天主教神父龚品梅[①]。

叶铭汉小学毕业后向三所学校报了名，分别是上海中学、光华大学附属中学（他的大哥叶铭新是光华大学毕业的）的实验班（初高中五年一贯制）和震旦大学附属中学，其中前两所学校都有入学考试，震旦大学附属中学没有入学考试。叶铭汉没有考取上海中学。因他的英文成绩不理想，光华大学附属中学只录取他进入普通班。叶铭汉的母亲认为震旦大学附属中学既离家近，学费又低，而且他的八哥叶铭琮还在该校读书，对该校还比较满意。就这样，由母亲拍板叶铭汉进了震旦大学附属中学。

因为叶家住在法租界，"八一三"淞沪抗战的战火并没有影响到这里的居民，学校也照常开学。让叶铭汉感到不解的是，震旦大学附属中学不知道为何把初中的课程做了修改，去掉了体育、音乐、

[①] 龚品梅（1901—2000），上海人。先后出任天主教教会创办的小学、中学校长，长期从事教育工作。后来升为上海、苏州、南京天主教教区主教。1955年以反革命罪被判无期徒刑，1988年被无罪释放。——作者注

美术、公民四门功课。

叶铭汉初中时的学习课程主要包括：国文；数学（一年级基本是小学算术的提高，初二学代数，初三学平面几何）；生物（初一）；化学（初二）；物理（初三）；法语；英语；历史；地理。

国文教科书是国民党主办的正中书局出版的一套国文书，每一年级一册，内容全部都是选取的当代著作和古代著作，白话文和文言文都有。在这套教科书中，有不少宣扬爱国主义的文章。叶铭汉记得，当时的教科书中有朱自清的《背影》。到了初三，除这套教科书外，学生们还学《孟子》。在国文课的时间分配上，大部分时间学《孟子》，老师把原著按不同内容重新分类，安排先后次序，便于学生学习孟子的思想。

代数教科书是 Fine: College Algebra 的中译本《范式大代数》，平面几何教科书是 Key to S.S.S. Plane Geometry 的中译本《三 S 平面几何学》。教平面几何的老师很严谨，要求学生做几何习题时必须按一定的格式，证明的每一步必须说明按什么定理。题目的证明做完了，最后必须加上"QED"[1]三个字母，以示做完了。这种看似刻板的要求，实际上是要求学生必须每一步都有根据，不能马虎。

化学课没有实验课，老师在课堂上做一些演示，如水的电解。物理课没有实验课，老师是黄长风[2]先生，叶铭汉至今还记得他在第一堂课上的讲话。他说："物理学是实验科学，要有测量。……你们以后做题目，不能把单位搞错，例如把公尺误成公寸，那就零分……"叶铭汉在 20 世纪 80 年代初到美国做访问学者，有幸与他再次相遇，之后一直保持着联系。

---

[1] "QED"即拉丁文"quod erat demonstrandum"的缩写，出现在数学证明末尾，代表"证毕"。——作者注

[2] 黄长风，字济北，上海市川沙镇人（现川沙镇被撤销，归浦东新区），1937 年上海震旦大学毕业，后留学法国，获物理学博士学位。在美国进行粒子物理理论研究。——作者注

震旦大学附属中学采用了法国中学的一些做法，每周有一次考试，只考一门。重要的课程（如国文、法语和数学）每学期各考三次，次要的课程每学期只考一两次。没有一般学校的期中小考，学期末有大考，要考所有的课程。因为每周都有考试，学生们都习惯了，考试时也就都不再紧张。在叶铭汉的记忆里，几乎从来不"开夜车"。大考除了笔试外，国文和法语还有口试，口试由其他班级的老师来考，老师预先出题，学生应考时当场抽签，以示公平。

二、在恩师鼓励下成绩突飞猛进

　　从初一开始，叶铭汉的学习成绩有所好转，大约为中等偏上。初二时，他的成绩不知不觉中逐步上升。学校把每项考试的成绩按分数高低排列公布于众，他的各科成绩都居于首位。到了学期末，竟名列前茅，得了第一，这让叶铭汉实在没有想到。他花在学习上的时间跟以往一样，并没有比以前增加，只是上课时比较专心，学习的兴趣也在不知不觉中逐步提高。

　　20世纪90年代，叶铭汉在回顾总结自己怎样从一个小学留级生慢慢成为优等生的转变原因时，回想起一件对他具有重要意义的事情，可能正是那件相当偶然的事情大大激发了他的学习积极性。

　　那是在初二下学期，国文老师张鹤群有一次布置作业，要求大家针对一篇讲日本侵略者在济南屠杀中国老百姓的文章做读书笔记，老师在课堂上做了详细分析，给了大家一些提示。当时上生物、化学、物理、史地等课程时，老师每讲到一个专题，往往会先把那一课的主要内容以表格的形式写在黑板上，让学生抄下来，以便学生记忆。例如讲到水时，老师会在表中列出水的性质、化学分子式、分子量等，分别用一、二、三、四……列出，比较简明扼要，便于记忆。学生们把这种表格叫作"表"，每次考试前，大家都会背这种表。

　　叶铭汉在写国文学习心得时，突然灵机一动：为什么不按照做表的格式来写心得呢？于是，他就先对文章进行分段评述，用

一、二、三、四……分别标出各个段落，在每一段落内用1、2、3、4……标出其中各个重点，最后写一段总结评述。写的时候，分别排列整齐。实际上就是把老师在课堂上讲的内容分别列出，做成了表格的形式。

叶铭汉没有想到的是，这样简单的重新排列组合，居然得到了老师的赞赏。张鹤群老师在课堂上对他写的心得大加表扬，说他不但分析得清楚，而且写得段落清晰、排列醒目。老师不仅在他所在的班上表扬他，还在其他班的国文课上介绍他的心得写法。虽然当时叶铭汉没有将这一表扬放在心上，但实际上学习自觉性和兴趣不知不觉地提高了。他自己当时并没有意识到，但从此上课更加专心了，学习成绩很快得到全面提高。应当说，张鹤群老师的那一次表扬，对提高叶铭汉的学习积极性起了很重要的作用。可以说，这是叶铭汉人生道路上快步前进的起跑点。

初三上学期，叶铭汉得了奖学金，可以免交学费。初三下学期也得到了奖学金，可免交高一学费。很遗憾的是，初中毕业后，叶铭汉一直没有机会再见到张鹤群老师，没有机会向他当面表示感谢。

叶铭汉自幼体弱，性格内向，性格决定了他并不争强好胜。对于超过他的人，他很愿意跟对方做朋友，既不羡慕，也不嫉妒。他的这种性格，使得他将"荣耀"看得比较淡。

不论成绩是好是差，他从小就不习惯跟别人讲，包括自己的母亲在内，母亲也从不过问，只有留级不能不告诉母亲。也许是性格比较内向，有关自己的事，他一般不跟别人说，感到没有什么好说的。他也不太在意学习成绩的名次，得了第一名，并没有感到是什么大事，没有想到要专门告诉母亲，回家后也没有提。但是母亲知道他的成绩在逐年提高。震旦大学附属中学会给每个学生发一本记录成绩的小本，记录学生每学期所有考试的成绩，并记录学生的总成绩名次。叶铭汉的两位哥哥看了他的成绩本，将他成绩第一名的好消息告诉了母亲。

三、课外阅读兴趣鲜明

叶铭汉的大哥有一书柜书和过期的杂志，其中一部分是三叔父叶企孙在清华学校读书时留下的，一部分是大哥自己的。大哥在大学期间住校，没有人限制叶铭汉乱翻他的书，因此上初中后，他就开始翻看那一书柜的书。

有两本三叔父1914年和1915年在清华学校求学时写的日记，叶铭汉翻了翻，没有兴趣。后来，1951年回上海办事时，重新发现了这两本日记，叶铭汉感到应该好好保存，就把它们带回北京交给了三叔父。

当时叶铭汉大哥的书柜里有一部梁启超的《饮冰室全集》，"饮冰"二字十分吸引人，叶铭汉心想这本书一定很有趣，结果翻开一看大失所望，并不是他想象的故事书。此外，书柜里还有鲁迅的两本短篇小说集《呐喊》和《彷徨》，鲁迅的大名他那时虽已知道，但是对他的作品内容还不能领会。

一个偶然的机会，叶铭汉在书柜里发现一本《数学辞典》[①]。这实际上是一本习题题解书，从小学算术开始，到代数、几何、三角一直到微积分都有题目。先是简单地讲原理，然后是列出大量习题及其解法，编者实在是下了很大功夫。这本书引起了叶铭汉很大的兴趣，通过看题解，学到了不少解题的技巧。他自己感觉，效果跟做了大量习题没有太大差别。

在一大堆书里，他还翻阅到早年的《科学》杂志第2卷，是三叔父叶企孙在清华学校读书时订的，其中有一期刊登了胡适的文章，他知道胡适是提倡白话文的先驱者，看到这篇原始文献，他当时很高兴，原来家里就藏有这篇有名的文献。

胡乱翻看闲书成为叶铭汉课余的主要爱好，他几乎什么类型的

[①] 《数学辞典》，赵缭编，国民书局与复益书社1933年出版，出版距今已90多年，却仍有存书，可在网上购买。——作者注

书都看。当时家中有一本过期的日历，每天一张，上面刊登有一段小故事、典故或生活常识等，他饶有兴趣地一天天看下去。他还有一本中华书局的书籍目录，对每本书都有几百字的介绍，上面介绍的书，他虽一本也没有，也没有购买的想法，却时常翻翻看看，兴趣很大。

四、初中生活

震旦大学附属中学的学生教室是震旦大学校舍的一幢楼，大约是在19世纪初建造的三层楼房，教室比较宽敞。楼与楼之间有草地，学生可以在草地上踢小皮球。班级之间还举行小皮球比赛，每队7名球员，包括前锋4人，后卫2人，守门1人。平常玩时，对队员人数并不严格要求，可多可少，只要求双方的人数相等即可。

初中一年级时，叶铭汉开始玩打弹子（玻璃小珠）。这是当年上海小孩常玩的游戏。上小学时，学校不让玩。进了震旦大学附属中学，校园较大，在教学楼附近的草地和花坛边有一块泥土地，适合玩打弹子。玩时，先在泥土地上选一个四五米长、两三米宽的区域作为游戏场地，在场地上挖四五个跟弹子差不多大小的小凹坑作为洞，坑的位置是当时大致按长轴的方向随机定的，一个比一个远，场地的一端是起点。

大家轮流打弹子，争取把弹子打进小凹坑，如果进了，就可以继续向下一个小凹坑打弹子。打不进就停在那里，轮到别人打。轮到自己打弹子时，也可以有一次机会用自己的弹子去撞别人的弹子，让它远离凹坑。如果自己的弹子打中了别人的弹子，就可以继续把自己的弹子往下一个凹坑打。

如此玩下去，直到把弹子打进最后一个凹坑后就可以升级，有资格去"吃"掉别人，用自己的弹子去撞别人的弹子，如果击中，就把那弹子"吃"了，那弹子就归己所有。

叶铭汉上初中二年级时，学校在大楼旁的空地建了一间平房，里面放了两张乒乓球桌,叶铭汉的课余活动就转为打乒乓球。他的虽非"身强体壮",但打乒乓球还可以。他从此迷上了乒乓球,一下课,就和同学们飞奔去抢占乒乓球桌排队打乒乓球,输一球就下来换别人打。

震旦大学附属中学虽是教会办的学校,但宗教信仰不强加于人,信教的同学有时有宗教活动,不信教的同学可自由参加,学校没有动员非教徒学生去听传教。同学之间关系很好,叶铭汉在学校有好几位好朋友。学校对学生管理较严,校风朴实,老师也很好,叶铭汉在那里接受了很好的教育。

中学时的叶铭汉

第八节　高中时光

一、考入大同大学附属中学

震旦大学附属中学是法国天主教教会办的学校,学的外语以法语为主,虽也学英语,但放在次要的位置。现在看来,学生的法语水平在初中毕业时是相当高的,叶铭汉记得初三法语大考时,考题是要求学生把《水浒传》中"林冲夜奔"的一小段翻译成法文。与法语相比,他的英语水平大约只相当于上海一般初中一二年级的水平。

在初中时,叶铭汉就立志将来要考国立清华大学。要考进国立清华大学，就必须学好英语。因为有这个志向，初中毕业时，叶铭汉下决心要换一所学校，到外语以英语为主的中学学习。就这样，他离开了震旦大学附属中学。

叶家住在上海建国东路，那时叫康悌路。上小学和初中时，走路上学都不超过 15 分钟。他原先对大同大学附属中学一点也不了解，有一位亲戚说这所学校不错，他就选了该校。大同大学附属中学是私立学校，靠学费来办校，所以要多收学生，宽进严出，只要有初中毕业文凭，就可以免考入学。但是学校为了保证毕业学生的质量，严格把关，学生想毕业并不容易。叶铭汉进高一时，全年级有三个班，到高二时，只剩一个班，淘汰率达到了 66%。

大同大学附属中学原在上海南市，抗日战争期间搬到了法租界贝勒路的律师公会大楼内。由于校舍有限，学生只上半天课，上午是初中学生上课，下午是高中学生上课。高中只上主要的课程，体育、音乐、美术、生物、公民等课程全都免了。

国文老师是沈佩畦先生，他教高一和高二国文。高一国文主要是学习《古文观止》中的散文，老师挑选其中的文章作为课文。老师还会讲一些如何写家信、应用文等方面的知识。学生每周作一篇作文，要求一小时内完成，一小时内写出一篇作文的训练对叶铭汉后来参加高考很有帮助。

高一的英文课有两门：英文散文和英文文法，其中英文散文课使用的教材是商务印书馆出版的大学一年级英文课本。数学有两门：几何和三角。还有一门史地课，上世界地理，世界地理老师是方季石先生。

高二国文念《论语》和《孟子》。英文课有两门：英文阅读和英文文法。英文阅读课的指定用书是小说 The Vicar of Wakefield（《威克菲尔德的牧师》[①]），老师指定每周学习的内容，在课堂上念一遍，

[①] 《威克菲尔德的牧师》的作者为奥利弗·哥尔德斯密斯（Oliver Goldsmith）。1915 年叶铭汉的三叔父叶企孙在清华学校求学时曾读过该书。——作者注

只挑选其中难懂的句子做解释。英文文法以讲义为主。数学只有一门，也就是代数，课本为《范式大代数》。高二念化学，课本用 *Deming Chemistry*（《德明化学》）。

高三念物理，课本用 *Duff Physics*（《达夫物理学》）。物理和化学的课本都是当时美国大学一年级使用的流行教科书。史地课上世界历史。方季石老师教英文文法和世界历史。叶铭汉念完高二就离开大同大学附属中学了。

二、克服英文学习困难，打下坚实外语基础

进学校之后，叶铭汉才知道大同大学附属中学高中所有的课本除了国文以外，全是英文的，这让他一下子有点儿难以接受，后来转念一想，自己一定能克服困难。一是他初中学习成绩好，有信心；二是半天上课，半天可以用来自学，有充足的时间去学好英文。

英文散文课本是当时上海圣约翰大学一年级的英文教科书，内容相当深。叶铭汉记得第一课学的是美国小说家华盛顿·欧文（Washington Irving）的《瑞普·凡·温克》（*Rip Van Winkle*），即使放在今天读它，仍然会让人感到文字有点儿深奥。

对于当时只有初中一二年级英文水平的叶铭汉来说，困难可想而知。*Rip Van Winkle* 几乎通篇全是生字，他便下决心攻克英文关。一开始，他差不多每天一上午和一晚上全都用来查英汉字典，过了几天后感到这不是个好办法，查生词几乎占用了他的全部课余时间，没有时间记生词，这么多的生词也背不过来。叶铭汉逐渐意识到，不应该把学英文的精力全部放在查询和记忆英文散文课文的生词上。

与英文散文相比，叶铭汉感到数学课本的英文很容易懂，尤其是几何，初中时学的就是《三S平面几何学》的中译本，现在看英文本，几乎马上能猜出所有英文生词的意思。这样，几乎不用查字典，他就学到了不少生词，不仅增加了词汇量，还熟悉了句型，更重要的是，大大增加了学习英文的兴趣和信心。

在学英文这件事上，叶铭汉体会到，应该先多读多看内容通俗易懂的英文书，而且尽量少查字典。要像小孩学说话那样，先学整句话，而不是先学很多单词。于是，他开始大量阅读英文易懂的书，如世界地理、几何、三角教科书和一些英文书报，而把学英文散文课文放在次要的地位，不再每个生词都查字典。

在英文学习上，那段时间叶铭汉就像是着了魔一样，只要是有英文字的纸张，甚至是有英文字的商品包装盒都要看一看。一个学期下来，除了英文散文外，他看英文教科书时不再感到困难，英文水平有了突飞猛进的提高。

大同大学附属中学每学期期末，学校会发给每个学生一份成绩单，还附带一份该班学习成绩排名前十位学生的名单，成绩前十名以外的学生不排先后。高一上学期结束拿到成绩单时，叶铭汉发现自己竟进入了班级前十名。这让他感到十分意外，当然更让他感到喜出望外。他的英文水平在开学时可能是全班最差的，最后他超过了全班不少同学。

在学习英文上，世界地理课给了他很大帮助。因为世界地理的英文比较平铺直叙，容易懂，基本上不查字典就看得懂，句型也好学好用好记。方季石老师讲史地课，课外作业需要学生用英文回答书上的习题，实际上是从书上摘抄有关的句子。叶铭汉都老老实实做了。方老师宣布，考试题目就从这些习题中抽出来，谁把习题做了，考试就容易得高分。

在高一年级年终的地理考试前，叶铭汉花了一些时间把做过的习题从头温习了一遍，考试得了满分。为了准备地理考试，他不知不觉地把很多常用的句型都记熟了，英语水平大大提高。可以说，上地理课，对叶铭汉提高英文水平大有裨益，大大超过了地理知识积累的收益。

从高中二年级开始，方季石老师教英文文法和世界历史。他教文法基本上不用书，学生要记笔记。传统英文文法课的教法是：一个一个词类（名词、冠词、代词、数词、动词……）依次不分重点地讲下去，学生要花很多时间死记很多单词的变格，连不成句子，不会用，也就记不住。方季石老师不采用这种传统的教法，对于名词的单数、复数的变化，很快一扫而过。在形容词方面，他着重讲一些中国学生容易搞错用法的词，如 few 和 a few 的差别，等等。他讲课突出重点，用大部分时间讲动词的各种时态的用法，着重反复造句练习，让学生深刻理解，牢牢记住。可以说，方季石老师把枯燥的文法教活了。叶铭汉对这种边学边做大量练习的文法课兴趣很大，受益匪浅。

高中念了两年，叶铭汉的英文水平不断提高，他不但可以轻松地阅读科技书籍，还可以看像《读者文摘》(Reader's Digest)、《时代》周刊(Time)、《新闻周刊》(Newsweek)等类型的杂志，为之后的学习打下了很好的英文基础。还有很重要的一点是，他在高中两年中攻克了英文关，大大增强了克服困难的信心，是一次极好的锻炼。在之后的几十年时间里，不论工作、学习多么困难，他总是充满信心，相信只要自己努力，方法对头，困难总是能够被克服的。高中两年在大同大学附属中学的学习生活，老师们给叶铭汉留下了深刻的印象。他们教学经验丰富，注重循循善诱，帮助他打下了全面的基础，可以说影响了他的一生。

在大同大学附属中学，因为只有半天时间上课，同学按点到校。课间有 10 分钟休息，半天上课结束，大家就各自回家，同学之间很少交流。女同学坐前排，男女生在教室内几乎从不互相说话，可以说几乎没有一点交流。

三、在家中做化学实验

1941 年秋，叶铭汉升入高中二年级。当时化学课和物理课都没有实验课，也没有课堂上的演示，大家认为这是学习上的欠缺。班上一位名叫徐淦的同学建议，由大家自己出钱购买药品做化学实验。他的提议得到了同学们的积极响应，叶铭汉参加了这个活动。全班的参加者分成几个小组，分别在几位同学家中做化学实验。他参的小组在一位名叫胡世菜的女同学家中做过几次化学实验，小组成员还包括一名女生陈怀琮，三名男生戴利国、金石生、徐淦。

1942年秋，叶铭汉离开上海到重庆，与同学完全失去了联系。直到20世纪80年代，他跟大同大学附属中学北京同学会取得了联系，得到他们制作的北京校友通讯录，才知道当时发起做化学实验的同学之一戴利国那时已是中共地下党员，他组织这种活动，可能是党在学生中传播进步思想的活动之一。

第九节　上海往事

从出生到1942年10月离开，叶铭汉一直在上海这座城市学习和生活，他的童年和青少年都是在这座城市度过的，他身边接触的也都是人们熟悉的上海人。这里提到的"上海人"是特指1942年以前两代以上世居上海城区的中产阶层。

一、土地与祖祠

叶铭汉清楚地记得，自己小时候，肇嘉浜还可通航到龙华。叶家在20世纪30年代初还用稻草作为厨房大灶的燃料。农民用船载了稻草沿河进城，讲好价钱后，挑了稻草上岸送到叶家。他小时候很喜欢跟随大人烧饭，看那稻草燃烧时发出的火光。

在土地问题上，叶铭汉感到，上海人在20世纪中叶以前对于将土地作为财产的看法跟国内其他地方不同，上海县城里的人跟近在咫尺的住在松江的人看法就不一样。

上海本地人大多从商，有了钱往往投资在商业和房产上，而不是买农田，然后倚靠地租剥削佃农。上海人也买一些农田作为坟地，上海县城内的本地人过世后都安葬在城外附近的农村中。在1842年上海被迫开放之前，县城外都是农田，城里人便购买农民的土地作为坟地。当时上海社会通行的做法是：原来的农户继续种他出卖了的土地，同时受地主的委托看守坟墓，不用向买地的地主交佃租，也不用向政府交农业税，而由买地的地主交农业税。这样，出卖了土地的农民有相当大的好处，农户所损失的只是坟墓所在的那一小块地不能种农作物了。农民为地主看守坟墓，继续种地，与地主之间是平等的关系，甚至有点儿像亲戚。

叶铭汉记得，每年清明，叶家人就会带着酒菜上坟祭祖，中午就在看守坟墓的农民家中吃饭，农民会烧一大锅饭，大家一起吃祭祖的贡品。每年夏天，甜芦粟（一种甜高粱）成熟后，农户就送二三十斤甜芦粟给叶家。叶铭汉的母亲会事先准备好还礼，多半是十斤白糖。他至今还记得那位农民名叫朱毛毛，朱毛毛的一个儿子初中毕业后想进城工作，叶家便把朱家儿子介绍到一家律师事务所当练习生。

上海附近的这种地主和佃农的关系有点儿奇特，没有剥削。叶铭汉认为，也许是几百年来上海的经济情况所形成的。自宋朝以来，上海就重视商业，经营航海业和渔业，买了坟地，土地仅仅是一个家庭中有限的财产，作为家族世世代代的坟地，不靠它生财。上海县的居民主要靠航海业发家致富，因此有这种不靠土地剥削农民致富的特殊情况，而把佃户视作乡下的亲戚。这种特殊的地主与佃户的关系和国内其他地方有所不同。

按照当时上海的习惯，人去世后安葬时把挖出来的泥土堆在上面形成一个大土堆，一般高3～4米，上海人称之为坟山。上海地处平原，远望四处根本看不见山。那时候住在上海城里的人，有的一辈子没有去过远处，一辈子没有见过山，只见过坟山。

叶家最早的坟地所在的地区后来被划进了法租界，叶家不得不把有些坟搬迁到后来在漕河泾买的地。叶铭汉记得小时候每年清明节上坟时，先坐汽车到龙华，农户推独轮车接上他们，小孩和母亲

（缠足小脚）走不动，坐在独轮车两边的木板上，两边的重量要保持平衡。一个人推车，将一根皮带斜挎在肩上，皮带的两端各固定在独轮车的杆上。这种车可以在很窄的田埂上走，只要独轮车两边木板上的重量大致相近，一位农民就可以不十分费力地推动坐有两位乘客的独轮车。

1958年，全部坟山都被推平，棺材被深埋，叶家人都不知道棺材埋在了哪里。现在漕河泾已是遍地高楼，一点坟山的痕迹都没有了。叶铭汉的祖父逝世后，刻了石碑墓志铭，按照上海当时的丧葬习惯，墓志铭和棺材被一起埋在地下。

二、职业观念

上海是一个商业城市，只要不是做小偷、强盗，上海的中小资产阶层对于各种职业的态度比较开放，一般不分高低贵贱。上海大多数小康家庭对孩子从小的教育是，要求孩子长大了要自己努力挣饭碗，有口饭吃，并非必须念大学不可。叶铭汉小时候，他的母亲跟大多数上海人一样，为孩子选学校时主要考虑离家的远近以及学费的多少，最好是离家越近越好，学费越低越好。学校的名声也会考虑，但不是首要的。他的哥哥、姐姐和他进小学、中学时都是如此择校的。

如果由于种种原因，到了该上高中的时候，或者因为经济困难，或者因为孩子成绩太差念不下去，家长一般不会太担心孩子的前途，一般就转到职业学校（包括护士学校），有的就干脆去就业，用上海话说是"去学生意"。"学生意"的含义相当广泛，可以是当商行、商铺的学徒，也可以是到一些商行做练习生，等等。条条路都可以，只要有口饭吃就行。以前上海的中小资产阶层认为最好的铁饭碗是在海关、铁路和邮政的工作，职位稳定，还有丰厚的养老金。同样，银行及外商公司也是首选，大家称作是在"洋行"里做事。

学校的老师，是普遍受人们尊敬的职业，不论是小学、中学还是大学老师，人们都称之为"教书先生"。上海民办学校的风气很盛。大学除了教会办的圣约翰大学、震旦大学等外，当时的民办大学还有复旦大学、大同大学、光华大学、大夏大学。这四家民办大学的创办，有的是靠办学人捐款，有的是靠社会捐款。民办大学培养了不少人才，比如曾担任北京大学校长的丁石孙、水利学家钱正英都是从大同大学毕业的。

第二章
辗转求学

第一节　远赴重庆

1937年10月，国民党抗日军队从上海撤离，上海的租界随之成为日军包围的"孤岛"。日本为了维持与英美的关系，没有侵入租界。但是，自1941年12月7日凌晨，日军偷袭美国珍珠港，正式对英、美开战后，日军立即侵入租界，上海租界内的安定生活也就不复存在了，不少人选择离开租界，奔赴内地。

一、投奔三叔父，赴重庆继续高中学业

1942年夏，叶铭汉读完高中二年级，接到三叔父叶企孙从重庆寄来的信件，要他去重庆上学。得知这个消息，叶铭汉非常高兴，因为这正是他所向往的。顾不上做什么准备，他决定马上就走。他的大姐叶铭燕和姐夫潘蕴德在1937年抗日战争全面爆发之初就投笔从戎参加了抗日，后来姐夫潘蕴德回复旦大学复学。大姐同时写信来建议叶铭汉的两位姐姐——六姐叶铭梯和七姐叶铭璇也到重庆上学。这样一来，叶铭汉就与姐姐三人同行。此外，还有一位比他大一岁的表兄曹本钧要去昆明，就这样，他们五人一起离开了上海。

对于自幼出生并成长在这座城市的叶铭汉来说，叶铭汉对上海一点也没有感到留恋不舍，而是感到一种莫名的压抑。现在，他要离开"孤岛"去广阔的后方天地了，这让他感到热血澎湃。当然，他的母亲对三个孩子的此次远行很不放心，但她很清楚，自己的三个孩子是怀着强烈的愿望去投奔三叔父的，对此，她也高兴，认为这样对孩子最好。

有一次，一位亲戚到家里来看她时问道："孩子们要走了，你舍得舍不得？"她回答道："孩子大了总是要离开的。"叶铭汉当时正好在旁边听见了，内心十分感动，觉得母亲的眼光看得远。在家里，叶铭汉和六姐叶铭梯是母亲的帮手，现在这两个孩子要离家远行，对母亲而言，就好比少了一只手。在所有的孩子里，母亲是最喜欢叶铭汉的，当然舍不得他离开。但是，她是从大处考虑问题的，总想着怎样做对孩子有好处，所以她完全赞成他到重庆去。

叶铭汉非常清楚，此次远行，意味着他将开始独立生活。内地的生活自然要比上海艰苦，他首先做好了要独立生活的思想准备，同时也做了一些生活技能方面的准备。本来不擅长做家务的他跟母亲学习了怎样洗衣服、补袜子、补衣服等。

二、准备离沪赴渝

当时从上海去内地，有一条路线是从浙江金华一带通过日本军队的封锁线。但在他们出发前，恰巧碰上日军在金华一带有行动，这条路行不通了。如此一来，只能选择走其他路线。可是，大家也没有熟人走过其他路线，没有人带路就只好自己想办法。当时，上海的报纸刊登有小旅行社声称可以帮助"回乡"的广告，所谓回乡实际上是越过日军封锁线到内地去。大家就想找这种旅行社帮忙。

就在此时，有一位亲戚不久前从内地回到上海，他就是从金华那条路线走的，当时路还通，他劝大家不要去找这种旅行社。据他听说，这种旅行社很不可靠，路上一旦发生问题，他们的所谓领队很可能就把人丢在那里，甚至领队还有可能与当地坏人串通，把行李抢了，说不定还会把人杀了。

听了这些，大家觉得他说的可能也是曾经发生过的，但大家要离开上海，只好冒险。大家分析后认为，这些旅行社要做生意，一般情况下，不至于太不负责。经过比较，大家选择了一家收费较高的旅行社，名字现在已经忘记了，叶铭汉和六姐叶铭梯、表兄曹本钧三人一起到这家旅行社了解了具体的路线、路上需要的时间和费用、已经有什么人参加过等。回家后跟大哥叶铭新和准备同行的表兄的父亲进行讨论，最后觉得应该可以试试。

在当时别无选择的情况下，只好选了这家旅行社。叶铭汉等支付给旅行社一笔钱，旅行社保证带他们过封锁线，包括一路上乘坐所有交通工具的费用以及路上防疫检查的费用等，但住宿和饮食的费用需要全部自理。

当时内地的物价比上海要高，所以生活用品必须带够，还要带上被服。每人两件行李，一个大行李袋装被服，一个大箱子装衣服和其他物品。前面提到的那位亲戚提醒他们随身携带的行李要适当，不得已的情况下要能自己扛着走。大家虽认为他的话有道理，但不敢不带，担心到了内地买不起。后来，等到大家到了内地，回想起来，觉得那位亲戚的忠告是完全正确的，他讲的是最坏情况，但大家很幸运，遇到了最理想的情况。这是后话。

要离开上海还要办"还乡通行证"。第一步要有证明表明自己已注射过霍乱、伤寒疫苗，并必须到敌伪的检疫单位去接受检查。排队的队伍很长，男女混杂，检查时要脱了裤子露出屁股，检疫人员在肛门处取样，几天后出结果。这种检查让叶铭汉感到是对中国老百姓的侮辱，但在当时却也不得不忍气吞声。

三、路遇波折，有惊无险

1942年10月中旬，叶铭汉和六姐叶铭梯、七姐叶铭璇、表兄曹本钧一起离开上海，踏上了奔赴重庆的征程。旅行社负责带的这批客人共有20多人，大家在黄浦江边的一个码头集合，旅行社派一位领队一路带队。大家上了一艘货客两用轮船，全船共有三四十位客人。旅行社负责带队的人跟大家住在一个通舱，船上每天供应三餐，每餐二素一荤。在船上，同行的人慢慢互相熟悉了起来。

按照计划，他们将在九江上岸。一路上船航行速度不快，天黑之前就在一码头停泊。就这样，航行了三天才到达九江。

在此之前，叶铭汉四人都没有离开过上海，没有见过山。离开上海不久就看到了山，大家都很兴奋。年轻人总是充满朝气，大家一路上很高兴，感觉像是去旅游，一点儿也没有意识到潜在的危险。他们带了自认为足够的钱，细心的母亲还借钱买了三枚金戒指，给他们姐弟三人每人一枚藏在鞋底，以备不时之需。

到了九江上岸后，由领队带领大家住进一家小旅馆。旅行社的领队说要跟他们在南昌的人取得联系。一直住了七八天后，旅行社的另一人才从南昌到九江接他们，改由他担任领队带领大家坐火车到南昌。

下了火车，往城里走时要过一座桥，那里有日本兵把守和检查。他们的行李外面都贴了名字，看了他们的名字后，有两个日本兵互相交谈了几句，叶铭汉心里不由得有些担心，大家听不懂日语，从他们的表情判断，叶铭汉觉得也许他们发现姐弟三人是一家人，就没有检查，给他们放行通过了。

日本兵规定，从上海到南昌的人必须先在南昌的一个偏僻地方接受检疫检查，检查是否患有霍乱。领队带大家到一处很大的已经荒废的住宅住下，就只是他们这一批二十多人。领队帮他们去买大米、蔬菜，自己开伙，他告诉大家，过几天就会有人来检查，如没有病号，就可以放行。就这样等了七八天，检查的人来了，他似乎认识领队。领队交了检查费后，也就没有给大家做检疫检查，就算没有传染病，全都过关了。

从领队那里得知，越过所谓封锁线其实很容易。他说，在南昌只有400名日本兵，顾不过来。大家将在一条小河边上船，坐船就可以离开南昌。领队找人挑了他们的行李，在市区内的一条小河边上船，没有人管。他们分别坐两艘小船，静悄悄地一路前进。领队说到天黑时可到南昌外面一个名叫市汊的地方上岸，就出南昌了。他又说，已经联系好农民帮大家挑行李。

天快黑时，他们看到岸边有几个人似乎在跟着他们的船走。叶铭汉还看到领队跟他们打了招呼，就问领队这些人是干什么的，领队说是一般老百姓。领队在船上仔细问大家要到哪里去，干什么。叶铭汉就告诉他，是要到重庆中央研究院，领队不明白中央研究院是干什么的。叶铭汉告诉他中央研究院总干事是朱家骅①，领队的反应是似乎知道这个人。同行的人中有一位女青年，她说自己的父亲是国民党军队一位驻扎在江西南部的副司令员，大家都分别介绍了一下自己的目的地。

小船到一处靠岸停下，大家鱼贯下船，那里有早就候着帮乘客挑行李的农民。天虽已晚，但未全黑，一行人借助微弱余晖步行到田埂上。

突然，田边跳出五六个男子，大喝："停下检查！"一群人全都吓了一大跳，谁也不知道他们是什么人、要做什么。迫于威胁，叶铭汉等只得顺从地把箱子打开，让他们检查。叶铭汉不动声色地观察这些不速之客。他注意到，其中一人在开箱检查时顺手拿走了一支自来水钢笔，这让他紧绷的心放松了下来。他判断，这几个人充其量就是些小毛贼，为劫小财而来，并无害命之心。叶铭汉马上偷偷地轻声告诉六姐，让她放心。很快检查结束，这些人放他们继续前进。

领队私下询问叶铭汉刚才都损失了什么钱财，他如实告之：除了一支自来水钢笔外没有损失什么。当时的叶铭汉是个心思单纯的17岁中学生，初次独自出远门毫无防备。他还主动告诉领队，鞋里藏着一枚母亲准备的金戒指没被发现。后来回想，他觉得当

---

① 朱家骅（1893—1963），浙江人，曾任南京国民政府教育部部长、交通部部长、浙江省政府主席、中央研究院总干事等。1938年任国民党中央执行委员会秘书长兼中央调查统计局［中统（局）］局长。——作者注

时真傻，暴露了自己仍有财物在身。万幸的是，途中没有再遇到检查。

事后叶铭汉回想分析，这些检查的人应该跟领队是一伙的劫匪。也许领队调查他们的去向时，感到这批人有点儿来头，中央研究院总干事朱家骅曾经是国民党中统（局）局长，还有副司令的家人在团中，所以他不敢贸然下毒手，最后只拿一点小财。他私下询问旅客丢失什么财物，是为了好和劫匪分赃。想到这里，叶铭汉不由得感到后怕，也感到庆幸，机缘巧合下毕竟有惊无险，没有造成什么不可挽回的损失。

四、舟车辗转，终抵重庆

一行人继续走了一段路，进入国民党军队控制的区域，在此休息两天后，步行到曲江，乘小船航行一天，抵达丰城，准备在那里搭轮船去吉安。

丰城是南丰蜜橘的集散地。叶铭汉一行都是上海人，第一次吃到这种特别甜的南丰蜜橘，爱不释手，又兼此地蜜橘物美价廉，几人趁机开怀大吃一通，非常满足。在丰城悠闲小住三天后，他们登上小轮船，航行两天到达吉安。

吉安是江西省的重要城市，曾留下"人生自古谁无死，留取丹心照汗青"之句的文天祥就是吉安人。到了吉安，领队任务完成，临时旅行团宣告解散。叶铭汉等在吉安又住了一天。吉安那时还有城墙，年轻的叶铭汉按捺不住少年的好奇心性，晚饭后一个人跑到城墙上走着玩。后来别人告诉他，城墙那里经常发生抢劫案，是很危险的地方。

第二天，叶铭汉等四人从吉安出发，乘小轮船江行一日去泰和。泰和临近井冈山，1940年日军攻占南昌，江西省政府陆续迁至泰和，成立临时省会。抗日战争期间浙江大学内迁的第一站就是泰和，国立中正大学亦在此创办。

到了泰和，他们打电报与三叔父叶企孙联系，等他汇款。住了约十天收到汇款后，便从泰和坐汽车，到江西省边界一个名叫界化垅的地方。

这一路，四人更是历尽艰辛。当时，我国后方缺少汽油，叶铭汉等乘坐的汽车上装有一个煤气发生炉，靠烧木炭来产生煤气，用煤气作为汽车的燃料。每逢上坡，需要多燃烧一些煤气，司机的助手便跳下车，跟着车走。他一只手拿一块三角形截面的木块，需要时用来垫车轮，以防汽车上坡时因动力不足而下滑；一只手摇煤气发生炉的鼓风扇，加大空气输入来增加煤气的产出。上坡时，汽车走得比人还慢。车子又时常出小毛病，需要不时停下维修。公路依山势上上下下，一百多公里的路程竟走了三天。

途中，汽车在一个检查站附近抛锚，修理了一天，他们就在附近的农屋借住过夜。检查站的人告诉他们，这里有土匪。当时从上海来的叶铭汉等对战争和局势的认识很肤浅，消息也不灵通，后来才了解到那里属于井冈山区域，但当时他们并不知情，更不知道该处正是革命摇篮。

抵达界化垅后，为了换车，等了三四天。汽车从界化垅进入湖南省，走了一天，到达耒阳。他们在耒阳上火车到衡阳后休息了两天，乘火车到广西桂林。

到了桂林，几人停下，按约定打电报向时任中央研究院总干事的三叔父叶企孙报告，并请他再汇款。叶铭汉等打听到，去贵阳的火车只通到金城江，在金城江须换长途汽车去贵阳，排队登记汽车票时常要等十多天，还不一定拿得到票，所以他们决定到中央研究院物理研究所去求援。中央研究院物理研究所在桂林阳朔，去那里的公交车票一向难买，叶铭汉果然没有买到，便央求司机并塞了些钱，司机就让他坐在旁边做"黄鱼"①。到了中央研究院物理研究所，

---

① 那时汽车司机常沿途带客人，收一些钱。货车装满货物后，司机让人坐在货物上带走。这样的旅客都被称为"黄鱼"。——作者注

施汝为先生接待了他，但施先生表示自己也爱莫能助，没有办法在金城江弄到去贵阳的火车票。他们只好坐火车到金城江去碰运气。那时候，叶铭汉并不知道，那条通往金城江的黔桂铁路的工程局局长侯家源是他三叔父叶企孙中学时代的好朋友，两人都爱好解平面几何难题。

叶铭汉等到了金城江，登记了车票，别人告诉他要等十多天，还不一定能拿得到票。他们住在旅馆，一筹莫展，十分焦急。巧的是，在旅馆里，他们碰到三个去重庆的人，其中两人是通过日军封锁线到了金城江的香港女青年，一人是基督教牧师，他们三人已联系了一辆运货卡车，准备做"黄鱼"去重庆。听说叶铭汉一行也要去重庆，三人很热情，得知交通部一辆要运货到重庆去的卡车可以带"黄鱼"，就帮忙联系，算是帮了他们大忙。

叶铭汉等在金城江等了约七天，才作为"黄鱼"，坐在交通部那辆敞篷的运货卡车的货物上去重庆。那时候，绝大多数民用汽车都是烧木炭的汽车，他们搭的这辆车也不例外，是一辆半新的汽车，走得不快。从金城江到重庆，一路都是丘陵山路，每天走八九十公里，但一路没有抛锚，总算是不错的了。

从金城江到贵阳大约400公里，第一天到南丹，第二天到独山，第三天到都匀，第四天到贵阳。因司机要保养汽车，他们在贵阳住了七八天。

贵阳与重庆距离约500公里，他们走了五天，第一天到息烽，第二天到遵义，第三天到桐梓，第四天到重庆郊区，第五天到达重庆。

金城江到重庆约700公里，现在汽车走高速公路，十多个小时就能抵达，而1942年那次旅程却花费了叶铭汉将近1个月的时间。他们从金城江出发时，大约是1942年12月中旬，一路上很幸运，天气不冷不热，也没有碰到下雨天，几人坐在货物上，饱览沿路风光。叶铭汉现在回想起来感到有些遗憾，事先没有对沿途做点调研，所以体会甚少。

叶铭汉第一次离开家乡长途跋涉，从 1942 年 10 月中旬离开上海，到 1943 年 1 月上旬抵达重庆，历时近 3 个月。途中频频辗转，坎坷不断，历尽艰辛，对涉世未深的少年叶铭汉来说，既是一次远足考验，也是一次人生历练。虽然几经波折，但叶铭汉却认为这是一次难得而难忘的旅行。一方面，对于他的身体健康有很大的促进作用；另一方面，一路上得到不少人的帮助，他十分感激，将人名和通信地址都记录在一个小本上。十分遗憾的是，1945 年初，这个小本在昆明时被偷走了，导致跟这些帮助过他的人都失去了联系，名字也都忘了，他有时回想往事，却无法向他们道谢，感到非常遗憾。

第二节　山城求学

一、等待分配

1943 年 1 月上旬，叶铭汉到了重庆，那时候抗日战争全面爆发已有五年多，国民政府军队与日军对峙，日军切断了我国南方的对外陆路交通。我国几乎是孤军作战，经济上也很困难，但是在教育上，仍维持了后方大学生和中学生的公费助学金。那时候从沦陷区进入后方的大中学生都可以由教育部分配到一所国立学校就读，并得到公费助学金。叶铭汉的三叔父叶企孙当时在中央研究院任职，他到重庆后，中央研究院开证明，证明他来自日军占领区，可以在学校里得到公费，即给伙食费和免学费。叶铭汉自从抵达重庆进入高中一直到 1949 年大学毕业，都是公费，没有额外交过学费和伙食费。

当时南开中学从天津搬到了重庆郊区沙坪坝，是抗日战争期间内地最好的中学。南开大学和南开中学的学生一直向民众宣传抗日救国，反对日本帝国主义。1937年"七七事变"后，日军就马上野蛮轰炸南开大学和南开中学。

叶铭汉在震旦大学附属中学时有一位同学名叫张茂林，该同学随家人从上海迁到重庆，当时就在位于沙坪坝的南开中学就读。叶铭汉刚到重庆时暂住在中央研究院上清寺宿舍，等待分配一所国立高中入读，闲来无事，就到南开中学去找他。

有一天两人一起玩了一下午，还一起打了篮球。第二天起床时，叶铭汉感到自己的一只脚很疼，而且红肿了起来。中央研究院一位负责总务的老先生查看后判断，叶铭汉可能是破伤风，必须马上治疗，便带着他去看医生。老先生介绍说，这位医生是给蒋介石看病的大夫。叶铭汉最初心想，那一定是在一个大医院里，到了才知道，他竟是一位私人诊所的医生，门诊诊所并不起眼。经过检查，这位医生判断，叶铭汉的确是患了破伤风，可能是前一天打球时擦破了皮肤，侵入了破伤风梭菌。他说，现在有新药，打一针就能好，于是就给叶铭汉注射了一针磺胺制剂。果然很有效，第二天就见好了，不需要再打针了。叶铭汉当时觉得很奇怪，一位给蒋介石看病的医生，居然自己开了这样一个规模不大的门诊诊所，老百姓可以随便去看病，看病的人也不多，到了就能挂号看上，这让他疑惑不已。

叶铭汉很想进南开中学，但因它是私立学校，学费高，而且教育部无法分配学生进去，他只好退而求其次。

二、入读中央大学师范学院附属中学高中部

叶铭汉的大姐夫潘蕴德找在教育部工作的朋友帮忙，最终叶铭汉如愿被分配到一所很好的国立中学——中央大学师范学院附属中

学（简称中大附中）高中部，当时的校长是熊子容[①]。中大附中历史悠久，始建于1902年，当时已有41年历史，著名作家巴金就是该校校友。抗日战争全面爆发后，中大附中从南京一路搬迁到重庆，为了躲避日军轰炸，后迁到青木关[②]，初中部在山下，高中部在山上。

青木关是一个小镇，位于成渝公路的隘口，距重庆约50公里，距北碚约30公里。抗日战争期间，青木关设有军警的盘查哨所，过往的行人、车辆都要在此接受检查。为了躲避日寇的空袭，国民政府教育部、国立音乐学院、国立艺术专科学校、中大附中、国立教育学院等一些机关、学校迁到这里，在青木关周边形成了一个小有规模的文化教育区，当地还有民众教育馆、公共医务所。由于来往客商多，这里有好几家小餐馆和小旅馆，还有一家书店，这家书店还出售一些影印的英文杂志和图书。

从青木关上山走到中大附中高中部需要四五十分钟，学校四面群山环抱，中间有一块平地，名叫"袁家沟"，大约有两个足球场那么大，四周山坡上挖了防空洞，是一个躲避空袭的好地方。四周山中有一座二三百米高的山，山顶有一块大石头，当地人称之为"石老翁"。学校的自然环境很好，叶铭汉和同学时常爬石老翁山玩，心情十分舒畅。可是爬到山顶，却无法爬上最高的那块巨大的石老翁。据说有一次，有一个同学爬上去了，却不敢下来，学校花了很大工夫才把他救下来。

---

① 熊子容（1896—1968），湖南湘阴人，曾与毛泽东一起就读于湖南第一师范学校，毕业不久与毛泽东等多位新民学会会员在岳麓山设立"工读同志会"。1928年华盛顿大学教育学院研究班肄业，后任中大附中校长，复旦大学、光华大学、大夏大学、南京大学等校教授，南京师范学院教授、图书馆馆长、教育系主任，中央教育科学研究所研究员。——作者注

② 青木关，隶属于重庆市沙坪坝区，地形呈马鞍形，东北宝峰山与西南虎峰山海拔均在500米以上，两山夹峙形成关隘，地形险要，自古就是重庆要隘。抗日战争期间大批机关、学校迁至此处。——作者注

三、插班进入高中二年级

1943年3月，叶铭汉大姐夫潘蕴德陪他去中大附中报到，时任校长熊子容见他面黄肌瘦，怕他不能吃苦，别的话没有说，只问了一句"你的身体是不是不大好"。叶铭汉回答道："我是比较瘦，但不大生病。"中大附中高中部有三个年级，每个年级又有甲、乙两班，每班四十多个学生，此外还有一个高初中五年一贯制的实验班，总共有三百多个学生。叶铭汉在上海已经读过高二，原想直接插班进入高三下，但是学校规定毕业班不收插班生，他只好插班进高二甲班，从高二下开始重读半年。

报到当天，叶铭汉穿了一件褪色的蓝布长衫，他刚把行李放下，随即就有人把他领进教室并介绍给班长，班长给他安排了一个座位。后来叶铭汉跟班长熟了，班长说："那一天，你穿的衣服跟学校的工友穿的差不多，一开始我还以为来了一位工友来通知什么事情呢！"叶铭汉入校后很快意识到自己的衣服不够时尚，他只有长衫，没有中山装。他便写信给大姐，问她有没有旧军装可以给他穿。大姐找出自己的旧军装，发现尺寸小了一点，就把接缝处都放开重缝，将衣服尽量放大，寄给了叶铭汉。叶铭汉脱下长衫，穿上这件改过的旧军装，很高兴，感到这下终于可以跟同学们打成一片了。

山上没有电灯，晚上自习时每人自备一盏小油灯。战争时期桐油无法出口，因此价格便宜，学生都买桐油点灯，教室里因此油烟很大，但别无他法，因为大家只买得起桐油。即使是桐油，也舍不得多用，一般只用一两根灯草点着，有点亮光就可以了。做练习用的纸十分粗糙，比现在一般用的手纸还要粗糙得多。为了省纸，大家就先用铅笔在纸上写字，之后再在同一张纸上用毛笔写字，这样一张纸可以重复用两次。同学们学习都很用功，晚自习时人人都在教室里努力做功课。晚九时号声响起，自习课结束，大家才陆续回到宿舍睡觉。

战争导致严重的通货膨胀。叶铭汉和同学几乎全是公费学生，可按定额领平价的糙米，其中稗子、沙子不少。食堂经常只有一个菜，而且时常是最便宜的蔬菜——藤藤菜①。伙食虽差，却可管饱，大家也无意见。为了抗日，谁也不在意这点困难。学校伙食由学生轮流管理，每班出一个人，组成伙食管理组，包括会计、监厨和仓库管理员，一个月一轮。叶铭汉也做了一届会计，负责管钱。监厨和仓库管理员负责跟厨工一起下山买菜、到粮站领平价米、每天每顿给厨工发米。每届伙食管理组都力争平日节省一点钱，到届满时能打一次"牙祭"，一般是买一头猪，大家吃一次肉。同学们也以牙祭是否丰盛来评价各届伙食管理组的成绩。

　　山上缺水，需要靠人力挑水。学生把脸盆放在宿舍一头，早上校工挑来水，每人可分半盆水，刷牙、洗脸都用它，用过后绝不倒掉，留着洗脚、洗衣服。如果是洗衣服，一盆水当然不够，因此要征得别人同意才能用他洗过脸的水；或者等到星期日同学回家后可以用他的水。

　　学校附近有一家小茶馆。重庆天气热，人出汗多，经常要喝水补充水分。当地茶馆很多，茶水也便宜，一般老百姓都付得起，泡上一杯茶，可以无限续水，最便宜的是白开水，茶馆美其名曰"玻璃"。进茶馆说"要一杯玻璃"，老板就给你白开水。小茶馆兼小杂货铺、小饭店，有花生、橘子、面等。重庆一带的橘子和花生都很便宜，叶铭汉和同学们晚饭后散步时常买一些边走边吃，是增加营养的好办法。星期日休息时，他们有时会下山买灯油，顺便逛逛书店，觉得是一件很有趣的事。

　　叶铭汉跟几位从江浙一带来的学生兴趣相投，和高骥千、刘恩泳、胡思旅成为好友。他们几个人的英语较好，一起在班上出过几

---

① 藤藤菜又名空心菜、蕹菜等，中国南方农村普遍栽培作为蔬菜食用，藤藤菜是当地人的叫法。——作者注

期英文壁报，名叫"Bamboo and Pine"（竹子和松树），因为四周山上大多数树木是竹子和松树，所以起了这个名字。可惜同班其他同学几乎没有人对他们出的英文壁报感兴趣。有一次他们出了一个英文告示，约同学们星期天一起到十多里外的歇马场去看瀑布。遗憾的是，没有其他同学响应，叶铭汉就和高骥千、刘恩泳、胡思旅一起走着去。那是叶铭汉第一次看到高约 10 米的瀑布，感到场面十分壮观。

当时英国大使馆文化处会免费赠送其出版的英文新闻简报，叶铭汉就去要了一份，作为课余学习英文的材料，之后简报按期寄来，但是其他同班同学都不感兴趣。在书店里可以买到 Reader's Digest 杂志的影印本，价钱不贵，是他那时最喜欢看的英文读物。

有一天，叶铭汉忽然得了很严重的沙眼，不知是怎样感染上的。幸好，山下有一个公办的公共医务所，收费很少，他每天上完第一堂课后就请假下山去治眼。治疗的方法很简单，护士把他的眼皮翻开，用一块硫酸铜晶体在眼皮上划一下，为了缓解疼痛感，马上用大量水冲洗眼睛。每次就这样处理一次，只收 5 分钱（5 分钱在当时可买一个烧饼）。这种治疗方法很有效，治了十多次后叶铭汉的沙眼就治好了。

叶铭汉的牙齿有两颗臼齿上有小窟窿，离开上海前他不知道应该补牙。在学校里，一颗臼齿忽然大痛，也不知道到哪里去找牙医。他想到表哥陈树凯在化龙桥一家兵工厂工作，猜想那里的医务室可能有牙医，就到厂子里去找他。陈树凯把叶铭汉领到兵工厂的医务室，那里的牙医把那颗病牙拔了，叶铭汉留宿了一晚，回到学校。

以前在上海时，叶铭汉时常腹泻，到了重庆后腹泻次数却逐渐减少，半年以后几乎不再腹泻了。他自己分析，有可能是他平时注重锻炼腹肌的缘故。中大附中的高二有体育课，期终要考仰卧起坐测试学生的体能，他在上海时从来没有做过这种运动，所以一开始只能起坐几次，慢慢可做十多次，达到了体育课的要求。他猜想，也许腹肌增强了，影响肠胃，就不再腹泻了，重读高二下学期的一大收获就是他的身体比以前健康了不少。

对于中大附中老师的姓名，叶铭汉大都记不清了，只记得教数学的金一鸥老师。老师们大都是中央大学师范学院的优秀毕业生，教学都十分认真，同学也都专心听讲，教学秩序很好。这一年半，叶铭汉的数学和物理成绩都有所提高。此外，学校还有比较丰富的课外文化活动。国立中央音乐院当时也搬到了青木关，该校的老师曾到中大附中举办音乐会演出。高三同学还会排练演话剧，有一次演出过曹禺的《原野》。

高中三年级体育课改为军训，由一位教官负责讲一些军事常识，带领学生进行列队操练。有一次军训时举行步枪打靶活动，全班男生每人一发子弹。这是叶铭汉第一次开枪，也是唯一的一次。

现在回想起当时在袁家沟的学习与生活，物质条件的确是差一些，但是叶铭汉和同学们并不以此为苦。大家都有一个坚定的信念：现在是在跟日本帝国主义作战，抵抗日寇侵略，自己在大后方，能吃饱已经是很知足了。大家相信，前途光明，抗战必胜。

这段时间，叶铭汉在学习和身体方面都收获很大，特别是在身体健康方面。因为叶铭汉在上海已学过高二的课程，加上英语比同班同学好，所以感到学习很轻松，考试成绩常位居第一。

四、尝试报考大学

1943年夏叶铭汉在重庆北碚的大姐家中过暑假时，忽然想到可以尝试考大学。那时大学的入学考试科目包括语文、数学、英语、物理、化学、历史、地理等。他自己估计，语文应能及格；英文是自己的强项，考试应该没问题；物理和化学应能及格；数学方面，解析几何他没有学过，但代数和平面几何是有把握的；历史、地理是自己的强项；估计总成绩应能过录取线。评估后，他决心试一试。

叶铭汉马上行动，以同等学力就近报了复旦大学土木系，并托表哥陈树凯报中央大学水利系。后来得知，为了报考中央大学，陈树凯花了不少时间，几次到中央大学找人帮忙才得以同等学力报上名。

当时考生由家长陪考是极为罕见的，绝大多数是考生一个人到考场。考试前一天，叶铭汉独自一人从北碚大姐家来到沙坪坝，表哥陈树凯事先把准考证寄给他，并给他一封介绍信，让他去找中央大学化学系的一位助教，请他帮忙找一个住宿的地方。这位助教找到一间学校暑假期间不用的小教室，跟管理教室的工友打了招呼，让叶铭汉在那里住下。叶铭汉随身带了简单的洗漱用具和几件衣服，好在重庆夏天很热，不需要什么被褥，他把几张课桌拼起来，晚上就睡在课桌上。叶铭汉有一个好习惯，到哪里都能睡好觉，那晚在硬课桌上也睡得不错，没有影响第二天的考试。中央大学的考试持续了两天，到了饭点，他就在学校旁边的小摊上吃点东西，还担心吃坏肚子。

叶铭汉报考的复旦大学土木系和中央大学水利系，都是工科专业，因为早在初中毕业时，他就想好了将来进大学要学工科。那时候，首先考虑的是饭碗问题，要保证毕业后能找到工作，能有饭吃。他从来没有想过大学毕业后还要依靠父母，觉得学工科比较容易找到工作，他的功课较好，学工科也有优势。至于兴趣问题，他并没有多考虑。实际上，那时他更感兴趣的是心理学。

很快考试结果公布，叶铭汉被复旦大学和中央大学同时录取，但中央大学录取的是他报考的第二志愿心理系。

虽然顺利被录取，但三叔父叶企孙不赞成叶铭汉跳过高三直接进大学，他一直主张要打好基础，不要跳级，不怕慢，只怕基础不牢固。叶铭汉考虑再三，虽然自己喜欢心理学，但总觉得将来难找工作，同时他也相信基础很重要，就决定继续念高三。虽然放弃了马上读大学的机会，但他对那次尝试很满意，也增强了考大学的信心，只是表哥陈树凯为他报名而浪费了不少时间。他为此感到十分抱歉。

五、完成高中学业

回到中大附中，升入高三年级，叶铭汉在学习上仍然得心应手，成绩位居全班第一。1944年夏天，他高中毕业，同学们就此分别，之后除了高骥千和刘恩泳外，他从未再遇见过其他同学。现在，刘恩泳已经过世了，叶铭汉与现定居美国的高骥千仍保持着通信往来。

1984年秋，叶铭汉到重庆开会，回了一次袁家沟，通过一位中大附中的校友找了一辆汽车前去。此时通汽车的路已修到半山，原来要步行登上的百余级石板只剩下一半。除了当年作为校办公室的一排房子外，学校里的教室、宿舍、饭厅、大操场全都没有了，变成了农田，一片绿色，但两边山坡上的防空洞还在。

六、正式报考大学

高中毕业后，叶铭汉于1944年夏正式报考大学。当时各大学分别招考，考生可以多报几所。叶铭汉虽然对考上大学很有把握，但也不敢掉以轻心，因此报了三所学校，分别是：西南联合大学、中央大学和上海医学院。

那年夏天，三叔父叶企孙为他提前联系了中央大学物理系的两位教授——周同庆先生和施士元先生，考试期间收留他吃住。周师母非常体贴照顾，为了让他能有多一点的时间复习和休息，不让他自己洗衣服。为此，叶铭汉感到很不好意思，他在中大附中时用水短缺，衣服常常洗不干净，而周师母把他的脏衣服洗得雪白雪白的。

1944年7月，西南联合大学、中央大学和上海医学院三所学校正式开考，考试日期靠得很近，中间只空一天。中央大学的入学考试科目包括国文、英文、数学、物理、化学和史地。叶铭汉估计，自己的史地考试成绩应该不错，考题中有一道是考当时美军在太平洋逐岛夺取的岛屿名称等，他因为经常阅读英国大使馆文化处出版的英文新闻简报，对于战事进展情况很关心，所以十分了解，很轻松地就把几个岛屿的中文名称都写出来了，还把英文名称也标注上，心里有点儿得意。

西南联合大学的考试分初试和复试。初试在昆明、重庆等几个考试点进行，只考语文、英语和数学。初试通过被录取的人须到昆明参加复试，复试考物理、化学、生物和史地。复试及格的录取为正式生，不及格的录取入选修班补习高中课程，一年后，如大考及格，即可成为大学一年级学生。叶铭汉在重庆考区参加初试，总成绩名列第一。

叶铭汉基础扎实，三所学校的考试都十分轻松地过了。招生榜出来，这三所大学都录取了他，其中中央大学水利系和上海医学院都把他列第一名录取。

第三节　初到西南联合大学

一、西南联合大学

西南联合大学是在抗日战争时期建立起来的一所大学。她的历史，应该从 1935 年说起。①

1935 年，华北局势紧张，清华大学决定筹建长沙分校，由叶企

---

① 本书中关于西南联合大学师生的一些数据均来自《国立西南联合大学校史》第 431～436 页、第 514～516 页，西南联合大学北京校友会编，北京大学出版社 2006 年出版。——作者注

孙主持筹建事宜。当时，清华大学的经费来自美国退还的"庚子赔款"，学校有权自主支配，因此能够及时在长沙建造一批校舍。1937年7月，日军大举侵略我国，清华大学、北京大学和南开大学搬迁到长沙，利用清华大学所建的校舍成立长沙临时大学。清华大学在1935年的远见措施发挥了关键性作用，后来促成了在昆明成立西南联合大学。

1938年4月，长沙临时大学南迁昆明，改称国立西南联合大学。自1938年5月4日开始上课，在云南整整8年。抗日战争胜利后，至1946年5月4日结束、解散这三所学校。在这期间，西南联合大学曾汇聚了一批著名学者，其教师中有几十位后来当选为中国科学院院士。

西南联合大学8年间共录取8000余人，毕业3739人（包括学籍原为清华大学、北京大学和南开大学而在西南联合大学毕业者）。培养出了我国首批诺贝尔奖获得者——李政道、杨振宁[1]；国家最高科学技术奖获得者——黄昆、刘东生、叶笃正、吴征镒、郑哲敏；"两弹一星功勋奖章"获得者——郭永怀、赵九章[2]、陈芳允、屠守锷、朱光亚、邓稼先、王希季、杨嘉墀；近百位中国科学院院士和中国工程院院士。在科学、教育、新闻、出版、工程技术、文学、艺术等各个领域都有不少西南联合大学校友成为业务骨干，取得了优异成绩。西南联合大学的教师和学生共有166位后来当选为中国科学院与中国工程院院士。

西南联合大学是我国教育史上的奇迹。在艰苦的条件下，保存了完好的教育方式，培养出优秀的人才，其中不少人才成为社会各领域的大师级人物。可以说，西南联合大学在培养人才方面的贡献

---

[1] 李政道和杨振宁在1957年获诺贝尔物理学奖时都是中国国籍，拿的护照是中国国民政府的护照，在诺贝尔奖委员会的正式记录上明确记录为中国国籍。——作者注

[2] 赵九章是清华大学毕业的，后曾在西南联合大学教书；杨嘉墀是西南联合大学教师。——作者注

是空前的。

二、通过复试，考入西南联合大学

西南联合大学初试发榜后，叶铭汉就到重庆，住在表哥蔡致通家中，就近找去昆明的货运汽车，准备做"黄鱼"，但一直没有找到。复试的日期渐渐近了，他仍一筹莫展。

有一天，表哥灵机一动，建议叶铭汉去试试登记飞机票。两人到重庆珊瑚坝机场，找到航空公司的营业处，刚一开口，没想到营业员告诉他们，现在正好有一空位，可以马上走。叶铭汉感到这个机会很难得，但遗憾的是原来只想登记机票，所以没带行李。营业员回答说，行李可以后再运到昆明。表哥当机立断，劝叶铭汉马上登机，毕竟机不可失。

就这样，叶铭汉阴错阳差地上了飞机。由于根本没想到会这么幸运，他出门时只随意穿了短袖衬衫和短裤，在飞机上冻得厉害。这是他第一次坐飞机，没有想到，飞机飞得十分平稳，比坐汽车在公路上行走时平稳得多。

叶铭汉在中大附中的同学兼好友刘恩泳家在昆明，他没有考上西南联合大学，就留在重庆，进入重庆大学的先修班①。他邀请叶铭汉到昆明后先住在他家，所以叶铭汉一到昆明就直接暂住在刘恩泳家。

第二天，叶铭汉到西南联合大学找到了三叔父叶企孙。他住在位于北门街的西南联合大学教职员宿舍，那里原来是唐继尧②大院的戏台。叶企孙本来住在原戏台的门房，叶铭汉到来后，便让他暂

---

① 20世纪三四十年代，有些大学把报考该校没有被录取但考分接近分数线的学生收为先修班学生，补习高中课程一年，如学生的年终大考达到一定水平，就可免试而录取进入大学成为一年级正式学生。——作者注

② 唐继尧（1883—1927），云南会泽人，出身书香家庭，曾赴日留学并加入同盟会，日本陆军士官学校毕业后回国，在云南参加革命。1915年12月25日，与蔡锷联名通电全国，宣布云南独立，发起推翻袁世凯的"护国运动"，袁被迫取消帝制。——作者注

住自己的小房间，自己临时搬到戏台大厅的楼上住。大厅原来是看戏的包厢，一大间通舱。金岳霖、朱自清、李济侗、陈福田都住在这里，彼此之间用蚊帐隔开。过了几天，一位西南联合大学的学生帮叶铭汉在宿舍里找到一张空床，他就搬了过去。

西南联合大学的复试要考生物，叶铭汉在高中时没有学过这个科目，只好临时抱佛脚，突击准备了几天就去参加复试了。结果成绩及格，他顺利被工学院土木系录取，但总成绩如何他并不清楚。直到六七十年后，一位西南联合大学的校友给了他一张刊有当年西南联合大学录取榜的报纸复印件，他才知道1944年西南联合大学共录取新生271人，新生榜可能是按复试成绩排名的，黄祖洽[①]排名第一，叶铭汉是第145名。

西南联合大学的校舍分散在昆明的几个地方。新校舍在当时昆明城的北边，大部分在城墙外，小部分在城墙内。图书馆、教室、校本部办公室、文学院、理学院、法商学院等学院和宿舍的大部分都在新校舍；师范学院借用昆华中学的房子，距离新校舍不远；工学院在昆明城东南的拓东路，与新校舍正好隔着昆明城区，相距四五公里。工学院一年级的学生在新校舍读完必修课程升入二年级时，就搬到拓东路校区。

新校舍原来是一片荒地，占地约124亩，是西南联合大学到了昆明后购买的。校舍全部是新建的。受经费所限，只有图书馆和食堂因面积较大是砖木结构瓦房，其他建筑一律是土坯墙平房；教室和办公房用白铁皮顶，为了省钱，宿舍则用茅草顶。每栋宿舍平房面积约6米×30米，中间由墙隔成两栋宿舍，各有一个宿舍编号，各有门开在长方形的一端。宿舍的窗户是木条格子的，钉几根木条，

[①] 黄祖洽（1924—2014），湖南长沙人。我国理论物理和核物理学家，"两弹一星功勋奖章"获得者，中国科学院院士，北京师范大学教授及低能核物理研究所名誉所长。曾任第二机械工业部第九研究院理论部副主任、北京第九研究所副所长、中国原子能研究所副所长，《物理学报》主编。——作者注

没有玻璃，也没有窗纸，终年敞开，空气畅通。好在昆明气候温和，即使是冬天，也不会让人觉得冷。每栋宿舍内放有12张双层床，可住24人。每扇窗边放有两张床，两张床之间有一小桌，四人共用。两张床把空间围成一小间格，即一个"小天地"，用床单隔开，全宿舍共分为6个"小天地"。住宿的同学完全自由组合，同宿舍的同学来自各个系，彼此之间有时不太熟，也不大来往。宿舍区有一口井，学生自己打水，无论冬夏，都在井边洗脸、漱口，夏天就在井边打水冲澡，洗衣也用井水。

1944年学校的经费有较大赤字，学校便把办公室屋顶的白铁皮全部拆下转让给一家公司，得款200万余元，除去购买作屋顶的茅草费用外，剩余的正好弥补了学校预算的赤字。

三、开始大学生活

1944年10月上旬，西南联合大学开学，工学院土木系本科一年级新生叶铭汉的大学生活也正式拉开序幕。

叶铭汉的学号是33261。"33"是入学年份，也就是中华民国三十三年（即公元1944年）。抗日战争胜利后西南联合大学解散，叶铭汉转入清华大学，仍保留原学号。

理学院、工学院的大一必修课程有国文、英语、微积分，以及一门社会科学课程、一门人文科学课程、一门本系的专业课（物理系和工学院为普通物理）和体育。叶铭汉是工学院土木系学生，因此还要选修画法几何（大一上学期）和机械画（大一下学期）。

叶铭汉进入大学后面临的第一个问题是选课。西南联合大学一年级主要学基础课，其中要上必选课的学生多，同样的课程常有好几位老师同时分别开课。究竟选哪一位老师呢？老生自有见解，供新生参考，叶铭汉就向师兄师姐取经。除了大一的国文、英语课外，大部分基础课都由教授讲授，如社会科学类的经济学概论由法学院院长陈岱孙先生讲授，普通物理学课由物理系系主任郑华炽先生讲授。微积分课有教授开的，比如杨武之先生，也有讲师开的。大一英语是王佐良讲师开的。

到了西南联合大学，叶铭汉感觉跟以往他上过的中、小学很不同，大学的学习方法与中学不一样，但他很快就适应了。通过选课，叶铭汉体会到学生可以有一定的自主选择权利。一开始上课，就看到在中学无法想象的现象：不管哪位教授，哪门课，哪个教室，都可以进去听讲，没有人限制。有时教室太小，也可以站在窗外听课，教室的窗户跟宿舍的一样，终年敞开。对于一些知名教授的课，叶铭汉都尽量抽空去听一听，领略大师的风采。课堂学习虽有教科书，但是主要靠笔记。老师们都有丰富的教学经验，讲课清楚，重点突出，节奏恰当，学生们很容易记笔记。有的老师，像陈岱孙先生，讲课特别清楚，时间把控得非常好，常常是他刚讲完，下课铃声就响起了。

不光是在学习方面，在生活方面叶铭汉也感到和以前不一样了。中学生得到的助学金和大学生得到的相同，但是用相等的钱办出来的伙食却大不一样。在中学，伙食由学生轮流管，叶铭汉也轮到过。西南联合大学的学生伙食由校外的人承包，不用学生监督，可是要比中学时好得多。叶铭汉分析后觉得，西南联合大学的学生伙食办得较好是由于食堂的管理比较科学。在西南联合大学，学校使用市场经济手段办伙食：一个大食堂分成若干小伙食团，每个小伙食团8～10桌，每桌8人，一般由一个家庭承包。各小伙食团之间的好坏，很容易看出来。如果办得不好，学生可以在下个月自由换另一个伙食团。学生签名加入某一伙食团后，由该伙食团向学校领取助学金，不用学生费事。鉴于很多同学早上不吃早餐，因此伙食团不供应早餐，这也有助于更集中力量办好中餐和晚餐。另设专供早餐的伙食团，可以自由自费加入。饭厅门外，还有一些小摊提供服务。学生可以自己盛一碗饭，在饭厅门外的小摊上付费请其加工成蛋炒饭，或者只用油炒一下（这样收费更低）。另外，基督教青年会在西南联合大学还有一项为学生提供平价早餐的服务，包括一碗豆浆和一个馒头，既便宜又营养，供应时间持续一上午，很方便，叶铭汉和很多同学都吃这种早餐。除此之外，早晨校门口外还有多个提供早点的小摊。

西南联合大学有各种壁报和报告会。叶铭汉在这里感受到民主的气息，开阔了视野。总而言之，到了西南联合大学后，叶铭汉样样满意，十分愉快。

一年级下学期（1946年春），叶铭汉选修了一门体育课，其中有两个项目——跳木马和翻过两米高的木板障碍，老师带大家操练，但他一直做不好。叶铭汉听老生讲，体育课期末要测试这两项，也有人说，只要不缺课，即使这两项不通过也能及格。当年清华学堂的传统是体育不及格就不能出国留学，西南联合大学则没有这个规定，叶铭汉对体育课不敢掉以轻心，所以不敢缺课。临近考试，他一个人晚上出去练习这两个项目，并向同学取经，掌握了动作要领。有一天，他忽然意识到，动作一直做不好的原因是自己穿的鞋子不合适。他那时穿的是从军时的大皮靴，既大又重，十分不跟脚，影响做动作，所以就向同学借了一双网球鞋。经过练习，他顺利地通过了体育考试，为此十分高兴。这件事也让他增强了信心，意识到要克服困难，遇事要开动脑筋，努力想办法。

开学不久，红十字会便来学校，希望学生志愿献血。叶铭汉一直对抗战报国饱含热血，认为在后方的人应该尽一切努力支援前线。同时他了解到，献出300毫升血，对自身健康并没有影响，所以当即就去献了血。献血后，他没有任何不舒服的感觉。红十字会给献血的同学一枚纪念章，还给了一碗豆浆以补充营养。

叶铭汉曾从上海带了一件雨衣到昆明，后来放在寄售商店卖掉了，得了一笔钱，并用这笔钱买了画法几何和机械画课所需的制图文具、三棱尺等。有了很好的制图文具，他的学习可以说是如虎添翼了。

第四节　加入青年军[①]

1944年夏，英美联军在法国诺曼底登陆，苏军向德国步步进逼，法西斯德国已经是日薄西山。日寇在太平洋上的交通线已被美军切断，只能疯狂地垂死挣扎，对我国发动了以打通大陆交通线为目标的大规模进攻。

一、决心抗日，应征入伍

叶铭汉进西南联合大学后不久，国民政府在10月提出"十万知识青年从军"的号召，力图提高军队的文化素质，使美国支援的装备能发挥其应有的作用，组建一支高素质的抗日新军。叶铭汉一直抱着"天下兴亡，匹夫有责"的信念，感到应该尽自己的责任，把大学学习暂时放一放，等抗日战争胜利后再读书。他那时候虽然对政治大局不甚关心，但决心抗日，所以报名参加了青年军。

西南联合大学有200多名学生报名参军，1945年1月28日入伍，来自西南联合大学的全体学生暂时编入207师炮兵营，准备到设在印度由中美合办的训练中心受训，但具体是什么兵种当时他们并不清楚。那时，从我国到印度的陆路交通早已被切断，士兵只能空运。

[①] 关于从军过程，叶铭汉曾在其日记中有所记录。1955年内部肃反运动时，他把这本日记作为反动材料上交物理研究所人事处。1958年发还，但他总担心保存这种材料有风险，也许有一天有人从中发现"反动罪证"，因此把这本日记烧了。本节文字是根据叶铭汉本人和他人的回忆撰写的。——作者注

2月4日早上离开军营，叶铭汉和其他新兵在机场等候飞机，2月5日清晨，西南联合大学参军的学生乘C-47型运输机①从昆明起飞，前往印度汀江②。C-47的机舱内没有座位，大家只能坐在机舱地板上。飞机上也没有厕所，只有一个大木桶，随机的一位美军士兵告诉大家，如有内急，可排泄到此桶内。但他们已经饿了一天，因此倒省了事。当时大家穿的是棉军服，一开始还可勉强御寒，后来感到十分寒冷。同为青年军的黄枬森回忆道：

> 经过澜沧江和怒江时，机舱内的温度骤然降低。再向前，越过白雪皑皑的"驼峰"③，又飞行了3个小时，中午时分终于在印度汀江机场着陆。走下飞机时，全身已冻得像冰块，两耳又痛又聋，互相讲话要大声喊才听得清楚。④

2月7日，全体人员更换服装，叶铭汉等被要求脱掉全身所有衣服，立即全部烧毁，然后换上全套新军装。根据中英双方的协议，中国驻印军的服装全部由英方提供，他们穿上了英国士兵穿的军服。驻印军所需的主、副食品也由英军供给，从粮食到蔬菜、油、肉类甚至茶叶，都由伙房定期到给养站去领取，自行开伙。他们这批在昆明从军的大学生，加上西北从军的大学生，还有一些中学生一起

---

① C-47运输机是双发动机军用运输机，由DC-3客机改装而成，是美军在第二次世界大战期间的主要军用运输机，主要用于空运物资和兵员，也可空投伞兵。——作者注
② 印度汀江机场（Dinjan Airfield）是第二次世界大战时期"驼峰"航线上的军用机场，位于印度阿萨姆邦查布亚东北部，主要作为飞往中国运送战略物资的飞机的起、降机场。汀江机场后来成为中国航空公司的专用机场。——作者注
③ "驼峰"是喜马拉雅山脉南麓的一个山口，是中印航线必经之处。"驼峰"航线是第二次世界大战期间中国和盟军的一条主要空中通道，西起印度阿萨姆邦，东至中国昆明，中国向印度运送派往境外对日作战的远征军士兵，再从印度运回汽油、器械等战争物资。——作者注
④ 引自王冕：《抗战故事：投笔从戎 四川大学生远征抗战》，原标题为《投笔从戎 四川大学生远征抗战》，《成都商报》，2015年7月31日。——作者注

组成"中国驻印军暂编独立汽车第一团"（以下简称"暂汽一团"），西南联合大学的全体参军学生编在服务营第二连和第三连，其中第二连全部是来自西南联合大学的学生，第三连一大部分是西南联合大学的学生，叶铭汉就在第三连，全体青年军士兵的军衔为下士。他们听说，服务营以后要负责汽车维修工作。

二、在蓝伽受训的军旅生活

2月14日，叶铭汉等乘火车离开汀江，前往训练基地。2月18日，到达蓝伽①训练基地。

蓝伽训练基地的正式名称为"蓝伽训练中心"（Ramgarh Training Center，RTC），组建于1942年8月26日。蓝伽是印度哈尔邦兰契县的一个小镇，位于加尔各答的西面偏北。这里原是英国军队的一个营区，中国远征军第一次入缅作战失利后，新编第三十八师退入印缅边境，英方同意将蓝伽的营房让给中国军队作训练营地，于是新编第三十八师从雷多②移驻这里，成为中国驻印军的大本营和训练基地之一。

蓝伽训练基地很大，约有60平方公里。由于地处土地干涸贫瘠、起伏不平的

印度蓝伽中国驻印军营房

---

① 当时我国官方将Ramgarh译为"蓝伽"，现多译作"兰姆伽"，我国书店所售的世界地图上找不到蓝伽，可以找到兰契（Ranchi），在谷歌（Google）地图上可查出其经纬度为85.42°E，23.21°N，也可找到Ramgarh Base（蓝伽军营）。——作者注
② 雷多（Ledo），也译作"莱多"，是印缅边界城，也是印中必经之路，盟军在雷多驻扎军队防止日本入侵。第二次世界大战时中国远征军部队退入英属印度东北部，日本切断滇缅公路后，盟军开辟了"驼峰"航线和史迪威公路（即中印公路），雷多即公路的起点。——作者注

丘陵地带，这里树林灌木稀疏，地多沙砾，不宜种植，却是野战演习和实际操练的理想场所。营地有平房，有帐篷，以团为单位，每一单位四周有铁丝网或围墙。叶铭汉等以连为单位生活在一起。

为了挡住炎热的阳光，平房的屋檐伸出较长，比较宽大。平房的水泥地基比地面高出约10厘米，大家休息时就坐在水泥地上。

蓝伽训练基地附近有一个小镇，可以在这里购买生活用品等。有一次，大家学习汽车驾驶结束后放假一天，一些同学便去小镇上购买日用品，但叶铭汉没有去。

暂汽一团团长名叫简立，他早年就读于金陵大学，之后毕业于黄埔军校第六期和美国西点军校，当时的军衔是少将。简立戴眼镜，能讲一口流利的英语，有点儿学者的风范。同一般国民党军官比起来，他思想开明，爱护士兵，一改国民党军队中士兵备受欺压的状况，不允许那些乌七八糟的东西在他的部队中存在。他禁止体罚士兵，要求官兵一体，严守纪律。他要求经济民主公开，选出士兵委员会监督军饷的配给，上面发的粮食、罐头、蔬菜等都直接发给由士兵代表组成的伙食委员会，每月发给每个士兵的9个卢比[①]现金和香烟等都直接分到士兵手中，不经过军官之手，使军官无法克扣。这使得一些军官大为恼火，因为他们中的一些人是出钱买的官，想通过士兵军饷捞回来。

军队重视保密工作。队伍到达蓝伽之初，团长对全团士兵讲话时就明确警告大家："军队要保密，你们可以写家信报平安，但不能讲所受的训练的细节和进度，不能说所在的具体地方。"大家从部队发出的信寄出前都要先接受检查，每个连由团长指定几个人负责检查，有泄密嫌疑的内容要被剪掉。团长又强调："你们怎么想都可以，我不管，但军队是政府的军队，不允许有反政府的议论和行为，

[①] 当时印度是英国的殖民地，卢比是当时英国在印度发行的货币，9个卢比可以买一支牙刷和一支牙膏，现在1印度卢比≈0.0865元人民币（2024年1月18日汇率）。——作者注

希望大家注意自己的言行。"因此，大家平时都比较小心谨慎，不像在校时那样高谈阔论，评议国事。

团长比较开明，大家对团部的许多措施也比较满意，最初三四个月，全团相安无事。但没想到的是，一位西南联合大学同学的一个无心的行动，却引发了一场轩然大波。

1945年五四纪念活动中，西南联合大学学生会发表了《国是宣言》[①]，呼吁"国共两党团结抗日，避免内战，希望政府发扬民主，改善人民生活"。据西南联合大学同学后来说，他们寄了许多份《国是宣言》给在印度军营的西南联合大学同学，但他们没有收到，看来绝大多数都被检查部门扣下了。但是，有一封"漏网之鱼"被服务二连的一个士兵收到了，大家并未感到其中有什么反政府言论，便漫不经心地传阅开来。有一个士兵说："传看太麻烦了，直接贴到墙上看吧！"就这样，这份宣言便被贴到了墙上，大家围观起来。这一下惊动了排长，他立刻将它撕下来交了上去，团长很快便将此事报告给了上级部门。当天夜里，一队宪兵前来把收到宣言的那个士兵抓走了。士兵们感到"闯祸了"，他们派出代表找团长说明，没有人发表反政府言论，这个人收到宣言后贴到墙上，不是故意的。团长态度还好，答应全力营救。可能经过审查，发现那个同学与共产党没有什么联系，团长的努力也起了一定作用，所以那个同学被关了十多天后被放了出来，但不许他回本部队，据说

叶铭汉在蓝伽训练基地

[①] 1945年4月6日，西南联合大学学生自治会代表该校2500名学生发表《国立西南联合大学全体学生对国是的意见》（简称《国是宣言》）。——作者注

调到其他部队当英语翻译去了。

三、学习驾驶汽车

1945年2月18日，叶铭汉所在部队到了蓝伽，休整了两天，2月20日开始接受驾驶汽车的训练。学习驾驶的是美军军用大卡车，这种大卡车可载重2.5吨，共有10个轮子，前二后八，俗称"十轮大卡车"。大家附带也学习了驾驶指挥车（大小与今天的小面包车相当）和吉普车。

教官是一位美国人——H.V. 艾利斯（H.V. Ellis）上校。他要求严格，非常负责，通过一名翻译讲授汽车结构及驾驶的要求及注意事项。每4名学员配一辆大卡车，每辆车上还有一位从我国驻印军其他部队临时借调来的驾驶兵，手把手教学员驾驶汽车，学员们称他为助教。每天先上课，由教官讲授当天的学习内容，一般约30分钟，由一位翻译官翻译。然后开始驾车练习，绝大多数时间是4个人一辆车和一位助教实地练习。

大家每天清晨五时起床进行常规训练，也就是绕他们所在的营房长跑5公里左右。早餐后，各连由连长带领到汽车学校开始每天的驾驶训练。晚八点半，大家就寝。

汽车学校对学员的要求十分严格，驾车时发生三四次错误不改正者要被除名，跟不上学习进度的也要被除名。当时大家只有一个信念，那就是早些掌握驾驶技术，早日奔赴抗日的战场，所以大家都认真练习。

实习的内容与实战需要十分契合。第一步，在室内操作，学习换挡；第二步，在车上实习，学习启动、刹车等；第三步，在平路上开车，之后在不同的路况上（如小路、泥路、山路等）驾驶；最后，学习夜晚灭灯、困难路段驾驶。

30多天后，仅经过20多个小时的课堂讲解，每人20多个小时的驾驶实习，大家就普遍学会了驾驶和更换车胎等简单的维修技术。

服务二连全体学员（全部为西南联合大学学生）经过艰苦的训练，同时毕业，都拿到了驾驶证，打破了这个汽车学校的纪录。服务三连的西南联合大学学生也全部毕业。

3月26日，汽车学校给叶铭汉颁发了毕业证书。他的汽车学校毕业证件在1955年内部肃反运动时上交物理研究所人事处，21世纪初清理档案时返还，因而保存了下来。2010年，叶铭汉把这些物品捐赠给中国人民抗日战争纪念馆收藏。叶铭汉那一届学生毕业之后不久，汽车学校便停办了。美军要把汽车学校包括汽车在内的所有装备一起运到加尔各答。这一任务由暂汽一团来承担，但是只需要三个连的人力就够了。大家都争着要承担这项任务，派哪几连去，团长感到很为难，最后采取了抓阄的办法，叶铭汉所在的服务营三连运气不佳，没有抓到，为此他感到很失望。没有抓到阄的连队只好天天重复上操，没有什么使用武器的训练。5月初，全团坐火车到印度和缅甸交界处的雷多，准备回国。临近离开蓝伽时，团的名称改为"陆军辎重兵暂编汽车第一团"，全团人员没有变化，只是重新编连。原来西南联合大学学生集中在两个连，改编时拆开分散到好几个连。

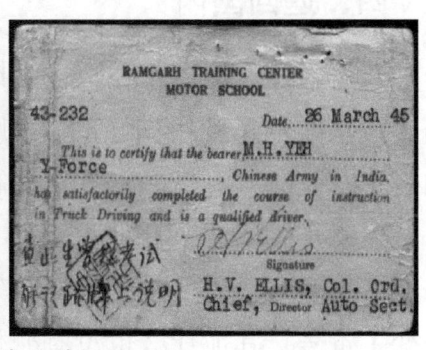

叶铭汉的汽车学校毕业证书

到了雷多后，叶铭汉接受了为期两周的高级汽车驾驶训练。高级训练是指训练在实战情况下，遇到复杂地形、恶劣天气等情况时，如何克服困难完成运输任务。营地所在地十分偏僻，附近没有居民，

叶铭汉在暂汽一团第四营第十连番号

不远处就是原始森林,道路状况本来就十分复杂,再加上人工改造,形成了行车中各种典型的困难地段。有特别陡的坡、凹凸不平的路、沙地、弥漫着水的路、泥泞的土路,最令人提心吊胆的是在漆黑的夜里无灯行车,有时甚至需要有一个人晃动着白布在前引路。

高级汽车驾驶训练结束后,叶铭汉所在部队等待回国,没有安排其他的特殊训练。在部队的这段时间,叶铭汉一直没有拿过枪,士兵们每日还只是进行传统操练,大家情绪有些低落。中午有一段较长的休息时间可以自由活动,营地周围都是荒山野地,附近有条小河,其中一段水不深,只有 1 米多深,正适合不会游泳的人学游泳。叶铭汉就利用休息时间到河里学习游泳,慢慢学会了蛙式游泳,这也算是他的一大意外收获。

四、返回国内

西南联合大学青年在远征军期间执行的最后一次任务,是驾驶美国援华的汽车到中国昆明。6 月下旬,暂汽一团在雷多接收了美国援华的一批军用汽车,随即奉命分批开往国内。

临离开雷多时,团的番号又一次改变,"陆军辎重兵暂编汽车第一团"改编为"陆军辎重兵暂编汽车第十四团"。实际上这次改编只改变了番号,其他什么也没有变化,大家也摸不着头脑,不明白为什么改番号。

7 月 6 日开始,全团分批陆续驾车回国。叶铭汉在第一批,由 70 多辆吉普车和十余辆卡车组成一个车队,在我国和美国军官联合指挥下出发回国。大卡车由美国士兵驾驶,崭新的吉普车由学生驾驶，3人一辆吉普车，轮流驾驶。叶铭汉与汤梦秀、余煜华一辆车，一人驾驶，一人坐在驾驶员旁，一人在后座休息。吉普车又分成两个小队，每个小队由一辆美军军士驾驶的吉普车负责领路和控制小队行车速度，车与车之间的间距尽量保持在100米左右。遇到有桥梁或险峻的路段，领头的吉普车就减速前进，或停在路旁指挥车队。大卡车在整个车队的最后。车队沿着名为史迪威公路的中印公路，奔向祖国昆明，全程约1700公里。

叶铭汉所在部队经过密支那①，中国驻印军曾在那里突袭日军，取得反攻缅甸的第一场大胜仗——密支那大捷②。在这里，大家看到了许多当时战争留下的遗迹，十分振奋。在一个加油站，叶铭汉看到旁边的高大指路牌上写着"八莫"③、"昆明"、"东京"，大家感到抗战胜利在望，十分兴奋。

车队经过八莫，于7月10日到达芒友④，次日离开芒友，不久进入我国，到达畹町⑤。经过龙陵、惠通桥，12日到达保山后休息一天。14日经过大理，次日到达云南驿停车，保养汽车，休整一天。经过楚雄，18日到达昆明，车队停驻车家壁⑥。一路上，叶铭汉所在

---

① 密支那现为缅甸北部克钦邦首府，第二次世界大战期间为缅甸北部最重要的河港和史迪威公路上的贸易中心，是重要军事据点。——作者注
② 密支那于1942年5月上旬被日军占领，1944年中国参加密支那攻坚战，经八十余日激战后光复，史称"密支那大捷"。中美联军为此付出惨重代价，终取得亚洲战场具有战略转折意义的胜利。——作者注
③ 八莫是缅甸北部克钦邦的第二大城镇。抗日战争时期，八莫是中国远征军的一个主战场，1944年10月中旬，我军进攻此地日本守军，经过拼死搏杀终于攻破。——作者注
④ 芒友位于缅甸北部，1943年10月开始，中国驻印军、中国远征军和盟军一起，联合发动缅北滇西反攻作战。1945年1月27日，中国远征军与中国驻印军在芒友会师，中国西南国际补给线中印公路遂告完全打通。至此，滇西反攻作战胜利结束，中国远征军陆续回国。——作者注
⑤ 畹町位于云南省西部，德宏傣族景颇族自治州南部，南与缅甸九谷镇山水相依，为西南主要陆路通道。抗日战争时期，我国艰难筑成滇湎公路打通国际交通线，中国远征军及大批援华物资经畹町桥奔赴抗日前线。——作者注
⑥ 由于叶铭汉的原日记已被烧毁，驾车回国的起始和结束日期是正确的，其他数据凭叶铭汉的记忆，恐与事实有出入。——作者注

批次车队比较幸运，没有遇到下雨天。当时天气炎热，夜晚大家就在吉普车上凑合，蜷卧车中，休息不好，但仍然克服困难，振作精神，在险象百出的路上精心驾驶。

事后，有一位学生士兵在回忆录中写道：

> 1700公里的长途跋涉，山高水险，艰苦备尝，几次与死神擦身而过。最险峻的是翻越怒山那一段，坡陡、弯多、路窄，还要保持车队队形，几米外就是几百米高的悬崖，一旦坠落下去，就得粉身碎骨。开车时，大家都小心翼翼，幸而沿途没有发生重大行车事故。①

叶铭汉回忆，当时他们驾驶汽车都非常小心，三个人轮流开。想不起有过感到与死神擦身而过的惊险，也许是因为他开车时眼睛死死盯住前面的路面和前面的那辆车，根本无暇看四周的环境，不知道车子就在悬崖旁边。脑子里顾不上想别的事，也就不知道身旁的种种险情。

路过惠通桥②时，叶铭汉和同车的同学都不知道是在通过怒江天险。只记得那天一路下山，到达一个桥边，有兵士在桥头把守。领队的美军军士的吉普车停在那里，他指挥车辆一辆一辆过去，一辆车到了对岸，第二辆才能上桥过去。桥头有一块大布告，写着"每次限三辆车子同时在桥上通过"。叶铭汉告诉那位美军军士，这座桥容许三辆车同时通过。军士耸耸肩，两手摊开，说"He has gun（他有枪）"，一脸无可奈何的表情。这件小事叶铭汉记得很清楚，但

---

① 引自王冕：《抗战故事：投笔从戎 四川大学生远征抗战》，原标题为《投笔从戎 四川大学生远征抗战》，《成都商报》，2015年7月31日。——作者注

② 惠通桥，位于滇缅公路（中国段）600公里处，曾是连接怒江两岸的唯一通道。1942年，日寇进犯滇西，守桥国军炸断桥梁，隔江对峙三年，阻挡日寇渡江入侵。1944年5月滇西反攻开始，该桥被修复，成为反攻起点和物资运输枢纽而永垂史册。1974年6月1日停止使用。——作者注

是没有体会到这天险的险峻。

前后13天的行程中,同学们克服困难的勇气不用多说,可贵的是,在经受锻炼和考验的同时,还表现了出淤泥而不染的品质。无须讳言,中国军队两次入缅作战,目的在于打通当时仅有的陆上国际通道,但史迪威公路的通车也被一些人当作发国难财的捷径。西南联合大学同学严格洁身自律,不带一点私货,赢得了良好的名声。全体西南联合大学同学没有出事故,平安到达昆明,胜利完成任务。

叶铭汉所在部队到达车家壁①后原地待命。7月下旬,大家得到一个好消息——陆军辎重兵暂编汽车第十四团将调往菲律宾组建入海军陆战队,配合盟军攻打日本三岛。这个消息让大家异常兴奋,人人准备参加直捣敌巢、扬我国威的战斗。

1945年8月15日,日本投降,抗日战争胜利,大家欣喜若狂。狂欢了一阵后,西南联合大学的学生士兵想到一个新问题:从军的目的已达到,下一步干什么?大家认为,当然是参加经济建设,应该回学校,好好学习,为祖国的建设效力。

于是,同学们纷纷讨论应该怎样退出军队,有人采用报名参加译员训练班的方式离开。叶铭汉等正在考虑如何离开时,忽然传来消息,说有个学生找了团长,请了长假离开军队,而且西南联合大学也已经接受他复学。得到这一消息后,叶铭汉马上如法炮制,写了请长假报告。团长没有问什么,就都批准了。跟他一样请长假的人前后有上百人,他们一起返回学校继续学业,叶铭汉重读大学一年级上学期。

叶铭汉没有想到的是,他们这批请长假回学校的人,在中华人民共和国成立后引起有关人士怀疑。有人认为他们返校简直与常理不符。他曾被问道:"你在国民党的军队中,国民党能让你随便离开吗?""一定是有预谋的安排,当特务""这样离开军队太离奇"的质疑不断,为此叶铭汉写了好几次材料上报说明。幸好,叶铭

---

① 车家壁村位于云南省昆明市西山区碧鸡镇北部。——作者注

汉大学毕业后一直在同一个单位工作，单位了解他，这个问题也就没有给他带来太多麻烦，可是他一直背着这个沉重的包袱。

1950年，叶铭汉有一次见到吴有训先生，在谈到西南联合大学期间参加青年军时，他叹口气说："这是一个污点啊！"虽是抵抗日寇侵略，但是站错了队，就成为污点。那时候他完全同意吴有训先生的话，从此绝口不谈那段青年军往事，与一起参加青年军的同学之间也极少来往。有一次叶铭汉碰到同批参加青年军、一起打过垒球的邹承鲁先生，邹先生不记得他，也没有跟他打招呼。叶铭汉想，他一定也不喜欢提及青年军的那段往事，所以就装作大家彼此不认识。

第五节　重回西南联合大学

1946年8月底，叶铭汉从青年军回到西南联合大学继续读书。他把批准的长假条交给学校，学校马上批准复学，手续十分简单。大学一年级上学期的课程他已学过，只需要重学普通物理学，其他学过的科目不用重修，所以有空他就到处旁听，很轻松。

一、结识李政道、陆祖荫、楼格等好友

李政道[①]原是浙江大学物理系一年级学生，1945年夏转学到西南联合大学物理系。到昆明后，他就拜访了生物系陆近仁[②]教授。

---

① 李政道（1926—），江苏苏州人，生于上海，美籍华裔物理学家，哥伦比亚大学全校级教授，1957年因与杨振宁一起发现弱作用中宇称不守恒而共同获得诺贝尔物理学奖。2006年任北京大学高能物理研究中心主任。——作者注

② 陆近仁（1904—1966），江苏常熟人。中国第一位研究鳞翅目昆虫幼虫分类学的教授，也是中国昆虫形态学的创始人之一。——作者注

陆近仁是东吴大学毕业生，李政道的祖父是东吴大学的创办人之一。他带了一位东吴大学的校友写给陆近仁请他帮助的介绍信。当时陆近仁的儿子陆祖荫[1]是西南联合大学物理系三年级学生，他帮助李政道在学校学生宿舍找到一个空床位。当时西南联合大学学生的流动性相当大，学校负责宿舍管理的部门并不十分清楚学生宿舍里的实际入住情况，新生往往靠高年级学生帮忙找床位，找到后备案批准即可。正好陆祖荫睡的双人床的上铺没有人，李政道就有了安身之处。这个宿舍与叶铭汉住的宿舍相邻，他也有好几位朋友在物理系，就这样，叶铭汉认识了李政道。

李政道是1926年生人，直到1941年离开上海之前，他的整个童年和少年时期都是在上海度过的，这和叶铭汉的经历很像。两人很快成为好朋友，而这段友谊也为日后中国发展高能物理事业时中美的成功合作埋下伏笔。

西南联合大学的图书馆不大，只能同时容纳一部分学生，不少学生选择到外面的茶馆看书。学校附近有一些专门服务学生的茶馆，为学生提供看书的地方。当时的茶馆规模小，大部分是楼上一间楼下一间，学生们也不一定就固定去某一家。这些茶馆晚上点煤油灯，很亮，很少有人抽烟，跟社会上的其他茶馆不一样。这些茶馆里大多是方桌，要一杯茶，可以免费续水，只要愿意可以在那里坐一上午。客人大多是学生，大家讲话的声音也比较低，大家在这里或者看书，或者讨论问题，或者做习题。叶铭汉跟李政道比较熟，常一起去茶馆的有李政道、陆祖荫、楼格[2]等。当时西南联合大学学生都怀有"抗战必胜"的信念，虽然生活条件艰苦一些，但是大家都认为像学校这样的生活已经是很好的了，从来不觉得艰苦。

---

[1] 陆祖荫（1926—），江苏常熟人，陆近仁之子。——作者注
[2] 楼格（1925—2010），又名楼定华，中国莎士比亚戏剧研究泰斗楼光来先生的长子，毕业于西南联合大学，长期在北京大学物理系任教，在清华大学学习期间名为楼格。——作者注

二、患肝炎，自行调养不药而愈

1946 年 11 月的一天早上，叶铭汉吃了校门外摊子上的糙饭团，之后感到肚子发胀、难受，就没吃中饭，但也不见好。后来，他每顿都少吃些，还是整天不舒服、肚子发胀。几天后他观察发现，不能吃一点油腻的菜，吃白米饭没问题，即使是吃两碗也没有不舒服的感觉。别人看出他脸色发黄，说他可能得了黄疸病，实际就是甲型肝炎。

叶铭汉在上海家中时听说得了黄疸病，休息休息就会好的，不必吃药，因此他一点儿也不害怕，就没有去看医生，认为休养一段时间就会痊愈。大家也不知道这是传染病，同桌吃饭的伙伴也不嫌弃他，他只吃白米饭，人家当然还愿意与他同桌吃饭。好在那段时间他选的课少，又逢罢课，基本上是经常休息。就这样，既没有去看医生，也没有吃药，又没有增加营养，只靠吃白米饭和休息自己调养，一个多月后，他慢慢地可以吃一点油腻的东西，大约过了半年，饮食才恢复正常，没有留下后遗症。同桌一起吃饭的同学，也没有人被传染。

现在回想起来，他仍觉得奇怪，当时怎么没有想到去看医生？怎么没有人建议他去看医生？自己休养，居然就好了，没有留下后遗症，他又一次将其归结于幸运。

三、课外读物

那时候，昆明有一些地摊出售美军扔掉的东西，其中有多种美国杂志和袖珍本图书。美军将几种美国流行的杂志（如 *Time*、*Newsweek*、*Reader's Digest* 等），以及一些畅销书（如文学名著、科普书等），发行便携的军队版，专供驻国内外的美国士兵免费阅读，以充实他们的精神生活。他们看完后，往往就扔掉。街上有一些小摊，专门卖这些书和杂志，很便宜。叶铭汉经常去买一些，一部分寄给一位名叫胡思旅的中学同学——他在高中毕业后患了肺病，在家中养病，十分喜欢看这些读物；一部分留给自己看，如 *Time*、*Newsweek* 和 *Reader's Digest*。他记得当时看过一本科普小册子，里面讲到蓄电池，著者认为：如果人们能发明蓄电能力比当时通用的铅蓄电池高的蓄电池，将有重大的应用价值。直到今天，叶铭汉还记得那位作者的看法，如果现在没有锂电池，就没有手机。

四、"一二·一"民主运动

1945年底，在中国共产党的领导下，昆明发生了我国革命运动史上的一件大事——"一二·一"民主运动。

11月25日晚，昆明几所大学的学生自治会联合在西南联合大学新校舍大草坪上举行反内战时事晚会，到会者达6000多人，叶铭汉也参加了。会上，钱端升、费孝通等四位教授发表演说，要求停止内战。会议期间，墙外忽然枪炮声大作，同时停电，大家认为可能是混入西南联合大学的特务切断了电源趁机捣乱。同学们对当时政府的拙劣阻挠方式十分恼怒，晚会结束后同学议论纷纷，要求罢课抗议。

11月26日，西南联合大学学生自治会提出罢课。28日，昆明市的大中学联合罢课，并发表罢课宣言，要求立即停止内战，组织联合政府，保障人民的言论、集会、游行、人身等自由。

12月1日上午，一批特务向西南联合大学的新校舍冲击，要冲开新校舍大门，同学们群起保卫大门。叶铭汉与大批同学一起守在大门附近，李政道在最前面，紧靠着大门。通过门缝，李政道看到一个特务要扔手榴弹，被另一个人抢下往远处扔，手榴弹在远处爆炸，炸死了四位无辜的老百姓。后来叶铭汉想，如果那天这枚手榴弹被扔进大门，保卫大门的学生将死伤几十人，后果不堪设想。这就是"一二·一"民主运动的主要起因。

由中国共产党领导的"一二·一"民主运动揭开了解放战争

时期第二条战线的序幕，被誉为中国青年运动史上继五四运动、"一二·九"运动之后的第三个里程碑事件。叶铭汉拥护"要民主，反内战"，参加了学生的各种罢课抗议活动。12月27日，罢课斗争胜利结束，学生复课。

五、大一结束后转入物理系

1946年2月，叶铭汉开始大学一年级下学期的学习。

他继续学习在参加青年军前所学课程的后一半，老师都是原来的老师，新选的课程只有机械画一门。跟刚从青年军回来后相对空闲的上学期相比，叶铭汉又忙起来了。

叶铭汉的朋友李政道、陆祖荫、楼格等都是物理系的，大家有时一起谈论物理学，导致他对物理的兴趣逐渐提高，并开始考虑转系。在这个问题上，叔父叶企孙没有发表什么意见，他认为，学什么专业都很好，这种问题必须由叶铭汉自己决定。

物理系有一个规定：本系一年级学生的普通物理学课成绩必须在70分以上才能继续念下去，否则必须转系。其他系的学生要转入物理系，普通物理学课的成绩也必须满足这一条件。

叶铭汉进清华大学时是土木系，第一学年结束，他的普通物理学课的成绩高于70分，满足物理系的转系要求，可以转入。同时，土木系签字放人，在这个过程中，系主任一句话也没有问。

随着抗日战争胜利，西南联合大学复员问题被提上了日程。当时学生们面临一个问题——西南联合大学结束之后，进哪所学校？

包括叶铭汉在内的绝大多数人在进入西南联合大学之前早就确定了，只有一小部分人摇摆不定，比较三所学校的相同系的特色，然后再做决定。1949年与叶铭汉读研期间同一宿舍的戈格就是一例。戈格是西南联合大学物理系学生，文化课成绩很好，但是体育课成绩很差，所以决定进北京大学，因为当时北京大学对体育课的重视程度没有清华大学那么高。

5月1日，全校学生填报志愿，依志愿分至清华大学、北京大学、南开大学三校，愿入清华大学者932名，愿入北京大学者644名，愿入南开大学者65名。三校在北方时，没有师范学院，师范学院是于1938年遵教育部命令增设的，其师生全部留在昆明，改建为云南师范大学。

5月4日，全体师生参加结业典礼，梅贻琦校长宣布西南联合大学正式结束。典礼结束后，举行西南联合大学纪念碑揭幕仪式。此纪念碑的背面刻着《西南联合大学抗战以来从军学生题名录》，碑上刻录了834名从军学生的名字，约为8年来入学的全体学生的10.4%，叶铭汉的名字位列其中。20世纪90年代，清华大学和北京大学为了纪念西南联合大学及其抗战从军学生，复制了此碑竖立在各自校园内。

第六节　北京求学

一、离滇赴京，中转重庆，一个失误，一生姻缘

西南联合大学完成历史使命后，师生陆续分批离开昆明，有的走陆路，有的走航空。叶铭汉选择了航空，排队等待航班。坐飞机走有一大缺点——对行李的重量有严格限制，大约是每人20千克。因此叶铭汉临离开昆明前，不得不把大部分书卖掉。那时要把书、衣服等卖掉很容易，只要在学校里出一个小广告，很快就会有人来买，买者不一定是西南联合大学的学生。当时西南联合大学的人要离开，很多东西都非常便宜地出售，校外的人纷纷进学校购买，学校校门一向是敞开的，随便出入。

1946年7月初，叶铭汉一人从昆明坐飞机到重庆，在重庆排队等待去北平的航班。到了重庆后，他犯了一个错误。当时凡是西南联合大学师生要从昆明飞北平的，到重庆之后必须先在西南联合大学的重庆联络处登记排队，等待飞北平的航班。但叶铭汉不知道这个规定，以为他从昆明飞到重庆后，就会自动列入排队名单，因此没有去登记。过了约10天，他才发现自己的疏漏，急忙去登记，但之前的10天时间白白浪费了。好在清华大学规定师生到北平报到的日期是10月1日，因此在重庆多耽搁了几天也无碍。

8月初，殷宏章[①]先生一家从昆明到了重庆，西南联合大学师生到重庆后都住在学校设在此处的临时招待所，因此叶铭汉有机会与他们结识。如果叶铭汉当时没有犯这一错误，那么在殷宏章一家到重庆之前，他就已到了北平，也就没有机会认识殷先生一家了，更不会认识后来他的妻子——殷先生的女儿殷蔚薏。一次失误带来一生姻缘，可以说是"塞翁失马，焉知非福"。

二、初抵北平

8月上旬，叶铭汉坐上了飞往北平的飞机。飞机先飞到西安，加油停留1小时，然后飞北平。

清华大学师生到北平后，因校舍的修复工作尚未完成，大家都暂住在北京大学四院[②]。那里原是民国初年的国会大礼堂及其附属建筑，门口的街就叫国会街。后来这里改为一个学校的校舍，增加了一些房子。当时这一片建筑在日寇占领期间是伪北大的校舍，抗日

[①] 殷宏章（1908—1992），祖籍贵州贵阳，生于山东兖州，我国植物生理学主要奠基人之一。毕业于南开大学，1948年被选聘为中央研究院院士，1955年当选为中国科学院学部委员（后改称院士）。——作者注

[②] 北京大学四院位于宣武门内国会街26号，原是北洋政府国会所在地。1946年10月，北京大学复员，接收原北平大学法学院校舍作为第四院，并在此举办开学典礼。1949年，四院由新华社接收，部分民国初年建筑作为文物被保存下来。——作者注

战争胜利后就归北京大学，名为北大四院。叶铭汉住进去的时候，大批师生还没有到，校园很空。让他惊讶的是，国会大礼堂建筑实在简陋，其建筑水平相当于20世纪30年代上海的二三级电影院。梁思成、林徽因一家比叶铭汉先到北平，就住在国会大礼堂总统休息室内，叶铭汉在北大四院时与他们结识。

叶铭汉到北平时，飞机在南苑机场降落，进城时路过天安门，看到故宫，看到如此宏伟的建筑，他感到非常震撼。8月和9月，叶铭汉在市区内到处游览，那时故宫等景点的门票很便宜，相当于几个烧饼的钱，参观的人寥寥可数。

叶铭汉从5月4日一直休息到10月初清华大学开学，这5个月的休息对他的身体健康大有裨益。叶铭汉在上海时体弱多病，经过从上海到重庆路上3个月，从军7个月，加上昆明复员到清华大学开学5个月，都处于以体力活动为主的状态，不知不觉地，身体状况有所改善。

三、进入清华园

9月底10月初，清华大学师生分两批从上海坐船到天津，然后坐火车到北平，都暂住北京大学四院。

清华大学在10月10日开学，但实际上课是在10月底，全体学生那时才从城里搬到清华园。因为学生人数比抗日战争前有所增加，所以原来两人一间的学生宿舍改为三人一间，每间放三张单人床和三张小桌，采取清华大学传统的自由组合的办法。这样做，不同系的学生可以住在一起，有利于互相交流。三人组队成功就可以到斋务股去抽签，然后在规定的某一天，全体学生大搬家。每年调配一次宿舍，重新志愿组合、抽签、搬家。

清华大学管理学生宿舍的部门名叫斋务股，办公地点就设在学生宿舍明斋内，这也是清华大学的传统——便于接近学生，方便学生。清华大学学生宿舍楼每层都有一个洗漱间，面积相当于大约两间宿舍大小，有较大的平板洗漱台，洗衣服相当方便。那时候，附近居民每天会到宿舍收洗脏衣，隔两天再把洗干净的衣服送到学生宿舍，月底结算收钱。学校体育馆内有淋浴间，运动后可在此洗澡。宿舍晚十时熄灯。

叶铭汉的三叔父叶企孙住在北院7号，就在学校图书馆的北面，他主张叶铭汉住学生宿舍。他强调，住在宿舍可以与同学们打成一片，最好找不是同一系或不是同一学院的同学住在一起，便于互相学习，开阔眼界。他特别强调，自己家里常有人来谈学校的事，有些事叶铭汉不便知道，住他家会引起诸多不便。叶铭汉觉得叔父说得很对，实际上他也喜欢住在宿舍里，感到更自由自在。

开学后，叶铭汉进入物理系二年级学习。学年终了，他得到东亚企业公司（现名天津东亚毛纺厂）给清华大学的一笔奖学金。这个奖项用来奖励学业成绩优秀的学生，当年获得奖励的二年级学生是物理系的叶铭汉和外文系的陈凤鸣。

四、积极参加体育活动

清华大学在学生体育方面有一个优良传统——提倡全体学生经常参加体育活动。

20世纪初清华学堂刚创建时，就参照美国的大学建造了体育馆，馆内有室内游泳池。清华学堂时期，学校十分重视体育，学生体育不及格就不能毕业，也不能出国留学。及格的主要指标之一是游泳测验，必须能横渡20米的游泳池。那个年代，每天下午四时到晚餐时间是强迫运动时间，学生不许待在教室、图书馆或宿舍里，必须到操场活动，校长经常到处检查，查看有没有同学赖在宿舍或教室内。到清华大学阶段，取消了这条硬性规定，但是大多数同学都自觉上操场或体育馆活动。

在清华大学，学生自发参加体育活动的积极性很高，有许多学生自己组织的体育会，每个体育会都有各自拿手的项目，如垒球、篮球、排球等。叶铭汉因身体一向瘦弱，进大学后比较注意锻炼。平常走路时，尽可能走快以增加运动量，虽然他的球类运动并不出众，但是也尽量参加。

与叶铭汉同年级的林宗棠[①]参加了"金刚体育会"，他是该体育会的排球队主力。那时候打排球的规则是：每队9人，比赛时球员的位置是固定的，林宗棠是二排中，在核心位置，不像现在是6人制，球员的位置是轮转的。

叶铭汉的朋友中有几位是运动健将，爱好打垒球，组织了一个体育会，取名"黑桃体育会"，英文名是Spade Club。叶铭汉认为，垒球运动的运动量比篮球略小，比较适合他，所以参加了黑桃体育会，并成为积极分子。大家推选他担任总务一职，管理体育会的运动器械（包括垒球、手套、球棒等），打球时负责把器械搬到球场，打完球负责收集器械。这个工作不是他一个人干，而是由他负责组织。大家推荐叶铭汉担任总务的理由是认为他做事负责，他也曾抱怨过事情太烦琐，不过转念一想，这也是个锻炼自己的机会。叶铭汉认为自己从小就不太合群，不善于跟人打交道，所以就是要培养不怕烦、不怕累的性格，一定要做好这个由他承担的工作。叶铭汉想到自己哪些方面是弱项，就尽量自觉地多锻炼来改正和提高。

五、在清华大学结识好友

10月底开始上课之前，叶铭汉的空闲时间很多，他便去新林园8号拜访了梁思成和林徽因。

[①] 林宗棠（1926—），福建闽侯人，1949年毕业于清华大学机械系。历任东北人民政府工业部科长、国家科委高能物理工程指挥部总工程师、清华大学教授、国务院重大技术装备领导小组副组长兼办公室主任、国家经济委员会副主任、航空航天工业部部长等职，对我国机械工业发展做出巨大贡献。——作者注

日军占领时，日军家属就居住在新林园，清华大学回清华园后，重新进行了装修，但是还有不少清理工作需要新住户自己来做。当时梁思成夫妇刚搬进去，家里的窗户玻璃上还贴了日本人怕美军轰炸而粘贴的纸条，没有劳动力来清除。林徽因当时忙着筹建新成立的建筑系，梁思成作为中国政府代表出国参加新建联合国总部大厦设计的工作会议。叶铭汉正好有空，就自告奋勇来帮忙做清理工作。过了两三天就清理完毕，之后他一有空时就到梁家做客。

复课后，叶铭汉时常在星期六晚饭后到梁思成家做客，常去的还有沈铭谦[①]和张文英[②]。他们三人很喜欢听梁思成和林徽因讲当年在国外求学的故事，以及对我国古建筑的研究经历。1948年上半年，林徽因特别提出让他们三人和她的女儿梁再冰[③]一起练习写英文作文，她负责批改，以提高四人的英文水平。

沈铭谦和张文英很喜欢古典音乐，还有几位同好，叶铭汉虽然不懂古典音乐，但是很想有机会欣赏。有一次聚会时，有人提到市场上旧唱片相当便宜，建议大家组织起来，每人每月出一点钱，每人轮流管钱和选购唱片，每周六晚饭后到沈铭谦家中放唱片听古典音乐，有七八人参加。这一文娱活动一直持续到1948年底。

1949年春，四人中的三人参加了南下工作团，离开了北平。星期六晚上叶铭汉总有政治学习，从此没有时间再去梁思成家。1946～1949年初在梁家度过的夜晚让叶铭汉在文化素养提升方面受益匪浅，是他终生难忘的一段美好时光。

[①] 沈铭谦，系时任清华大学心理系教授的沈履先生之子，是叶铭汉的物理系同级同学，曾与他一起参加青年军，是班上学习成绩最好的学生之一，不幸于1952年因病过世。——作者注

[②] 张文英，系时任清华大学政治系教授张奚若先生之女，外语系学生，与叶铭汉和沈铭谦同年进入西南联合大学，沈铭谦爱人，在新华社工作。——作者注

[③] 梁再冰（1929—），系梁思成与林徽因之女，1946年入读北京大学西语系，后与丈夫于杭作为新华社驻外记者工作多年。——作者注

六、愉快的暑假

1947年的暑假过得极其愉快。叶铭汉没有回家,他认为暑期可以在学校做很多事情,包括学习、参加体育锻炼和各种社会活动。

1947年暑假,几个体育会联合组织了一个"青蛙"游泳队,"青蛙"取"清华"谐音之意,交一点会费就可以参加活动。"青蛙"游泳队用大家交的会费包一辆大巴车,每天中午1时送队员到颐和园,在十七孔桥龙王庙附近的水域游泳,5时半接回学校,一周6次。那时颐和园游人稀少,没有更衣室,大家就在山洞里换衣服。叶铭汉这时慢慢改进了自己的游泳技巧,后来可以蛙式游约1公里。8月下旬气温下降,活动停止,"青蛙"游泳队解散。20世纪70年代,叶铭汉还曾参加从龙王庙出发,游泳横渡昆明湖到排云殿的活动。

开学后物理系三年级学生必修热力学。暑假里,叶铭汉每天上午打字抄录王竹溪[①]先生的热力学笔记。他向上过王先生课的同学借到一本王先生的《热力学讲义》,借了一台英文打字机,几个人合作分工打字抄录这份笔记,打在油印蜡纸上,然后油印。这样,他就提前预习了热力学的相关内容。1947年暑假过得很快,无忧无虑,是他最愉快的一个暑假。

七、大三对专业产生动摇,后坚定研究原子核物理

大学二年级时,叶铭汉的高等微积分和微分方程的成绩很好。他对这两门课程很感兴趣,自己感到做数学运算比较拿手,同时感到在解物理问题时比较迟钝,这个问题后来逐渐突出。

三年级开始,叶铭汉感到自己对热力学的理解既不深也不透,开始对学习物理学的规划有点儿动摇,怀疑自己是否适合学习这个学科。他想,也许学一门比较实用的学科更适合,有点儿想转到气

[①] 王竹溪(1911—1983),名治淇,字竹溪,以字行,湖北省公安县人,物理学家、教育家、我国热力学统计物理研究的开拓者。——作者注

象系。这个念头他并没有跟别人讨论过，一个人苦苦思索了好几天，后来只跟他的女朋友说了自己的想法。她不假思索地说道："三年级快完了，现在改方向太晚了。"他觉得她说得对，他随即想明白，学习物理学的大方向不变，物理学的领域广阔，一定可以找到适合自己的分支学科，于是便打消了转系的想法。

1948年的暑假与1947年的暑假不同，回家的同学较多，还有一些同学在暑假前离校到解放区去了，假期里学校显得十分冷清，叶铭汉感到十分沉闷。没有人组织体育活动，要游泳，只能向同学借一辆自行车骑到颐和园。暑假留校的好朋友也不能经常见面，不知道他们在干什么。中华人民共和国成立后叶铭汉才知道，那时他们有人加入了共产党的地下外围组织，经常开会学习。

1948年夏，钱三强先生回到祖国，被聘为清华大学物理系教授。他做了一次关于欧洲物理学研究现状的学术报告，叶铭汉也去听了。报告中提到他的工作是关于铀原子核的三分裂和四分裂的研究，叶铭汉听后大受鼓舞，豁然开朗，决定要学原子核物理。他认为，这门学科正在蓬勃发展，有待大量实验研究去发现新现象、新规律，是一个摆在世人面前的"金矿"，等待他们去开挖。他当时就暗自立下志愿：一定要考研究生，将来从事原子核物理研究。叶铭汉一生的工作方向就是听了钱先生的那次学术报告而确定的，正所谓"听君一席话，胜读十年书"。

大学四年级开设的近代物理课引发了叶铭汉的极大兴趣，特别是关于电子、质子等粒子的发现过程令他激动不已，更加坚定了他从事原子核物理研究的决心。

八、清华园解放

1948年12月13日上午10时左右，叶铭汉正在上课，忽然炮声从远处逐渐接近，学校立即停课，有的同学爬上宿舍楼顶的平台观看情况。下午，国民党的炮兵进入清华园，在体育馆附近架起两门大炮，形势变得紧张起来。当天深夜，国民党炮兵撤离。

自此，清华大学解放，学校停课，叶铭汉和同学们迫切地读《论联合政府》《联共党史》等当时得到的新书。读了《论联合政府》后，他们大受鼓舞。

1949年1月31日，北平和平解放。2月3日，清华大学全体学生组成迎接解放军入城宣传服务队，进城住在前门附近，欢迎解放军。留城内两周，学生们进行了广泛的宣传工作。回校后即复课。

3月初，政府号召大学生参加南下工作团，到新解放区工作，招收对象主要是文、法学院学生。清华大学有250多名学生报名参加，物理系的沈铭谦、张国超都报名参加了。

叶铭汉在中华人民共和国成立后才知道，很多同学参加了新民主主义青年团，不久后他也加入了。在青年团，叶铭汉和大家学习了共产党的纲领，当时，不少团员提出申请入党。

九、东北参观队

1949年4月，东北地区到北平做招聘的宣传工作，接待清华大学等学校的理工科应届毕业生到东北参观，希望吸引大批同学毕业后到东北参加工业建设。物理系四年级的学生也在受邀之列，叶铭汉参加了这一活动。

清华大学物理系四年级的八位同学[1]自成一队，严行健任队长，他们到了沈阳、鞍山、哈尔滨、长春、抚顺等地，参观持续了两周。在这段时间，物理系四年级的课程暂停。以往物理系四年级学生必须做毕业论文，系里宣布，因当年情况特殊，不要求做毕业论文了，改为志愿选择。物理系同级同学中只有学习成绩最好的夏学江[2]一

---

[1] 八位同学分别是：叶铭汉、龙期威、何忠强、王恕铭、姚卫薰、余知周、严行健、沈蒂生。——作者注

[2] 夏学江（1925—2014），祖籍天津，清华大学工科物理教学奠基人之一。1949年毕业于清华大学物理系，在叶企孙先生推荐下留校担任物理系助教，后晋升为教授。——作者注

人志愿做毕业论文，他没有跟叶铭汉等一起到东北参观。

叶铭汉在东北四处参观时，看到这里到处欣欣向荣的重建工作，产生了到东北工作的念头。此时，他进行了激烈的思想斗争：是不是应该放弃学习原子核物理的想法，改为到工业部门去参加工业建设？学原子核物理是不是个人主义在作祟？

回想起1948年底钱三强先生在一次跟同学的座谈中，慷慨激昂地说："要知道，一个人民政府，如果是为人民谋利益的、对人民负责的政府，那么我认为就必然会发展原子能。到了那时候，不要说你们班上这些数目有限的学生，那就加上十倍也不够！"钱先生的那一次讲话对叶铭汉的影响很大，他决心继续学原子核物理，于是就放弃了到东北从事工业建设工作的想法。

十、华北学生暑期学习团

1949年6月底，叶铭汉大学毕业。此时，政府组织了华北学生暑期学习团，规定华北地区全体大学应届毕业生都必须参加，全程约6周。这个学习团打乱学校分组，每组十多人，有正副组长各一人，叶铭汉所在小组组长是严行健。华北学生暑期学习团的主要学习内容是学习毛主席的《论人民民主专政》，还有一些专题报告，彭真讲民主集中制问题，艾思奇讲马克思主义，学生们边学习边讨论。

在分组学习时，华北学生暑期学习团的领导还要求大家讨论"如何为国家做贡献"，并明确地指出"希望大家到东北去参加工业建设"。叶铭汉再次陷入迷茫：到底怎样为人民服务？怎样选择自己的道路？

经过一段时间的思想斗争，叶铭汉最后还是坚持要学原子核物理，并决心考研究生。学习快结束时，华北学生暑期学习团要大家交代历史，然后进行工作分配。凡是报考研究生的一概不分配工作。

叶铭汉考研究生的决定让他此后付出了代价。后来在多次思想改造运动中，他被数次检查考研究生的"个人主义"动机问题。

另外，按照离休的规定，凡在 1949 年 10 月 1 日前享受供给制的人员都可享受离休待遇，当时参加华北学生暑期学习团的学生都是供给制待遇，是符合享受离休待遇条件的。但是这个规定有一个附注，即"华北学生暑期学习团的学员凡是考研究生的，虽在作为学员时是供给制，但不得享受离休待遇"。这一条例明显地认为考研究生的人不服从分配，是个人主义的表现，思想落后，应该受到惩罚。他猜想，起草这个条例的人中，很可能有一位也参加过华北学生暑期学习团，否则起草人怎么会了解这样小的细节，而且给那时报考研究生的人一定惩罚，特别在条文后加上这一附注。叶铭汉没有看过离休条例，1990 年退休时单位人事处给他定为离休并办理了相应手续。一年后，单位人事处通知他，应改为退休。他顺然接受，没有提什么意见。

同班毕业的夏学江是全班学习成绩最好的，大家都认为他一定会留校做助教。在华北学生暑期学习团快结束时，大家被要求交代历史问题，叶铭汉的同班同学中只有夏学江一人交代了历史问题。1945 年抗日战争胜利时，夏学江在天津，当时天津有一个民间组织，号召青年学生组织起来保卫被日本抢占的我国的财产，防止在归还过程中有所损失。他当时出于爱国热情参加了这个组织，参加后不久才知道这是国民党特务组织所组建的一个团体，就退出了。但因为这个问题，在分配工作岗位时，迟迟没有公布夏学江的去处，叶铭汉就去问叔父叶企孙，叶先生告诉他，自己推荐了夏学江做助教，结果其他人都反对，他极力争取，说如果不留夏学江，他就辞职，这才留下了夏学江。这件事，叶铭汉一直没有对别人讲，也没有告诉夏学江。

十一、硕士研究生

在华北学生暑期学习团学习时，白天晚上大家都忙于学习、讨论、交代问题，没有一点儿时间温习功课。学习团结束后，叶铭汉和同学们忙着送大家去各自的工作岗位。一切安顿好后，距离研究生考试只剩下一星期的时间了，他才有时间开始准备考试。这么短的时间内能不能准备好？这是一个十分严峻的问题。

叶铭汉不想"开夜车"，觉得"开夜车"一定准备不好。于是他照常安排自己的生活起居，将时间认真分配好：早上8时开始温习功课，中午睡半个小时午觉，晚10时睡觉。他为自己制定了一个以钟点为单位的温习计划，对物理和数学两门科目分别安排温习时间；如果某一科目的时间用完了而尚未温习完，也就不管了；每一科目温习完了，都把重要的内容做一个极简要的笔记，在温习的最后一天再看一遍，以便加深记忆。这样，叶铭汉按计划把所学的物理和数学重点都温习了一遍，心中感到十分踏实。

研究生考试考三门课：物理、数学、英语，一天时间内考完。过了两周，学校发榜，叶铭汉被录取，钱三强先生做他的导师。

钱先生从法国回来后，清华大学为他筹备了5万美元经费，准备开展原子核物理实验研究。1948年，钱先生在清华大学招收的第一位研究生是黄祖洽，第二位是郑乐民[1]，叶铭汉是第三位。

钱先生的招生是有规划的：开展原子核物理实验研究，需要有加速器和探测器。于是，他让黄祖洽研制一种探测器——核乳胶，让郑乐民研制探测器常用的一种电子学线路——符合线路，让叶铭汉了解一种常用的加速器——回旋加速器。

那时候，我国还没有大学有资格授予博士学位，只能授予硕士学位。要想获得硕士学位需要两年时间，比如，物理系第一年主要学习原子核物理、量子力学和电动力学。其中，原子核物理、量子力学需要学习一年，电动力学需要学习半年。原子核物理由钱三强

---

[1] 郑乐民（1925—2021），江苏仪征人，1950年毕业于清华大学，主要从事电子学专业工作。曾任清华大学物理系助教、北京大学无线电系教授，建立了我国第一台核磁共振（nuclear magnetic resonance, NMR）装置，建立了我国第一个波谱专业。——作者注

先生教，量子力学由彭桓武①先生教，电动力学由周培源②先生教。

那一年，清华大学物理系只招收了三名研究生，即戈革③、荣保粹和叶铭汉。

原子核物理是当时一门正在蓬勃发展的学科，日新月异，但缺少教科书。1936～1937年，美国原子核物理学家汉斯·贝特④等写了三篇总结原子核物理发展近况的综述文章⑤，内容十分丰富，概括了当时已有的实验和理论结果，被学术界美誉为"原子核物理的圣经"。第二次世界大战期间，原子核物理学的基础研究没有重大进展。1948年，大家学原子核物理不时还是靠汉斯·贝特等的文章。

钱三强先生到清华大学后，就推动把汉斯·贝特等写的这三篇关于原子核物理发展近况的全面总结性文章影印出版，并作为唯

---

① 彭桓武（1915—2007），祖籍湖北省麻城县（今麻城市），生于吉林省长春市，物理学家，爱尔兰皇家科学院院士、中国科学院院士。1935年毕业于清华大学，1940年获英国爱丁堡大学博士学位。长期从事理论物理的基础与应用研究，对中国原子能科学事业做出了许多开创性的工作，被授予"两弹一星功勋奖章"。——作者注
② 周培源（1902—1993），江苏省宜兴县人，著名流体力学家和社会活动家，中国科学院院士。1924年毕业于清华学校，获美国加州理工学院博士学位，1929年回国任国立清华大学物理系教授，曾任清华大学教务长、校务委员会副主任，北京大学教务长、副校长和校长，中国科学院副院长。——作者注
③ 戈革（1922—2007），号红荸，一号拜鞠，河北省献县人。1949年毕业于北京大学物理系，1952年毕业于清华大学物理研究所，后从事物理教学工作。原习理论物理学，后治量子物理学史，著作丰富。——作者注
④ 汉斯·贝特（Hans Bethe，1906—2005），美国物理学家，1967年诺贝尔物理学奖获得者。1936～1937年，他与两位合作者在美国《近代物理学评论》（*Reviews of Modern Physics*）上发表了总结原子核物理学的长篇文章，成为其后几十年间供后人参考引用的标准文献。在这一文章中，他澄清了当时的核力理论、核结构理论及核反应理论。——作者注
⑤ 汉斯·贝特等的三篇文章为：
Bethe H, Bacher, R. 1936. Nuclear Physics A: Stationary States of Nuclei. Reviews of Modern Physics, 8 (2): 82-229；Bethe H. 1937. Nuclear Physics B: Nuclear Dynamics, Theoretical. Reviews of Modern Physics, 9(2): 69-244；Bethe H, Livingston M S. 1937. Nuclear Physics C: Nuclear Dynamics, Experimental. Reviews of Modern Physics, 9 (2): 245-390.——作者注

一的参考文献。钱先生给研究生讲的原子核物理,以当时最新的实验结果为主。钱先生还送给叶铭汉一本从法国带回来的新书——*Le Cyclotron*[①]。因为叶铭汉在初中时学过法语,能看懂,他为此很庆幸自己初中时学的法语这时有了用武之地。

量子力学由彭桓武先生教,没有教科书,但他有自己的讲稿。他讲了一些问题后,就让学生阅读原始文献。叶铭汉一开始还是拘泥于经典力学的旧有概念,在理解量子力学的一些概念上遇到了困难,经彭先生一再开导,终于茅塞顿开。彭先生让三个学生组成一个小组,让叶铭汉做小组长,指定文章让学生阅读并讨论,然后向他汇报。

硕士研究生学习的一年很快过去了。大考结束后不久,钱先生找叶铭汉谈话,他说:"你的量子力学和原子核物理的成绩都很好。现在国家发展科技的政策已经定了,为了集中力量,大型科研设备不在学校里建造,只在国家科研机构里建造,即在中国科学院建造。你想参加建造加速器,必须到中国科学院工作。"

叶铭汉听了他的话,不假思索地马上回答:"我马上去。"钱先生很高兴地说:"你就去办手续,7月到科学院报到。"就这样,叶铭汉进入了近代物理研究所,成为一名研究实习员[②]。

[①] 即法语"回旋加速器"。——作者注
[②] 科研人员分为四级,即研究实习员、助理研究员、副研究员、研究员,与大学教师的助教、讲师、副教授、教授相对应,刚毕业的学生定为研究实习员。——作者注

第三章
投入科学实验

第一节　第一台静电加速器

一、近代物理研究所

1950年7月，叶铭汉到近代物理研究所报到。近代物理研究所成立于1950年5月19日，中国科学院副院长吴有训兼任所长，钱三强任副所长。所址在北京东黄城根甲42号，此地原来是北平研究院所在地。近代物理研究所的任务是进行原子核物理及其有关技术的研究。

我国的核科学是在一穷二白的基础上起步的，当时中国只有两个核科学研究机构：一个是中央研究院物理研究所1948年刚刚成立的原子核物理实验室，该室仅有吴有训、赵忠尧（当时在美国）、李寿枬[①]、陈耕燕、程兆坚、殷鹏程6位科技人员；另一个是1948年在北平研究院镭学研究所基础上成立的原子学研究所，只有钱三强、何泽慧、杨光中、孙念台4位科技人员。

这两个机构合并入近代物理研究所。加上清华大学支援的彭桓武、金建中[②]、李德平、黄祖洽，浙江大学支援的王淦昌、忻贤杰、

[①] 李寿枬，浙江诸暨人。1947年毕业于浙江大学。中国原子能科学研究院研究员。曾任原子能研究所副所长、中国物理学会副理事长等职。长期从事科研管理和学术组织领导工作，为原子能研究所的建设、发展付出了毕生精力。——作者注

[②] 金建中（1919—1989），原籍安徽黟县，生于北京。物理学家，中国科学院院士。毕业于北京大学和辅仁大学研究生院。曾任航天工业部总工程师、中国真空学会第一届理事长，是中国真空科学的创始人与开拓者。——作者注

胡文琦，刚从美国回来的肖健[1]，从法国回来的金星南，北京大学支援的陆祖荫，从岭南大学来的叶龙飞，从交通大学来的许㭋，以及比叶铭汉略晚从北京大学研究生院转到近代物理研究所的于敏[2]等，在8月底，近代物理研究所的科技人员总共只有28人[3]。

近代物理研究所初建时，开展科研工作的条件是极其艰苦的。既缺少人才，国内又没有现成的仪器设备及相应的工业基础，西方国家还对我国实行封锁禁运，就是有钱也买不到做实验用的设备。在这种艰苦的条件下，要建立和发展核物理与放射化学的实验技术，就不得不从研制各种核探测器和粒子加速器开始，甚至不得不从掌握真空技术等相关技术开始。

钱三强回忆，他刚回国不久，当时虽然还不知道"自力更生"这句话，可是延安的"自己动手、丰衣足食"的精神，他却从周总理等那里感受到了。他同王淦昌、彭桓武等号召全所职工"自己动手，一切从零开始"，边学习边工作，立志让原子能科学在自己的祖国大地上生根、开花、结果。全所人员努力工作，一种热火朝天的局面出现了。

---

[1] 肖健（1920—1984），湖南长沙人，中国科学院院士，1944年毕业于西南联合大学，1948年获美国加州理工学院科学硕士学位，中国科学院高能物理研究所（以下简称高能物理研究所）研究员，我国宇宙线和粒子物理研究开拓者之一。——作者注

[2] 于敏（1926—2019），生于河北省宁河县，中国科学院院士，核物理学家，被称为"中国氢弹之父"。1949年毕业于北京大学物理系。曾任中国工程物理研究院副院长、研究员、高级科学顾问。"两弹一星功勋奖章"获得者，国家最高科学技术奖获得者。——作者注

[3] 近代物理研究所1950年的科研人员有吴有训、赵忠尧、钱三强、何泽慧、彭桓武、邓稼先、金建中、李德平、黄祖洽、王淦昌、肖健、于敏、叶龙飞、叶铭汉、肖振喜、王树芬、陆祖荫、忻贤杰、胡文琦、金星南、许㭋、杨光中、李寿枬、陈耕燕、殷鹏程、孙念台、程兆熊等28人（有一位的姓名记不清，这一位和孙念台一起在1954年转出）。其中，吴有训、赵忠尧、钱三强、何泽慧、彭桓武、邓稼先、金建中、李德平、黄祖洽、王淦昌、肖健、于敏、叶铭汉13人后来当选为中国科学院院士或中国工程院院士。1951年新增加的人员中有杨澄中、朱洪元、李正武、戴传曾4人当选为中国科学院院士。1953年新增加的人员中有陈芳允一人当选为中国科学院院士。——作者注

有一天，钱先生和叶铭汉谈话，谈到为什么要建立近代物理研究所时，他说："中国要发展核物理，必须要有人。中国现在搞核物理的人很少，第一步必须把这一部分稀少的人才集中起来，一面开展研究工作，一面大力培养学生，加快扩大队伍。"钱先生还谈到学习的问题，他说："在学校里的学习主要是打基础，养成良好的学习习惯。学习是无止境的，一个人一辈子活到老学到老，要不断地在工作中学习。怎样在工作中学习？我的经验是尽量多做工作，多向别人学习。"他语重心长地说："在居里夫人实验室，研究生每人各做一个题目，没有帮手。有的时候没有别人帮助干不了，只好求同学。我不怕因此占了我的时间，我是有求必应，因此别人有事都找我帮忙。我帮助别人，自己得到很大好处，我因而比较了解别人的工作，扩大了我的知识面。别人碰到什么困难，是怎样解决的，我都知道。别人的心得也就变成了我的心得。帮助别人实际是帮助提高自己，是难得的学习机会。"钱先生的这一番教导，终身指引着叶铭汉前进。

　　叶铭汉进入近代物理研究所后，心情十分愉快。实验室里有很多东西都是他之前不知道的，感到十分新鲜，他在干中学，感到天天有收获。孔子曰："三人行，必有我师焉。"不光是研究人员，叶铭汉觉得工厂的工人都是自己的老师。

　　当时研制加速器缺少条件，暂时不能开动，叶铭汉加入王淦昌、肖健领导的宇宙线[①]组，安装王淦昌从国外带回的一台圆形小云室[②]。他在肖健的带领下开始安装云室，调试自动控制系统，学习到了很多东西，特别是在实验技术方面，有些似乎非常简单的问题

[①] 宇宙线亦称为宇宙射线，是来自外太空的带电高能次原子粒子，它们可能会产生二次粒子穿透地球的大气层和表面。主要的初级宇宙射线（来自深太空与大气层撞击的粒子）成分在地球上一般都是稳定的粒子（如质子、原子核、电子），但有极少数是稳定的反物质粒子（如正电子、反质子），是研究粒子物理的活跃领域。——作者注

[②] 云室是20世纪上半叶常用的粒子探测器。——作者注

实际是极为重要的。例如，在安装云室时，要把它的玻璃窗洗干净，然后安装上去，否则将来拍摄的云室内的径迹的照片会不清楚；洗干净后不能用布或纸擦，要让水滴自己干燥，不留水迹；最后冲洗时要用蒸馏水，在灰尘很少的房间内让它自己干燥。这样很简单的操作，稍不注意，就会带来不良的后果。

叶铭汉以前没有装配过收音机，电子学方面的知识也比较少。他知道这是自己的一大短处，因此，一开始工作就尽量找机会学习电子学。在跟着肖健调试云室的控制线路期间，叶铭汉趁着晚上云室不工作时进行测绘，把线路图画出来，以了解它的具体结构和布线。

二、静电加速器简介

当时，赵忠尧先生选择静电加速器作为我国第一台加速器。为什么选择了静电加速器？

静电加速器又名"范德格拉夫加速器"，是美国人范德格拉夫[1]在1931年发明的。它的结构比较简单，适合当时我国的技术水平，造价也比较低。

静电加速器的起电原理很简单：电荷在平衡状态时只分布在导体的外表面上，如果设法将电荷输送到导体内部，不管导体的表面已经带了多少电荷，电荷一定还是会跑到导体的表面上。如果把电荷源源不断地输送到绝缘了的导体内部，那么导体表面的电荷越积越多，它的电位也就跟着越升越高。这样，绝缘了的导体就达到很高的电位。

高压电极是金属做的空心圆球，支在相当高的绝缘柱上。圆球的下部开洞，让输电带进入球内。输电带是输送电荷的工具，通常

---

[1] 范德格拉夫（Van de Graaff，1901—1967），全名罗伯特·杰米森·范德格拉夫（Robert Jemison Van de Graaff），荷兰裔美籍物理学家，1929年提出利用静电起电机产生高电压加速电子或质子的设想，1931年建成第一台范德格拉夫静电加速器。——作者注

是用橡胶或丝绸做的环状带子。喷电设备是一套产生几万伏特的直流高压电源，喷电设备通过一排针尖所构成的针排，利用针尖在气体中的放电，向输电带喷电，输电带带了电荷进入高压电极。在高压电极内，也有一套针排把电荷从输电带上吸收过来。输电带不断地循环运动，电荷就源源不断地送到高压电极上去，高压电极的电位就不断上升。如果输电带上

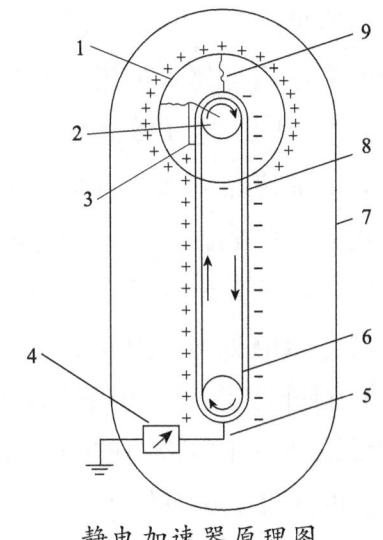

静电加速器原理图

1—高压电极；2—上滑轮；3—电荷收集器；
4—电荷电源；5—电荷喷射针；6—带动滑轮；
7—高气压容器；8—电荷传输带；9—复激针排

的电荷是正的，则高压电极的电位为正；如果输电带上的电荷是负的，则高压电极的电位为负。

高压电极的电位会不会一直升上去呢？不会的，因为电位是有限度的。当高压电极在各方面漏掉的电荷和高压电极收集来的电荷相等时，电位就不再上升。高压电极所带的电荷可能沿着绝缘柱和加速管壁的表面泄漏到地，但漏电的最主要部分还是高压电极表面的气体放电。电压越高，通过气体放电放掉的电荷也就越多，当高压电极表面的电场强度达到2万～3万伏特/厘米时，就超过了空气的绝缘强度，这时高压电极表面发生火花放电，这就是限制静电加速器的高电压的主要因素之一。

通常把整个静电加速器安装在一个充满合适的高气压气体（常用氮和二氧化碳的混合气体）的钢桶内。这样，不但气体的绝缘可以改善，绝缘体的表面电阻会增加，而且绝缘带上的电荷也会增加，因此电位就可以进一步提高。

静电加速器的绝缘支柱一般用圆形金属薄板与绝缘块交互叠成

圆柱形绝缘柱。这个圆形金属薄板名叫等压片，等压片之间用几百兆欧姆的高电阻连接。如果采用相同的电阻，可以使各块等压片之间的电位差相同，这样做也有利于提高整根绝缘支柱所耐受的电压。

静电加速器的加速管是用金属加速电极与玻璃或陶瓷绝缘环交互粘接密封而成的，金属加速电极与等压片连接。须抽掉加速管内的空气，让其处于高真空状态。离子源及其工作所需的各种电源安装在高电压电极内，由安装在高电压电极内的发电机供电。在控制台对它们进行遥控。遥控装置相当简单，胡琴的弦线的电阻很高，用弦线拉动高压电极内的一些控制开关，即可远距离控制离子源运行所需的各种电源及气体（如要产生质子就用氢气）的流量。

静电加速器的主要特点是其突出的精确性和灵活性，这是其他类型的加速器做不到的。静电加速器加上了适当的能量选择设备（如静电分析器或磁分析器），就可以得到粒子能量分布小于几百电子伏的粒子束。粒子的能量可以连续精确调节且能够精确地测定，可以加速多种粒子（如质子、氘核、氦核、电子等）。尤其是串列静电加速器，因为离子源不在高压电极内，不但工作更加可靠，而且被加速的粒子的种类大大增加，已经加速了碳核、氧核、金核等各种离子。重离子引起的核反应是目前新开辟的研究领域。

由于以上种种特点，静电加速器十分适用于做精密、准确的核反应实验，它是离子的每个核子的能量在1～12兆电子伏能量范围内进行核物理实验最近乎理想的加速器。静电加速器还可以当作高能加速器的注入器来使用。用静电加速器加速电子以及用来产生X射线，在工农业生产和医学治疗等方面有着广泛的应用。20世纪50年代，静电加速器是国际上数量较多的一种加速器，当时超过两百多台。

三、开始筹划建造加速器

近代物理研究所准备研制静电加速器作为我国第一台加速器。

时间回溯到1946年。那年7月，美国在太平洋的比基尼岛[1]进行原子弹爆炸试验。赵忠尧由中央研究院推荐，作为国民党政府派出的科学家代表与一位军方代表一同前去参观。临行前，中央研究院总干事萨本栋[2]筹集5万美元，托赵忠尧在参观完毕后买回一些研究核物理用的器材。

因为资金实在太少，这项任务很难完成。不过，赵忠尧认为，虽然钱少，但有总比没有好，而且核物理在当时是一门新兴的基础学科，国家总是需要它的。他决心在指定的财力范围内，以最经济的办法，购买一些对研究原子核物理最有用的器材。当时全部的钱是准备用于购买核物理器材的5万美元和之后追加的托他购买其他器材的经费7万美元，共计12万美元，实在少得可怜。

开展核物理研究，至少需要一台加速器，当时订购一台完整的2兆电子伏的质子静电加速器需要40万美元以上，回旋加速器的造价要高得多。很明显，不可能购买任何完整的设备。唯一可行的办法是自行设计一台加速器，只从国外购买当时国内还不能生产的部件和其他少量的核物理实验器材。当然，这是一条极其费力费时的路。

有些人笑赵忠尧是傻瓜，放着出国搞研究的大好机会不用，却把时间用在不出成果的事情上。赵忠尧却认为：一个人在国外做出成绩，对于提高中华民族的科学文化水平，对于国家的富强，作用不是很大，只有在国内建立核科学的实验基地，才能在国内开展研究工作、培养人才。为此，他认为个人做出牺牲是值得的。有好心

---

[1] 比基尼岛（Bikini Island），位于中太平洋，在夏威夷西南约3200公里和上海东南约4500公里的马绍尔群岛北端，第二次世界大战后美国在此进行了23次核试验，1979年并入马绍尔群岛共和国。——作者注

[2] 萨本栋（1902—1949），生于福建省闽侯县，我国物理学家、电机工程专家、教育家。1921年毕业于清华学校，在美国斯坦福大学、麻省伍斯特理工学院分别取得工学学士和理学博士学位。曾任清华大学物理学教授、厦门大学第一任校长、中央研究院总干事兼物理研究所代所长，1948年当选为中央研究院院士。——作者注

人劝他说："加速器不是你的本行，干什么白白地耗费自己的时间和精力呢？"赵忠尧毫不动心，一直坚持为了发展祖国的科学事业，默默无闻地全心全意建设核物理实验室。他一直为自己将全部精力用在了对祖国科学发展有益的事情上而自豪，他的这种献身科学事业的精神也一直为近代物理研究所全体同仁所敬佩。

按照这个计划，赵忠尧首先在麻省理工学院电机系静电加速器实验室学习静电加速器发电部分和加速管的制造。该实验室主任约翰·乔治·特朗普（John George Trump）十分支持他的工作，帮他想了好多办法。他让赵忠尧利用他们的资料，还介绍给他另一位专家，帮他解决问题；又将实验室里准备报废的一台旧的大气型静电加速器的绝缘支柱无偿送给他做实验用。这些器材后来运回国内，发挥了很大的作用。

在麻省理工学院电机系静电加速器实验室访问了半年以后，为了进一步学习离子源的技术，赵忠尧转去华盛顿卡内基地磁研究所访问半年。那里有两台质子静电加速器和一台回旋加速器在工作，他继续静电加速器的设计，并采购电子学及其他零星器材。

半年以后，为了寻找到合适的厂家加工加速器部件，赵忠尧又重返麻省理工学院的宇宙线研究室，一边采购，一边参加研究工作，直到结束采购器材的任务后才离开。加速器的机械部件都是特种型号，每种数量不多，加工精度要求又高，技术好的工厂很忙，不愿接这种吃力不讨好的小活。赵忠尧为此奔走多日，有时一天要跑十几处地方，最后终于联系到一家开价较为合理的制造飞机零件的加工厂。这样，静电加速器的运转部分、绝缘柱及电极的制造总算有了着落。与此同时，赵忠尧还为中央大学定制了一个多板云室，并且购买了与此配套的照相设备，用来开展宇宙线实验。

1948年冬季，赵忠尧结束了中央研究院委托的购买必需的核物理实验设备的任务，开始做回国的准备工作，办理托运回中国那批花了几年心血定制的加速器部件与核物理实验器材。没想到，美国联邦调查局（FBI）盯上了这批仪器设备，他们不但派人私自到运输公司开箱检查，还扣下了四套完整的做核物理实验用的电子学线路。几经抗争周折，装了大小30多箱的器材和静电加速器的大钢桶终于在1949年初装船起运回国。

1950年春天，赵忠尧准备返回祖国。但是，这时中美之间的通航却已中止了，他不得不想别的办法，决定取道香港。为了办理香港的过境签证，他焦急地等待了5个月，终于和在加州理工学院急于回国的学者罗时钧[①]、沈善炯[②]一起拿到了香港的过境签证，8月底，在洛杉矶登上了开往香港的海轮。

赵忠尧一上船，美国联邦调查局的人又来找麻烦。他们把赵先生的行李翻了一遍，还扣留了他最宝贵的东西———一批公开出版的物理学图书和期刊。没想到，旅途的磨难还远远没有结束。

船到日本横滨，赵忠尧又被美军便衣人员叫去检查，硬说他们三人可能带有秘密资料。赵忠尧的工作笔记本都被抄走了，大件行李压在货舱里拿不出来，还要等空船从香港返回时再查。他们三个人就这样被关进了日本当时关押战犯的巢鸭监狱[③]。同时，台湾当局派人威胁劝诱，如此纠缠了两个月之久，但赵忠尧坚决抗争，毫不动摇。

直到1950年11月中旬，在祖国人民和国际科学界同行的声援下，赵忠尧等三人才获得释放，经香港回到祖国内地。

[①] 罗时钧（1923—2023），江西南昌人，空气动力学家、力学教育家，是钱学森的第一位博士研究生，在美留学三年攻下硕士和博士学位后恰逢中华人民共和国成立，27岁克服困难毅然回国，为中国空气动力学发展做出了杰出贡献。——作者注

[②] 沈善炯（1917—2021），江苏吴江人，中国科学院院士，抗生素和微生物生化学家、遗传学家。1942年毕业于西南联合大学生物系，1950年获美国加州理工学院博士学位，是中国高等植物分子遗传学先驱。——作者注

[③] 巢鸭监狱位于日本东京都丰岛区的东池袋，初为"警视厅监狱巢鸭支署"，后改称"巢鸭监狱"，第二次世界大战后此地被美军征用，因羁押过二战甲级战犯东条英机、土肥原贤二等而闻名。——作者注

四、开始研制我国第一台加速器，从离子源入手

1949年初赵忠尧回国之前，他购买的30多箱器材和静电加速器的大钢桶运到了中央研究院物理研究所。该所开始准备研制静电加速器，安排了李寿枬等做准备，动手查阅有关文献。1950年冬，中央研究院物理研究所合并到近代物理研究所的人员全部到达北京，那一批器材也都运到了北京。

赵忠尧于1951年2月到近代物理研究所，随即成立了静电加速器小组。赵先生担任组长，组员有金建中、李寿枬、陈耕燕和叶铭汉。1951年秋，杨澄中[①]从英国回来，他在英国时主要做回旋加速器方面的物理研究工作，在加速器和粒子探测技术方面都很有经验，于是他参加了静电加速器小组。刚从清华大学毕业的徐建铭[②]、孙良方[③]到所，他们三位加入了静电加速器小组，还有本所的叶龙飞转到这一组。李寿枬和陈耕燕因另有重任，转到别组，这样，全小组共7人到位。大学刚毕业不久的研究实习员每人都有自己着重负责的工作。随着工作的开展，每个人的工作重点不断地调整。

摆在大家面前的第一个关键问题是：怎样开始研制的第一步？大家讨论后认为，有关加速器的各种关键技术（如高电压、真空、电子光学等）我们一点经验都没有，目前手头的器材很有限，国际上帝国主义也在封锁我们，所以我们必须稳扎稳打，不允许失败。

[①] 杨澄中（1913—1987），江苏常州人，中国科学院院士，核物理学家，中国原子核科学事业的开拓者之一。1937年毕业于中央大学物理系，1950年在英国利物浦大学取得博士学位。创建近代物理研究所，领导开创中国重离子反应实验研究，为中国原子核物理的加速器技术发展培养了大批人才。——作者注

[②] 徐建铭（1925—2017），河北保定人，加速器物理学家，1951年毕业于清华大学电机系，曾任高能物理研究所研究员，长期从事加速器设计研究工作。——作者注

[③] 孙良方（1925—2018），安徽寿县人，1946年入西南联合大学，毕业于清华大学，曾于近代物理研究所从事加速器研制工作，对我国静电加速器的研制做出了重要贡献。后执教于中国科学技术大学近代物理系，曾任近代物理应用研究所主任。——作者注

第一步，必须摸索一些关键技术。可以利用赵忠尧先生带回来的那批大气型静电加速器的绝缘支柱等器材做预制研究，先以这批器材建造一台700千伏特的大气型静电加速器，所内的代号为"V1"。"V"是静电加速器的发明人范德格拉夫（Van de Graaff）英文名字的第一个字母。静电加速器V1的电压不高，在大气中工作。赵忠尧先生设计的静电加速器的能量为2兆电子伏，须在高气压的钢桶内运行。

静电加速器大致分为五大系统：高电压产生系统、高真空系统、离子源、加速管与带电粒子分析器。

高电压产生系统比较简单。离子源和加速管都需要真空技术。在研制离子源时，首先要建立真空系统。由于V1静电加速器的电压不高，加速管的设计较易解决。小组决定，一开始先研制离子源。

原子由原子核及其外层电子构成，原子是电中性的。如果原子丢失一个或多个电子，它就成为正离子。氢原子丢失它的外层电子就成为氢离子，就是质子。如果原子俘获一个或多个电子，它就成为负离子。在加速器上用来产生离子的部分就名为离子源。

赵忠尧从国外带回一张离子源的设计总图，小组决定仿制。当时仿制的离子源为秦（Zinn）型离子源，是低气压电弧放电型离子源的一种。这时，叶铭汉本科期间学的机械制图派上了用场，他按照总图画出部件分图，交给本所工厂制造。

1951年，叶铭汉和叶龙飞一起负责安装与调试离子源。一开始，他们必须建造一个金属真空系统。赵忠尧和杨澄中带回国的器材中包括抽真空的机械泵与油扩散泵，可以用来参考，但那时候国内还没有人建造过金属真空系统，他们开始边工作边学习真空技术。

五、研制离子源的第一步：制造真空系统

制造真空系统的第一步，须用银焊把金属部件焊接起来，保

证不漏气。现在看来，这简直太简单了，但在当时，北京没有一家工厂能承接这个工作，只好由所内的小工厂自行解决。就这样，大家从焊接开始自行研制金属真空系统。

焊接时要用焊药，但在市场上一时找不到银焊用的焊药，叶铭汉就自己研究配制焊药。他调研了银焊药的成分，借了一个坩埚电炉，可以加温到接近1000℃。他一开始没有向别人请教，随手拿了一个坩埚装要熔化的材料，放入坩埚电炉加热。没想到，温度上升到近1000℃时，坩埚裂开了，烧熔的金属液体流出，把电炉的内胆损坏了，电炉被烧毁。叶铭汉这才意识到，原来不能用普通的坩埚而应该用石英坩埚。为此，他十分内疚，因为自己的不规范使用烧毁了电炉，心中极为懊恼，几天时间都闷闷不乐。

赵忠尧先生看出了他情绪的变化，教导他说："犯错误是常事，重要的是要分析原因，吸取教训，再接再厉。不要垂头丧气，要继续做下去。"赵忠尧先生的一番教导，卸下了叶铭汉的心理包袱。他意识到，不能犯了错误就垂头丧气，应该分析原因，改正错误，再接再厉。

很快，叶铭汉配成了焊药，杨澄中先生动手进行焊接，成功地完成了银焊。工厂的工人随即学会了银焊，建成了离子源用的金属真空系统。

今天很容易实现的技术在当年却困难重重。如果不提这些问题，就不能说明当时的情况，也不能说明当年那一批年轻人是怎样成长起来的。

赵忠尧先生从美国带回了两本书，对我国的真空技术和电子学技术的起步发挥了极大的作用。这两本书是1949年美国洛斯·阿拉莫斯国家实验室（Los Alamos National Laboratory）公开出版的"国家核能系列"丛书（National Nuclear Energy Series）中的两卷：《真空设备及真空技术》（Vacuum Equipment and Techniques）（卷Ⅰ-1，作者：Guthrie A, Wakerling R K, 1949年）和《电子学技术》（Electronics

Techniques)(卷V-1，作者：Elmore W C, Sands M L, 1949年)。

第一本书讲真空系统设计的基本原理以及真空设备的结构和技术。这本书是美国洛斯·阿拉莫斯国家实验室在总结他们参加研制原子弹工作中发展的真空技术的基础上写成的，供有关工作人员参考和培训使用，既介绍了理论，又详细介绍了有关设备及技术，使读者可以很快进入工作状态，极其实用。叶铭汉等新进入真空领域的工作人员，得到此书如获至宝。

第二本书跟第一本书一样，既介绍了理论，又详细介绍了有关设备。特别实用的是，该书提供了洛斯·阿拉莫斯国家实验室通用的电子学设备线路图，可以让科研人员马上仿制，对我国核电子学的起步帮助极大。近代物理研究所的工作人员立即按图纸仿制核电子学线路。

六、测试离子源，调试油扩散泵

测试离子源的时候，当有氢气输入真空系统时，真空度会降低一点，这是正常的，也是允许的，但是叶铭汉等第一次制造出的系统真空度却降低很多，无法工作，当时找不出原因。

后来叶铭汉分析，问题可能出在所用的油扩散泵上。油扩散泵的工作原理是依靠泵内喷口喷出的油分子带着空气分子一起出去，但是抽氢气时不如抽空气时那么有效。叶铭汉想到，增加喷口喷出的油分子的数量，也许就可以达到抽氢气的目的。大家同意他的想法，开始研究输入功率与抽氢气的速率之间的关系。结果发现，抽氢气时，输入油扩散泵的功率必须比抽空气时高若干数值。发现了这个规律后，他们就顺利地解决了抽氢气的问题。

一年多后，叶铭汉在随手翻阅外国杂志时看到一篇文章，该文研究油扩散泵对于各种气体的抽气速率与输入热功率的关系，文中关于氢气的结果跟他们得到的结果一致。

1952年中期，离子源建成，在试验台上产生了氢离子（即质子），离子源仿制宣告成功。

叶铭汉现在回想，通过研制离子源，他们从头开始、从无到有，开始进入了真空技术领域，为之后建造大规模的真空系统打下了基础。赵忠尧和杨澄中带回了油扩散泵，同组的金建中对真空技术的兴趣很大，他拆开油扩散泵，研究了其结构，很快掌握了设计要领，并马上仿制成功。后来，金建中在我国的真空技术发展方面做出了重要贡献，当选为中国科学院院士。

1951年中期，我国政府决定向苏联选派留学生。初选选中了叶铭汉，中国科学院人事处找他谈话，征求他本人的意见。叶铭汉不假思索地回答："我现在刚开始研制一台加速器，我很希望一直把它做出来。"时至今日，叶铭汉一直都认为自己当时的想法是正确的——做什么，一定要锲而不舍。

1952年夏，由英国科学家李约瑟（Joseph Needham）担任秘书长的"调查在朝鲜和中国的细菌战事实国际委员会"到朝鲜调查，钱三强任中方秘书长。

1952年6月初，钱三强陪同国际调查团到达北京。周恩来总理指派廖承志[①]代表中国政府全权负责接待工作，并陪同国际调查团前往我国东北和朝鲜进行调查工作。于是，钱三强便成为廖承志与国际调查团之间的联络员并负责翻译工作。近代物理研究所做了一些当时急需的配合调查工作，全所人员赶工研制了几台测量γ射线的手提剂量仪，叶铭汉参加制造了剂量仪所需的高电阻，写了一个工作小结报告。

七、加速管和绝缘支柱

金建中负责加速管的设计。当时，叶铭汉和组内其他研究人员中没有人学过电子光学，于是便由金建中带头学，他做报告，全组

[①] 廖承志（1908—1983），曾用名何柳华，广东惠阳陈江人，生于日本东京大九堡，中国无产阶级革命家、杰出的社会活动家、党和国家的优秀领导人。——作者注

年轻人跟着学。1952年秋，所里又增加了一位工作人员，来了一位清华大学毕业生陈志诚[①]，与孙良方一起负责封接加速管。1953年，梅镇岳[②]回国，参加了静电加速器组。

加速管由8节硬玻璃圆筒和8个加速电极构成，全长224.2厘米。玻璃筒壁厚约8毫米，从高压电极向下第一、第二节长度稍长，其余各节长度相等，均为305毫米。圆筒形加速电极和固定环都是用钢制成的，内外表面镀铬。加速电极壁厚3毫米，固定环厚2.5毫米。

玻璃圆筒与加速电极和固定环用黑色真空封蜡（Apiezon W）封接。早在1951年，陈耕燕和叶铭汉就曾设计了一个简易的专用电炉来加热封接金属电极与玻璃环，但他们当时设计考虑不周，炉内上部和下部的温差过大，不合用，这一工作就搁置起来。

后来在1953年，孙良方负责研制V1的加速管，用真空封蜡来封接。他创新性地想出一个不用加热炉的简便加热方法：用电烙铁的加热电阻丝来加热加速电极固定环，使真空封蜡融化。每一个固定环连接一组加热电阻丝，连接到一台可调节的电源来加热。每一固定环分别单独加热，可以一面监测温度，一面调节温度，使用的结果令人十分满意。由于在V1上的成功经验，后来孙良方封接V2的加速管时也采用这个方法，不做专用电炉。

叶铭汉等计划把赵忠尧从美国带回来的绝缘支柱搭起来。当时他们需要一个高压电极，但是没有现成的，就找到打造紫铜锅的铜匠，请他手工打造了一个静电加速器的高压电极，虽然形状不十分

[①] 陈志诚，1952年毕业于清华大学物理系，分配到近代物理研究所。1953年，近代物理研究所把少数研究实习员转为研究生，他被选上，1957年转到中国科学技术大学任教。——作者注

[②] 梅镇岳（1915—2009），生于浙江杭州，核物理学家、物理教育家。1939年毕业于清华大学物理系，1949年取得英国伯明翰大学博士学位。从事核谱和宇宙线研究，在筹建并主持中国科学技术大学近代物理系、筹建高能物理研究所、发展中国核谱研究和培养中国核物理人才方面做出了贡献。——作者注

规则，但表面是光滑的。叶铭汉认为应该可以用，后来实际使用时也证明了这一点。在安装高压支柱前，要在机房内竖立三根钢筋水泥支柱，叶铭汉画了一张设计图，标上了尺寸。

建筑公司的工程师看了图之后问他："是不是一定要圆柱，方柱行不行？"叶铭汉开始不知道这两者之间的区别，后来工程师解释道："圆柱要做圆柱形模板，比方柱形模板费事。"

叶铭汉这才恍然大悟。他一想，当时在做设计时，没有从建筑工程的角度思考，并没有考虑哪一种设计省事省钱。他马上采纳了该工程师的建议。

虽然圆柱变成方柱的这件事很小，似乎不值得一提，但是叶铭汉却永远也忘不了。这件小事在后来几十年的工作中一直不断提醒他：做一个设计，要全面考虑，既要能达到科学上的要求，又要考虑加工制造的问题，不要认为很简单，随随便便就做出设计，做什么事情都要考虑周到。

八、安装静电加速器的绝缘支柱

当年春季，在近代物理研究所一个旧仓库内，安装静电加速器的工作开启。叶铭汉和徐建铭负责组装绝缘支柱。

库房的天花板高 7 米，静电加速器高 3.65 米，加上 1 米高的钢筋水泥支柱，共高 4.65 米，离天花板有足够的空间。

绝缘支柱的结构是：一层绝缘体，一层一块铝金属圆片，被称为等压片，一共 32 片等压片，把加速器的高电位均匀地分成 31 份，这样沿着绝缘支柱的电位降可以比较均匀，有利于提高总电位。

如何使电位降均匀分布？最好的办法是在各片等压片之间用高电阻连接。这样问题就来了：当时国内不生产所需要的高电阻，怎么办？

叶铭汉等只好采用替代方法，利用针尖的电晕放电来实现。电晕放电分两种：一种是正电晕放电，针尖在正电位；另一种是负电晕放电，针尖在负电位。对于究竟是采取正电晕放电还是负电晕放电，大家展开了积极的讨论。

有人提出：用正电晕放电较好，因为正电晕放电的电晕电流随着电位差的增加而增加，开始阶段差不多是线性，但到一定电位差时就几乎是平顶，认为在此时可能起稳压作用。

但是，他不清楚，其他参加讨论的人也都不清楚，实际上电晕电流随着电位差的增加到出现平顶时，马上会转变为火花放电。当时大家认为他的分析有道理，都赞成他的建议，于是就采用了正电晕放电来分压，没有进一步调研文献，也没有做小规模的实验室实验，这就为绝缘支柱的分压埋下了隐患。

九、加速器成功产生高电压

1953年中期，绝缘支柱安装完毕，可以开始做发生高电压的实验了。

静电加速器的发电装置比较简单，就是利用绝缘材料制成的带子把电荷带到高压电极。

研究组一开始用普通丝绸做输电带，但是一运转输电带就发生皱折，无法工作。叶铭汉认为，可能是所用的丝绸不够厚，应改用较厚的。于是，他到处寻找合适的丝绸，很快就找到了山东省外销的一种较厚的柞丝绸，厚约0.4毫米，试用的效果很好，他们就采用了这种柞丝绸来制作输电带。这种输电带还有一大好处，即空气的相对湿度小于80%即可正常工作。

11月，加速管完成了。把加速管装上，但没有装离子源，因为离子源还不能在高压电极内工作，它所需的电源及其控制系统还没有完工。

开始做这台加速器产生高电压的单项实验，比较顺利。加速器一运转，电压就升高，产生了高电压。

第一步目标达成，大家很高兴，把这台加速器定名为"700千电子伏大气型静电加速器"(加速器学界称其为 V1)。

但是,此时有一大问题亟待解决——电压一升上去就沿着绝缘支柱发生火花放电,电压不稳定。

这正是之前埋下的隐患。经过讨论,大家发现,正电晕针明显不能用,应改为负电晕针,因为负电晕放电的电晕电流随着电位差的增加而增加时,与正电晕放电比较,有相对较大的范围接近线性。叶铭汉后来查阅了文献,发现有一篇文章中提到了他们用的电晕针是负电晕针,该文章并未说明为什么要用负电晕针,但研究小组在电晕针上吃了亏,当然就明白了原因所在。

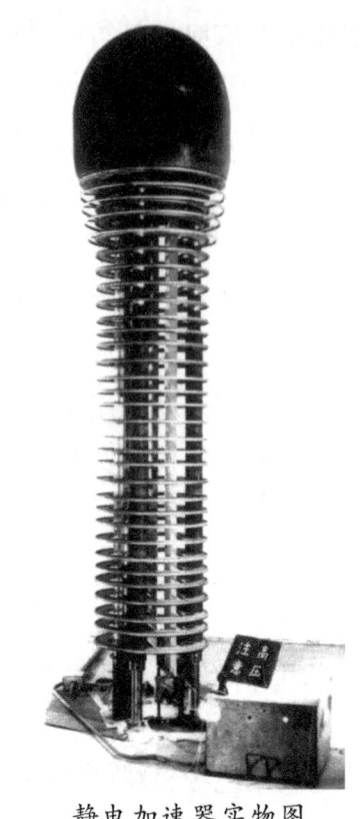

静电加速器实物图

这件事给了叶铭汉一个教训:考虑问题不能想当然,调研不能粗枝大叶。后来,叶铭汉发现自己之前曾经看过那篇文献,但是没有注意到电晕针的正负,责备自己实在太粗心。好在后来不久,研究所要搬迁,本来就要把加速器拆散,更换电晕针相当方便,他们就自我安慰,没有额外花太多时间。

十、突击学习俄语

1953 年春,近代物理研究所全所科研人员停工一个多月,突击学习俄语。当时所里没有俄语老师,大家决定,先由本所的邓稼先到其他研究所参加他们的俄语突击学习班,学成之后再回到所内教大家。全所科研人员学习俄语的热情很高,加上普遍有很好的英语基础,大家学起来都很快。一个月结业,大多数人都能阅读俄文科

静电加速器总图

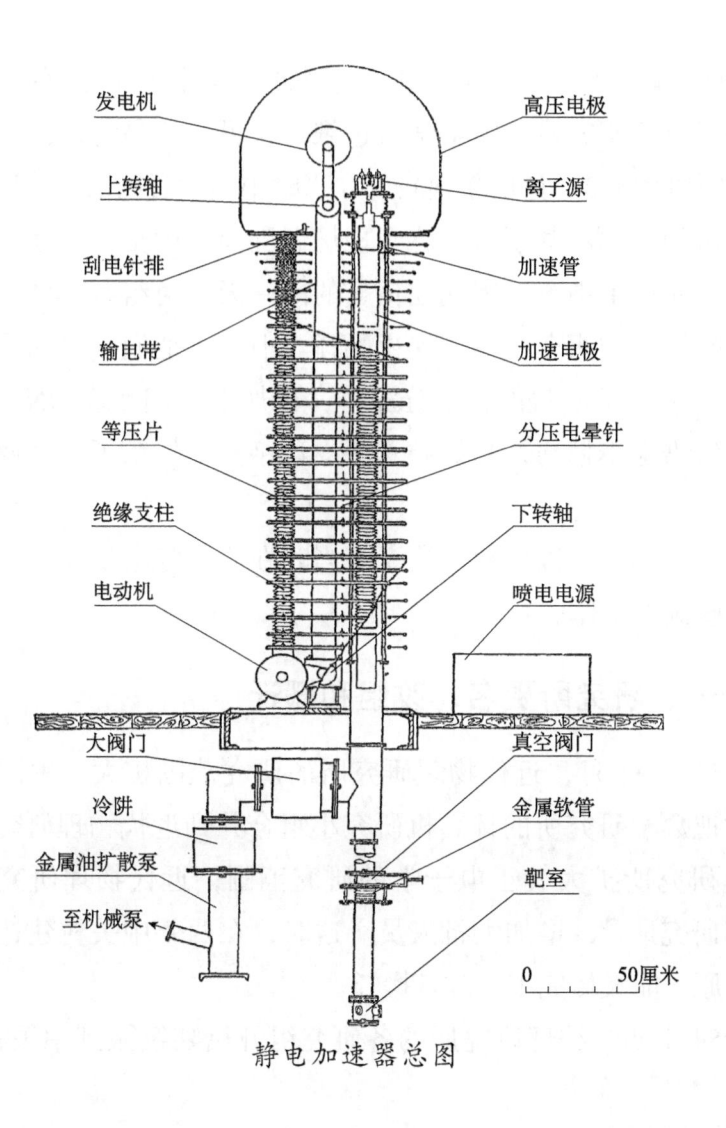

技文献，也可以简单会话。

叶铭汉第一次应用俄语是在1954年春。当时，苏联物理学家塔姆[1]到中国讲学，他要做一个关于DNA双螺旋结构的学术报告。中

---

[1] 塔姆（Tamm，1895—1971），苏联物理学家。1917年参加俄国革命，1918年毕业于莫斯科国立大学，后任该校教授和物理研究所研究人员，1958年因发现并解释切伦科夫效应，与苏联科学家切伦科夫（Cherenkov）、弗兰克（Franck）共获诺贝尔物理学奖。第二次世界大战后从事核反应和平应用的研究。——作者注

方派出两人做翻译：一位是我国理论物理专家朱洪元[①]，他当时是近代物理研究所研究员，突击学习过俄语；另一位是北京大学化学系年轻教师唐孝炎[②]，她的俄语较好。当时中国学者因信息落后，对于塔姆要讲的问题不甚了解，感到现场做翻译有困难。幸好塔姆有演讲手稿，先给了中方，因此在报告的前一天临时组织翻译，点名要于敏、叶铭汉和唐孝炎一起连夜翻译。但是，他们一拿到手稿就傻眼了——手稿是手写的，十分潦草，再加上他们不懂DNA的业务知识，俄语也不精通，只好硬着头皮逐字翻译，忙了一个通宵，勉强交卷。

这件小事，可以说明叶铭汉等当时在研制静电加速器过程中承担的一些额外工作。

十一、研究所更名、改组和搬迁

1953年11月，近代物理研究所的研究范围扩大，中国科学院决定，把数学研究所的计算机研究小组合并到近代物理研究所，近代物理研究所扩大关于电子学的研究范围，近代物理研究所改名为物理研究所[③]，增加大批人员。这时，在西郊中关村建造的新大楼——原子能大楼完工，准备搬迁。

1954年初，物理研究所的各研究组开始陆续搬到中关村新址。

---

① 朱洪元（1917—1992），生于江苏宜兴，中国科学院院士，理论物理学家。1939年毕业于同济工学院机械工程系，1948年在英国曼彻斯特大学物理系取得博士学位，专长粒子物理和核物理研究。——作者注
② 唐孝炎（1932— ），生于江苏太仓，环境科学专家，中国工程院院士，北京大学教授，是我国大气环境化学领域的学术带头人。——作者注
③ 1950年，中国科学院成立了两个物理研究所：一个是近代物理研究所，主攻核物理；另一个是应用物理研究所，研究核物理以外的物理。1953年底，近代物理研究所改名为物理研究所，研究范围扩大到电子学、计算机技术。1958年7月，物理研究所改名为原子能研究所，研究核物理和原子能科学技术；电子学部分并入新建的电子学研究所，计算机部分并入新建的计算技术研究所；应用物理所改名为物理研究所。——作者注

中关村从此成为中国科学院的第一个新建基地，成为中国科学研究的重要基地之一，物理研究所有幸成为中关村的第一批成员之一。

物理研究所大楼是中关村新建的第一栋大楼。当年四周都是农田，出了西直门，到了现在中国农业科学院研究生院附近，就可以看到这栋大楼。在这栋大楼内安装高气压型静电加速器大厅有特殊的建筑要求，大厅内部装修要到3月底才能完工，因此静电加速器要到4月才搬迁。

1954年，静电加速器组的人员增加了三位新毕业的大学生：余觉先、邬恩九、顾润观，开展的工作项目也有所增加。静电加速器组扩大为静电加速器大组，下分两个小组：一是静电加速器组，分为大气压型静电加速器（代号V1）组和高气压型静电加速器（代号V2）组，组领导为赵忠尧、梅镇岳；二是高压倍加器组，组领导为杨澄中。

大家的分工也有所调整。叶铭汉和邬恩九负责V1的搬迁、安装、改进和运行，孙良方负责离子源在高压电极内工作所需的电源及其远距离控制系统，徐建铭负责研制测量高电位的感应电压计。

1954年中，叶铭汉晋升为助理研究员，同年进入近代物理研究所的于敏在1953年已晋升为助理研究员。1953年，所领导告诉大家只有一个晋升助理研究员的名额，要听取大家的意见。大家一致推举于敏，那时于敏的才华在所里已经为大家所公认。

十二、静电加速器V1的搬运与重新组装

静电加速器V1的加速管由硬玻璃圆筒与加速电极构成。加速电极固定在电极固定环上，电极固定环与玻璃圆筒用真空封蜡做封接，真空度很好，但是封接的强度不高。搬迁时不能把它横过来，否则其可能会裂开，一定要竖直搬迁。

但具体怎样搬运，叶铭汉最初也心中无数。1954年4月，叶铭汉向中国科学院汽车班的队长请教，该队长帮助设计了把加速管垂

直固定在车上的方法,并由他亲自非常小心地慢慢开车,把加速管完好无损地运到了物理研究所位于中关村的新址。那时候,从西直门到中关村的道路上汽车稀少,慢慢开车并不影响交通。这次搬运加速管对他来说是一次很好的锻炼,积累了一定的经验。

静电加速器 V1 的另外两个主要部件:离子源的附属设备(离子源的电源、远距离控制、氢气控制等)由孙良方负责,测量高电压的感应电压计由徐建铭负责,都在 1954 年内按计划完成。叶铭汉负责总体安装。

十三、静电加速器 V1 总装调试成功

1954 年底,静电加速器 V1 总装完成,开始总调,一切十分顺利,马上达到 700 千伏特的高压,得到了加速的质子,达到预期目标。

叶铭汉认为,V1 的研制工作顺利完成,要归功于赵忠尧的领导。每周六有一次全组例会,每个人向大家报告一周内所完成的工作,遇到了什么困难,是如何解决的;如果还没有解决,准备怎样解决;每个人还要报告下周的工作计划。以上种种方面,大家讨论,提出各种意见,讨论时常十分激烈。通过组会,每个人不但清楚了自己遇到的问题应如何解决,而且对别人的工作有所了解,同时也吸收了他人的经验与教训。这种组会对所里每个人的成长都十分有益,每个人虽只负责加速器的一部分,但对于总体及其进展也十分了解。因此,总装时没有发生不匹配的问题。总装完成后,1954 年底第一次运转就达到预定的高电压目标。

叶铭汉后来作为组长带队工作时,一直倡导使用赵忠尧的领导方法,发动大家集思广益,提倡互相学习。

十四、静电加速器 V1 正式运行

1955 年初,叶铭汉的分工是负责用核反应来校准加速器的高电

压，以及负责加速器运行和提供应用。

1955年中，V1开始运行。第一步是测量离子束的强度，观察离子束打在靶上的形状，用离子束打水晶片，看水晶片发出的荧光。研究组最开始用天然水晶片做靶，但没有想到，水晶片一下子就裂了，换了几片都是这样，不知是什么原因。叶铭汉向应用物理研究所搞光学研究的同志请教，他们也没有这种经验，但有人提出，可以尝试用人工熔制的水晶片。叶铭汉马上就找来尝试，结果十分令人满意，人工熔制的水晶片不会裂开。

叶铭汉利用 ^{7}Li(p,αγ) 反应在 441.4 千电子伏和 ^{19}F(p,γ) 反应在 340.4 千电子伏的核反应共振反应曲线，来校准用感应电压计所测到的电压读数。他们用盖缪计数器测量 γ 射线，第一次做实验时，本底太大，把 γ 射线的信号掩盖了。改善探测器的屏蔽后，就做出了共振反应曲线，与文献报道的相符合。

这是中国人第一次在中国重复 20 世纪 30 年代国际上做出的核反应，虽落后 20 多年，但这是万事开头难的第一小步，是两代人努力的结果。经过核反应校准，加速器的最高能量为 700 千电子伏，也就是说，可以把质子加速到 700 千电子伏。最终，研究小组测量出打到靶上的离子流为 15 微安。

在 V1 上做的第一个核物理实验是何泽慧、陆祖荫领导的 Li(p,α) 反应的 α 粒子角分布的测量，是重复他人的实验，用自己研制的核乳胶做探测器来检验核乳胶的性能。叶铭汉在这项实验中负责运行加速器。

离子源的灯丝寿命只有 50 多个小时，但好在这台加速器是在大气中运行，吊起高压电极来更换灯丝十分方便，从换一次灯丝到重新运行出离子束大约需要两个小时。

1955 年，为了培养叶铭汉以后做实验的能力，赵忠尧和杨澄中让他调研质子轰击氟而产生 γ 射线（^{19}F+p → ^{20}Ne+γ）所产生的 γ 射线的角分布实验，质子的能量限于 2 兆电子伏以下，并要求他做一个学术报告。叶铭汉调研完毕后，写了一个草稿，杨澄中要求叶铭汉试讲一次，边讲边讨论，并随时提出意见，哪句不合适，哪句应如何修改，花了整整一下午的时间。通过那一次预讲，叶铭汉大致弄明白了如何做调研报告，老科学家对年轻人的爱护和帮助让他终生不忘。

十五、感触较深的两件事

1956年6月，苏联在我国举行苏联和平利用原子能技术北京展览会。中国科学院把物理研究所一些学过俄语的年轻科研人员临时借调到展览会负责解说工作，也让他们有较多机会向参加展览会的专家请教，叶铭汉位列借调人员之中。

这次展览会有两件事令他难忘。一件事是，展览会的中方负责人特召集这批做临时解说员的年轻科研人员交代应特别注意的事项，提醒道："我们和苏联是两个国家，要特别注意保密。"叶铭汉逐渐明白，处理国与国之间的关系时，要格外谨慎。

另一件事是，叶铭汉在展览会上向一位苏联真空专家提问时受到了训斥。他之前阅读文献时看到美国人用的一些真空材料，文章上只给了商品名称，却没有给出其性能数据。他提出该商品名，向这位苏联专家请教。不料，这位苏联专家很不高兴，以训斥的口气说："这是美帝国主义的，我们不用。"这让叶铭汉大吃一惊，真空材料的性能怎么联系到美帝国主义呢？

研制这台700千电子伏的大气型静电加速器花了四年多时间。叶铭汉分析耗时这么长的主要原因有二：一是，研究人员几乎一切从头开始，缺少经验，缺少器材，也缺少向别人请教的机会；二是，当时的大环境是以政治运动为主，业务工作大受影响，科研工作时常完全停止。尤其是叶铭汉那批毕业不久的年轻研究实习员，经常被抽调出来专做"运动"工作，还要经常做一些临时性的工作，如做展览会的解说员，等等。叶铭汉当时曾经估计过，大概只有 1/3 的时间用在科技业务上，这是科研工作进展缓慢的原因之一。

十六、十年相知，终成眷属

1955 年 6 月殷蔚薏从北京大学生物系毕业，分配到复旦大学做助教。1956 年 8 月 6 日，叶铭汉到上海和殷蔚薏结婚。两人在 1946 年相识，结婚时已过了十年。

十七、原子能楼的拆除

近代物理研究所在 1953 年底扩大为物理研究所，1954 年搬入新建的大楼——原子能楼，是中国科学院在中关村建造的第一栋科研大楼，被称为"共和国科学第一楼"。

1952 年立项建造这栋大楼时，正值我国参加抗美援朝战争之际，财政十分紧张，拨出这一笔钱建造大楼，极为难得。这座大楼的建筑标准很高，堪称"百年大计"，建筑质量一流，所有实验室的地面都是磨石子地。

我国的科技人员在原子能楼里开展了核物理研究和原子能的应用研究。从这座大楼里走出了六位"两弹一星功勋奖章"获得者——钱三强、王淦昌、彭桓武、邓稼先、于敏和陈芳允，从这座大楼里走出的中国科学院院士和中国工程院院士（包括"两弹一星功勋奖章"获得者在内）共 30 位[①]。这座大楼具有独特的历史文物价值，堪称"不可移动的文物"。

[①] 从原子能楼里走出去的中国科学院院士（限于在原子能楼内工作超过两年以上者）有钱三强*、王淦昌*、彭桓武*、于敏*、邓稼先*、陈芳允*、赵忠尧、张文裕、朱洪元、李正武、杨澄中、肖健、何祚庥、何泽慧、金建中、唐孝威、黄祖洽、谢家麟、戴传曾、吕敏、李德平、胡仁宇、王方定、方守贤、冼鼎昌、李惕碚、张宗烨、柴之芳，中国工程院院士有叶铭汉、陈森玉，以上共 30 人。其中带*号为"两弹一星功勋奖章"获得者，共 6 人。此外，获得国家最高科学技术奖的有于敏、谢家麟两人。——作者注

2016年初，这座楼要被拆除，因为国家纳米科学中心要在原地建造一座新大楼。国家纳米科学中心之前已在原子能楼的旁边新建了一座大楼，后有经费要再建一座，因此要把原子能楼拆除。

叶铭汉想，为什么新建大楼的位置不能移动几十米？当时过去在原子能楼内工作过的老同志听到这一消息后，都感到这栋楼应该被保护起来，继续使用。大家认为，这栋楼是"不可移动的文物"，而且实际上这栋楼的内部还是可以继续使用的，不是危楼。建造时是按百年大计的标准建造的，现在用了六十多年就要把它拆除，实在可惜。

由于很多人的呼吁，后来相关部门提出一个方案：建造一栋十多层的大楼，保留原子能楼（原为5层大楼）的一部分建筑，镶嵌在新楼的里面，作为新楼的一部分。叶铭汉认为这实际上是一个花钱多而效果差的方案。后来这个方案被否定了。

为什么新建大楼的位置不能移动几十米？后来叶铭汉了解到，建筑的位置早在两年前向市政管理机构申请，花了很长时间才批下来。如要改动，据说可能又要花费一两年时间，影响工作开展，所以只好把可用的建筑拆了。原子能楼的拆除让叶铭汉等曾在里面工作过的老科学家十分痛心。

第二节　第二台静电加速器

1954年，研究所开始研制2.5兆电子伏的高气压型静电加速器，代号为V2。

1955年中李正武先生[①]回国，参加静电加速器的研制，他十分关注静电加速器的应用。1957年，他指出，加速的带电重粒子（如质子），与多种原子核起反应而产生γ射线，该γ射线的能量及其能谱分布是被冲击的原子核的一个标志。这一标志与冲击的重粒子的能量有确定关系。这样产生的γ射线可以用来作为同位素分析应用。

李正武随即指导叶铭汉做更细致的分析，指导他写科学论文。叶铭汉很想做实验来验证，但后来不久"大跃进"开始，李正武转到可控热核反应方面的研究，这一应用研究也就无人过问了。

一、物理研究所改组

1956年，按照国家《1956—1967年科学技术发展远景规划纲要》[②]的要求，物理研究所的一些研究室调出，并分别加入新成立的电子学研究所[③]和计算技术研究所[④]。此外，调出一部分人员成立兰州物理研究室，由杨澄中任所长。9月，政府决定，将物理研究所

[①] 李正武（1916—2013），原名李整武，长期从事核物理、等离子体物理和受控核聚变等方面的研究，取得多项重要成果。1938年毕业于清华大学。1951年获美国加州理工学院博士学位。1955年回国。1980年当选为中国科学院学部委员（后改称院士）。曾任核工业西南物理研究院研究员、名誉院长，是中国第一台高气压型质子静电加速器和第一台电子静电加速器的主要研制者之一。20世纪80年代初领导研制成功受控核聚变实验装置"中国环流器一号"。1987年获国家科学技术进步奖一等奖。——作者注

[②] 《1956—1967年科学技术发展远景规划纲要》（简称《十二年规划》），是中国第一个科学技术发展远景规划，配合当时国民经济和社会发展的需求，确定了"重点发展，迎头赶上"的方针，提出了国家建设所需要的57项重要科学技术任务和616个中心问题，提出了各门学科的发展方向。——作者注

[③] 中国科学院电子学研究所创建于1956年，是中国第一个综合性电子信息科学研究所，主要从事电子与信息科学技术领域的应用基础研究和高技术创新研究。——作者注

[④] 中国科学院计算技术研究所创建于1956年，是中国第一个专门从事计算机科学技术综合性研究的学术机构，主要研究方向和领域包括信息处理、信息检索、网络安全、大数据处理、体系结构研究、智能技术研究、生物信息计算、虚拟现实技术等。——作者注

与正建的第二机械工业部[①]的科研基地合并，仍称"中国科学院物理研究所"，受中国科学院和第二机械工业部双重领导。

全所研究机构从大组发展成为 8 个研究室：一室从事静电加速器和电子直线加速器的研制，以及在加速器上进行低能核物理研究工作。赵忠尧任主任，梅镇岳、李正武和谢家麟[②]任副主任。

一室分为两个大组，即静电加速器大组和电子直线加速器大组。静电加速器大组由赵忠尧兼任大组长，以研制静电加速器以及在静电加速器上进行低能核物理研究工作为主，下分静电加速器组和核反应实验组两个小组，叶铭汉兼任这两个小组的组长。

二、开始 V2 安装工作

此时，叶铭汉因原先准备探测器的工作已告一段落，工作重点转入 V2 的安装与调试工作。陈鉴璞、夏广昌加入静电加速器组。电子直线加速器大组由谢家麟任组长。杨澄中和原静电加速器组的叶龙飞、邬恩九调兰州物理研究室。徐建铭去苏联学习研制高能加速器。

1954 年，徐建铭与余觉先负责试验 V2 在没有安装加速管时的高电位发电。1955 年，用赵忠尧带回的橡胶制作的输电带，在高气压钢桶内加压，钢桶内的气体为 80% 空气和 20% 氮气，气压为 9 个标准大气压，最高电压达 210 万伏特，达到了初步要求。之后加速器运行时将用氮和二氧化碳混合气体，估计最高电压可以达到 250 万伏特。

[①] 主管核工业的第二机械工业部成立于 1958 年。1958 年 2 月，一机部、二机部和电机制造工业部合并为第一机械工业部，第三机械工业部改名为中华人民共和国第二机械工业部，主管核工业和核武器，1982 年改名为中华人民共和国核工业部。——作者注

[②] 谢家麟（1920—2016），生于黑龙江省哈尔滨市，中国科学院院士，国际著名加速器物理及技术专家。1943 年毕业于燕京大学物理系，1951 年获美国斯坦福大学物理系博士学位。曾任高能物理研究所研究员、原副所长，被誉为"中国粒子加速器之父"，曾获国家最高科学技术奖。——作者注

三、研制新的高频离子源

V1 上用的离子源是 Zinn 型离子源,它有两个短板:第一,所使用的钨丝寿命很短,只有 40 个小时,损坏后就需要更换,耽误时间;第二,这种离子源所产生的离子有 H^+、HH^+ 和 HHH^+,后两种粒子的能量各为 H^+ 的 1/2 和 1/3,能量较弱。因此,研究组在 1954 年初就开始研制高频离子源,由叶龙飞和金有铠负责。高频离子源有两大优点:一是不用金属丝,没有 Zinn 型离子源的钨丝寿命问题;二是它所产生的离子大多数是 H^+,正是研究所需要的。高频离子源于 1956 年初完成。

四、加速管研究与封接

1954 年,V2 的加速管研制工作启动,由金建中和孙良方负责。金建中做了设计,他遇到的第一个问题是材料问题:绝大多数静电加速器的加速电极采用不锈钢,赵忠尧在美国设计时也采用了,但是不锈钢当时在国内无法解决,只好采用铝。研究组用软铝板旋压成形,再经车床加工而成。Pyrex 玻璃[①]环与不锈钢电极的封接一般用醋酸乙烯酯树胶,这是热固性树脂,封接强度很高,真空性很好。

封接时的加热采用孙良方在 V1 上的电阻丝加热方法。V2 加速管的封接必须在无尘的清洁室内进行,但碍于经费有限,研究人员只能采用"土法"上马。孙良方把一间实验室改装成有进门隔离区的暗室,暗室内的墙面和地面都上漆,然后让地面保持潮湿,室内空气中的灰尘慢慢下降到地面,每天拖地将地面的灰尘打扫干净,这样连续天天做,这间房间内空气中的灰尘大大减少,可以满足封接加速管时的清洁要求。1957 年初,叶铭汉和技术员马兴华一起成功封接了加速管。后来加速器的运行表明,这个加速管的质量很好,

---

① 派热克斯(Pyrex)玻璃是抗热性能极佳的一种玻璃,广泛应用于厨房用品、化学实验室仪器及光学设备等,已经成为其原材料硼化玻璃的通用性商标。——作者注

可以耐受2.5兆伏高电压，一直用到1974年才被更新换下。

开始时，研究人员先封接了几节加速电极和Pyrex玻璃环做试验，测试环境温度变化对它们的影响。在这个过程中，他们遇到了一个很棘手的问题：国外用不锈钢做电极，其温度膨胀系数与Pyrex玻璃的相差较小，因此在环境温度变化时，不至于破裂。但国内所使用的铝电极与Pyrex玻璃因温度膨胀系数相差较大，在温度变化时，玻璃和铝电极的膨胀相差过大，玻璃会发生破裂。

金建中和孙良方很巧妙地解决了这个问题。加速电极为碟形，其边缘为平的圆环，电极与玻璃环的封接面在电极的圆环部分。他们建议，在电极圆环的上、下面各刻两道圆环形凹槽，上、下槽必须对齐，槽的底部很薄，为0.2毫米，黏合面在两槽之间。加了这两道圆环形凹槽后，封接后冷却到-12℃，玻璃没有破裂，问题解决了。凹槽的作用有二：第一，保证上下黏合面边缘一致，使两黏合面平均负担应力；第二，由于槽底很薄，仅0.2毫米，所以很容易产生塑性应变，可以消除大部分由于铝与玻璃的不同膨胀而产生的应力。

五、静电加速器V2建成与振动问题的解决

1957年中，孙良方完成了由他负责的离子源的电源及其控制线路，夏广昌负责的静电分析器也完成了，由电子学室忻贤杰[1]研制的静电分析器电源同时完成。这样，V2的总体调试工作开始了。

1957年底，V2顺利出质子束，束流顺利通过静电分析器，加速器建成，大家很高兴。但是V2还存在亟须解决的问题：加速器运行时振动很大，导致噪声很大。

---

[1] 忻贤杰（1924—1988），浙江宁波人，中国核武器试验控制系统的创始人、核爆炸电磁脉冲远区定位系统的奠基者。1947年毕业于浙江大学物理系并留校任教，1950年随导师王淦昌到近代物理研究所从事核电子学研究工作，后担任核电子学组组长，为中国大气层核爆炸监测能力提升和核试验事业发展做出了贡献。——作者注

1958年，叶铭汉列席旁听一次所务会议，所领导提出，V2的振动问题需要解决，并且把此任务交给了叶铭汉。

叶铭汉认为，振动问题一定是出在带动输电带的转轴上，估计是转轴的动平衡不够好。所里没有测量动平衡的设备，所以第一步是要找一个单位测量现有转轴的动平衡，以验证自己的想法。

叶铭汉找到了一家也属于二机部的单位，他和一位技工各扛一个转轴乘公交车到该厂，请专人测试，果然动平衡不合格。但是，这个转轴是空心的，不太好修改，而且该厂也没有时间加工，因此决定让本所的工厂加工制造新的转轴。

原来的一对转轴是在美国加工的，为了减轻重量，中心是空的。叶铭汉认为，转轴重一些不要紧，因为这个静电加速器是竖立的，在垂直方向加一些重量不会产生太大影响。叶铭汉和本所工厂相关人员讨论后，决定把转轴做成实心的，这样好加工，而且容易做到动平衡合格。

工厂很快完成了加工任务。叶铭汉等一起把新转轴扛到前面提到的测量单位，再次请他们测试动平衡，结果合格。随即，他们把这个新转轴装到加速器上试运行，结果令人十分满意，振动大大减轻，所领导为此事专门表扬了叶铭汉所在的小组。

这件事给叶铭汉的启示是：考虑问题要尽量先从最根本、最简单处着手，人们往往容易在简单的问题上疏忽大意而导致出问题。另外，大装置的部件必须都经过自己的严格检验，不能完全依靠生产厂家的检验报告。

六、物理研究所改名为原子能研究所，人员变化

1958年初，研究人员又发生变化。李正武转向可控热核反应研究；金建中在北京时常发哮喘，他发现兰州的气候更有益于自己的身体健康，因而转到兰州物理研究室。临走前，他完成了重粒子磁谱仪的研制，准备用来探测质子、α粒子等重带电粒子。新成立的

中国科学技术大学需要支援，孙良方转到该校任教。在孙良方主持下，V1搬迁到中国科学技术大学近代物理系，重新安装，并有所改进，成功地重新运转，供学生做实验使用[①]。

1958年7月，物理研究所改名为原子能研究所。原来在中关村的部分作为原子能研究所中关村分部，简称"一部"。应用物理研究所改名为物理研究所。

七、受客观条件所限，在摸索中推进研究

静电加速器V2还有一些缺点。受当时研制条件所限，研制加速器需要的部件国内不生产，从国外购买又遭到封锁，只好硬着头皮采用明知不合格的代用品。

在加速器的高电压电极内，需要一台用永久磁铁励磁的小型发电机，当时国内工厂不生产，叶铭汉等只能用飞机上使用的小发电机。实际上，他们能得到的小发电机只能是在飞机上运行过、达到使用寿命后更换下来的旧部件。该发电机要求的转速较高，带动转动的转轮尺寸受到高压电极内部空间大小的限制，因而负责传动的三角胶带的寿命很短，只有200个小时左右。三角胶带一断，就得吊开静电加速器的大钢桶，放掉大钢桶内的高气压氮气，才能进行检修。这样停机检修，至少需要一天时间才能恢复运行，重新启动实验，十分耽误进度，之后只能等待有了合格的发电机后，再重新研制离子源的供电系统。

每次检修，都要放掉钢桶内的氮气。当时在北京，氮气的供应有时紧张，研究组不得不想办法回收氮气。后来，技术员刘柱华设计了一套氮气回收系统，节省了回收氮气的费用。

叶铭汉后来总结：当时研制加速器，受技术水平和人力资源所限，只能采用边摸索试验边制造的方法，不是按照大工程的建

---

① 参考自：孙良方，张武，金玉明，等. 700千电子伏质子静电加速器. 中国科学技术大学学报，1980，10（3）：118-131.

造过程的做法。他将其比作"手工业"——一边做，一边发现问题，一边解决；一边做，一边发现有缺项，一边添加新项目。

八、能量读数的校正

1959 年，叶铭汉等用核反应来校准加速器的电压读数，同时测试能量的稳定度。

静电加速器所加速的质子能量称为该加速器的能量。加速器的高电压电极的电位，用感应电压计来测量，是相对的数值，其灵敏度可达 1‰～2‰，但是须用核反应来校正。能量的绝对测量可以用静电分析器的偏转电压来计算，但是也须用核反应来校正，以减少误差。

为了校准能量读数，叶铭汉等研究人员采用 $^{19}F(p,\alpha\gamma)^{16}O$ 反应的 872.5 千电子伏和 935.3 千电子伏共振、$^{27}Al(p,\gamma)^{28}Si$ 反应的 992.0 千电子伏共振来校正能量。

做校正实验时，研究人员读取静电分析器的电位，调整加速器的电压，使质子能通过分析器。静电分析器的电位用电位差计来读出，用标准电池来校准电位差计，最后用该共振反应的已知峰值来定标。操作者重复几次测量同一个共振，看读数的重复情况，分析测量仪器的读数能够稳定到何种程度。

此前，叶铭汉等预期的稳定度是"好于千分之一"，实验结果显示，共振峰位置的读数的重复性为千分之几，比预期差很多。因此，他们不得不对所用的测量仪器进行全面检查。

测量仪器的读数可能随温度的变化而变化，叶铭汉第一个怀疑的对象是标准电池。

当时在测量仪器上使用的标准电池是从民主德国进口的，有性能检验书，上面给出了其温度系数数值，完全符合国际标准。根据这个检验结果，当时实验室内环境温度的变化所引起的读数变化应远小于千分之一。如此看来，问题似乎不应出在标准电池的温度系数上。

后来，叶铭汉等逐一检查测量装置的其他部件，也找不出其他可疑的对象。一筹莫展之际，叶铭汉回过头来重新在标准电池上找问题。他最初想把标准电池放入一个恒温装置来测试，但是这样就需要先花一些时间来制作一个恒温装置，所以，最快的办法是换一个标准电池试一试。

凑巧的是，当时在研究所的库房里正好有一个20世纪30年代英国制造的标准电池，因为太老了没有人用，一直被遗忘在库房里。叶铭汉等马上去借出来试用。

没想到，刚一更换标准电源，用电位差计测出的共振峰位置的读数漂移就小于千分之一，达到了加速器的设计要求。

核反应的测试表明静电加速器V2达到了设计指标要求，全大组随即在赵忠尧的领导下投入核物理实验研究。这件事给叶铭汉的启示是：对于别人给出的数据的可靠性（如检验书），有时候要有一定的保留和怀疑。正如孟子所说的："尽信书，则不如无书。"

九、撰写《静电加速器》

叶铭汉、陈鉴璞、夏广昌三人从20世纪50年代开始边工作边调研，查阅了能找到的几乎所有有关静电加速器的文献，花了不少时间。当时国际上还没有一本系统地论述静电加速器的专著。叶铭汉常想，如果有人要进入这一领域，或者他是静电加速器的一位用户，那么为了掌握静电加速器的某个问题，就时常需要查阅大量散见于杂志的有关文献，他一定希望有一本全面介绍静电加速器的性能、结构、应用及有关技术的书。三人受到美国出版的讲真空技术的书的启发，于1959年决心根据实际工作经验和文献资料，为有关人员提供一本比较全面且系统地介绍和讨论静电加速器的工作原理、设计以及维护、运转等方面的参考书，以便他们能在读了这本书后较快地掌握静电加速器的相关知识。换句话说，这本书类似于一部手册，读者可以从中得到实用的、最新的知识。叶铭汉等还邀请了几位对静电加速器有关技术很有经验的同志一起参与写书。

叶铭汉等写书的想法很快就得到赵忠尧的支持，于是叶铭汉、陈鉴璞、夏广昌三人马上开始利用业余时间进行编写工作。20世纪60年代初期，由于粮食短缺，人们因为饿，晚上一般不做实验工作，叶铭汉等时常在晚上独自写书。当时没有复印机，只能靠手抄来做笔记，这样图像的复制就成了一个很大的问题。没有复印机，也没有扫描仪，他们只能用透明纸描绘，十分费时，大大影响了写作进度，这本书一直到1963年10月才完成初稿。赵忠尧对这本书的手稿做了很细致的审校，提出了很多宝贵意见。出版社编辑也提出一些问题和修改意见。

1964年9月，这本书定稿。1964年10月中旬，叶铭汉下乡参加"四清"运动工作组，这段时间不能做业务工作。现在回想起来，叶铭汉很庆幸在9月就完成了定稿，如果再晚几个月，这本书很可能就无法出版了。

1965年9月，《静电加速器》一书出版，全书共11章，总计53万字。叶铭汉感到自己通过写书有很大的收获。写书是对自己以往工作的全面总结，不但能提高自己，更重要的是可以为下一步的发展指明方向。

《静电加速器》封面

十、《静电加速器》的合作者及内容

《静电加速器》一书各章的作者如下：第一、三、九、十、十一章：叶铭汉；第二、六、七章：陈鉴璞；第四章：夏广昌；第五章：

叶铭汉、张华顺、阮同泽、陈鉴璞、李根澧；第八章：陈鉴璞、张仲木、叶铭汉。

各章的主要内容如下。

第一章对静电加速器的发展过程进行了较详细的介绍，目的是帮助读者了解现代静电加速器是怎样发展演变的，曾经遇到了哪些技术困难，等等。

第二和第三章讨论电场与高电压系统的设计及输电系统，这部分是静电加速器高电压产生的关键。在这两章中，对气体介质的性质、最佳比例、总体设计、具体部件的结构设计、各种输电方法、输电电流的限制等都做了比较详细的讨论。

第四章讨论电压（能量）测量及其稳定，对分析器（特别是静电分析器）的原理和结构有较详尽的讨论，介绍了稳定电压的各种方法。在能量校正方面，所述材料比较详细且实用，对有关的实验技术做了较多的介绍。

第五章介绍静电加速器最常用的一种离子源——高频离子源，对于它的各种问题都做了相当详细的介绍。关于离子源的桌上实验，在这一章中也有一定的介绍，目的是帮助初次制作高频离子源的读者比较顺利地开展相关工作。

第六章介绍加速管。加速管是静电加速器的"心脏"，往往是它限制了加速器的最高电压，因而是加速器的最关键部分。叶铭汉等在写作《静电加速器》一书时，对加速管击穿机制的了解还不太深入。对于这样一个复杂问题，他们力求从已有的各种假说、理论和实验结果的分析中得出一些设计中应该遵循的原则，其中特别注意对已有加速管的运行特性进行分析。

第七章介绍离子光学和加速器的聚焦系统。针对聚焦系统的设计，介绍了一整套计算方法，并附有计算的例子。对于想掌握聚焦计算的读者来说，这是十分有用的。

第八章介绍静电加速器的真空系统，着重讨论静电加速器真空系统的一些特殊问题，如扩散泵抽氢气问题、加速管气导计算及水银扩散泵和油扩散泵的选择问题等。此外，结合静电加速器真空系统的设计和维护，对真空系统的某些部件、真空测量、探漏等也做了介绍。

第九章介绍静电加速器的应用。静电加速器的应用范围正在日益扩大，了解已有的这些应用，有助于使静电加速器在各个方面更好地发挥作用。

第十章介绍串列静电加速器。在叶铭汉等写作《静电加速器》一书时，串列静电加速器是静电加速器的最新发展形式。

第十一章介绍负离子源，它是专用在串列静电加速器的离子源。

十一、串列静电加速器

叶铭汉在编写《静电加速器》一书时做了大量调研工作，力求书内的材料能跟上最新的发展。在写作过程中，他特别关注串列静电加速器。这种静电加速器实际上是把两台静电加速器连在一起。

在静电加速器发展的早期，其发明人范德格拉夫曾于1933年研制过一台很特殊的静电加速器。它由两台结构相同的静电加速器构成，一台发正电，一台发负电，每台的最高电位都是1兆伏，合成一台。在其中带正电位的电极内安装离子源，在另一台内安装靶子，这样，打到靶上的粒子能量是单独一台加速器加速的粒子能量的两倍。这台特殊的静电加速器中两个高电位电极之间的电位差为2×1兆电子伏。因为离子源和靶子都在高电位，所以这种装置很不好用，很难用来开展核物理实验。这种尺寸巨大的加速器无法安装在高气压气体的钢桶内，只能在大气中运行，电位不能提高，而且对空气的湿度要求很严格，十分不便。因此，范德格拉夫不再沿这一方向继续研究，静电加速器的发展沿着在高气压容器内发电的方向前进。

在高气压下，没有装加速管的静电加速器（严格来说，这时应称为"静电起电机"）的最高电压曾达到14兆伏。装上加速管后，对最高电压的限制不再是电极向外放电,而是加速管内的放电(称作"真空击穿"),这时最高电压大大降低。目前有加速管的静电加速器最高电压约为 8 兆伏。

为了解决这个问题,有人想出一个很巧妙的方法,使得在现有的加速管耐电压水平上,把静电加速器所加速的质子能量提高一倍,这种静电加速器名叫"串列静电加速器"。20 世纪 50 年代后期,负离子源也有了很大进展,促进了串列静电加速器的发展。

要了解串列静电加速器的原理,就需要先了解正负离子的基本知识。我们讲到原子,是指原子核和它的外层电子,是电中性的。如果一个原子丢失了一个或多个电子,它就成为正离子;如果一个原子多了一个或多个电子,它就成为负离子。最简单的负离子就是多了一个电子的氢原子,成为负氢离子。串列静电加速器就是使用负离子源的。

静电加速器发正电,其电位为伏。负离子源在地电位,负氢离子从地电位加速进入高压电极,得到的能量为电子伏。在高压电极内,负离子通过一个电荷剥离装置(通常是一片碳薄膜),负离子的电子被剥去,并更进一步可能被再剥去一个或一个以上个电子,成为正离子。假定它成为带 n 个正电荷的正离子,被加速后得到的能量为 n 电子伏,总共得到的能量为 (n+1) 电子伏。如果是氢负离子通过电荷剥离装置成为氢离子,即质子,那么质子的最终能量为 2 电子伏。

当时,我国已经基本掌握了建造串列静电加速器的技术,有把握在一定的时间内建成。叶铭汉等开始做两件事:一是做预先研究;二是写总结性文章,介绍串列静电加速器,做宣传工作。

做预先研究时,研究小组最没有把握的是能否得到某些关键器材,因为国内不生产,或者没有外汇到国外购买,或者因被西方封锁而有钱也买不到。叶铭汉考虑用老办法——寻找替代用品,于是他们开始做试验。

这些关键器材中,有一项是用来分压的高电阻,还有一项是负离子源。静电加速器 V2 上使用了赵忠尧带回国的一批高电阻，但是它们的使用寿命相当短。叶铭汉等最初想用电晕针尖来代替高电阻。

研究小组曾经在静电加速器 V1 上成功使用了电晕针尖放电，但这是在大气中实现的，他们并不清楚在高气压氮气或六氟化硫（SF_6）气体中电晕针尖放电的情况。过去的经验与教训告诉叶铭汉，不能随随便便想当然，必须经过事先模拟试验。陈鉴璞设计了一个高气压装置来做模拟试验，得到了有用的数据。

至于负离子源，叶铭汉等在实验台上很快把静电加速器 V2 上使用的高频离子源改装成负离子源，这个过程并不难，他们成功地做了试验。

为了做好宣传工作，叶铭汉和陈鉴璞写了一篇关于串列静电加速器现状的总结性文章，发表在《原子能》杂志上。

预先研究和宣传工作都进展顺利，可谓"万事俱备，只欠东风"。当时国家经济十分困难，串列静电加速器的研究经费排不上队，叶铭汉等只能一直耐心等待。

1964 年初，在我国正式退出杜布纳联合核子研究所[①]的前一年，政府决定把原来预定交付该所的经费用于在国内建造高能加速器。经赵忠尧一再建议，政府同意从此款中拨出 1000 万元研制一台串列静电加速器，这个消息让叶铭汉等十分高兴。研究所很快就在中关村找到了一块空地，开始考虑厂房基建和串列静电加速器的初步设计。但是，1964 年底，中央出台"三线"建设方案，停止北京的一切基建项目，叶铭汉等的梦想落空。

虽然叶铭汉等一心想建造串列静电加速器的梦想没有实现，但从事核物理研究的人一直对使用串列静电加速器开展工作念念不忘。

---

① 杜布纳联合核子研究所（Joint Institute for Nuclear Research，JINR）位于俄罗斯莫斯科州北端。1956 年 3 月，社会主义阵营国家在莫斯科签署协议而组建。它曾是全世界最优秀的核物理研究所，拥有当时功率最强大的三米回旋加速器，拥有获得当时最重的离子射线的能力，在合成新的人造元素方面取得举世瞩目的成绩。——作者注

赵忠尧一直不断努力，坚持提出要引进一台串列静电加速器；最早曾参加静电加速器研制的李寿枬，于1972年底与一批科学家联名写信给国防科工委副主任朱光亚，提出引进串列静电加速器，得到朱光亚复信支持。经过长期不懈的努力，终于在1979年3月，国家计划委员会、国防科工委下达了"关于原子能所增建串列静电加速器工程的批复"。这样，引进串列静电加速器和建设串列静电加速器实验室的工程终于得到了落实。

中国原子能科学研究院从美国引进了一台HI-13串列静电加速器，于1986年建成。王淦昌指出，这台串列静电加速器的建成"是我国核物理发展史上的一个里程碑"。

2012年6月27日，新华网报道了关于HI-13串列加速器的最新情况，叶铭汉马上激动地将它下载了下来，用来庆祝多年前的梦想已成现实。

中国原子能科学研究院HI-13串列加速器安全运行10万小时[①]

新华网北京6月27日电（记者吴晶晶） 记者27日从中国原子能科学研究院获悉，中国原子能科学研究院HI-13串列加速器于6月18日9时40分实现安全运行10万小时。这标志着我国低能核物理研究从弱到强，形成了完备的学科创新体系，并取得了一大批具有国家需求背景和国际先进水平的研究成果。

坐落在中国原子能科学研究院的北京串列加速器核物理国家实验室，是我国低能核物理研究基地。作为实验室的主体设备，HI-13串列加速器自1986年建成后，二十多年来为国内外50多个研究机构几百个课题提供了从氢到金40多种离子束流，累计提供实验束流超过8万小时。原子能院科研人员通过HI-13

---

① 新华网2012年6月27日发布。——作者注

串列加速器在核物理基础研究、核技术应用研究、核数据研究及航天微电子器件单粒子效应研究领域，取得了一批具有国际、国内重要影响的科研成果，为提高我国在国际核物理界的地位发挥了重要作用。

十二、静电加速器 V2 的重新启动和升级改造

1972 年 3 月，叶铭汉从干校回到中关村原子能研究所一部，他发现所内看不到大量大字报了，大多数人都能坐下来看业务书了。晚上，大楼内灯火辉煌，很多人在埋头看书。原子能研究所领导提出，要求恢复静电加速器的运行，并指定叶铭汉为组长。

1964～1965 年，为了完成上级指定的任务——完成 Li+p 核反应研究工作，静电加速器 V2 经过改装，在 500 千电子伏以下运行，出色地完成了任务，取得了令人满意的研究成果。1965 年底，这项研究工作结束后，因"文化大革命"爆发，它一直没有再被启动，就这样停机了 6 年之久。现在接到恢复运行的命令，静电加速器组的同志都十分高兴。

1966 年前，为了 V2 的升级改造，叶铭汉等设计并加工了新的加速管；他们还设计并加工了磁分析器，用来替代静电分析器；高压电极内的离子源电源发电机问题也解决了——20 世纪 60 年代后期，国内已生产了符合要求的发电机，研究组也订了货。以上这批部件早在"文化大革命"前夕就已经到所，就存放在库房，叶铭汉等一直都在等待把它们用上的机会。

1966 年后，研究组终于盼来了上级指示，可以名正言顺地搞业务了，大家热火朝天地开始了研究工作。

叶铭汉等重新分析了加速器 V2 的薄弱环节。第一，1958 年，最高能量可以在短时间内达到 2.5 兆电子伏，但是不稳定，高压电极时常打火花，有时静电分析器的高电压上不去，因此可以稳

定地做物理实验工作的最高能量是 2.3 兆电子伏；第二，加速器连续运行的瓶颈是高压电极内的带动发电机的三角皮带，这条皮带只有 200 个小时的寿命，一旦超过就需要停工更换，影响实验进度。

　　研究小组认为，这次恢复运行静电加速器 V2，实际上是对它进行大规模的升级改造，既要解决薄弱环节，又要提升它的各方面性能。大家多年不搞业务，现在恢复工作，积极性高涨。

　　叶铭汉和其他研究人员一起把静电加速器 V2 拆散，更换了绝缘支柱的绝缘块和加速管，用新的磁分析器替换了原先的静电分析器。他们还重新研制了离子源电源的全部线路，更换了电源的发电机，用固体整流器取代之前用的电子管。叶铭汉把这一任务交给技术员梁国宁负责，他亲自指导。梁国宁工作经验丰富，动手能力强，圆满地完成了新离子源电源。此外，他们还改进了稳定加速器的高电压的控制系统。

　　1974 年初，V2 升级改装完成，加速器恢复运行，最高能量很快就达到 2.5 兆电子伏能量，并可以长时间稳定工作。改装的结果很好，叶铭汉欣慰地看到他们在 1963～1965 年设计并加工的部件起到了预想的作用。

　　在恢复加速器运行的过程中，常需要在大厅墙上的垂直铁梯架上下爬行。20 世纪 50 年代，为了工作需要，叶铭汉经常这样爬，那时他还是年轻人，身手矫捷。但是 1974 年重启加速器 V2 时，他已 49 岁，但依然按过去的习惯爬上爬下。他觉得自己跟 20 多年前相比并没有什么困难。但研究室书记赵愚饱看到了，大吃一惊，说按他的年龄不应再这样爬上爬下了。可叶铭汉还是老习惯，他认为组长应和组员一样，事无巨细都要亲自参与。

十三、利用静电加速器做应用工作

　　那时候，叶铭汉还没有想过要转入高能物理研究，一心只想把手上的工作做好。他和组内的高之伟等研究人员都想最大限度地利用静电加速器做应用工作。因为叶铭汉等认为，如果国家要发展核物理基础研究，就必须用能量较高的加速器，而目前国内的加速器能量不高，属于低能加速器，与国外更先进的设备相比没有优势，探测器落后国外将近20年，根本无法跟别人竞争，所以只有做应用才有出路。

叶铭汉等承担的第一个应用工作是与物理研究所合作的。当时，物理研究所正在研制砷化镓双异质激光二极管[1]，他们从文献上了解到，在制造过程中有一道工序需要用到质子轰击，在表层下若干距离生成一绝缘层，所以找到原子能研究所希望合作。叶铭汉喜出望外，马上配合，开始试制。他们反复试验，测量在不同剂量下的结果，很快就得到预期的答案，顺利制成了砷化镓双异质激光二极管。后来，在我国其他拥有低能加速器的单位，也用质子轰击的方法制成了双异质激光二极管。

第一次的应用取得成功让叶铭汉十分高兴，对研究组来说，这次应用是牛刀小试，轻而易举，但它意味着研究组用静电加速器为我国固体物理器件的研制做出了贡献。此外，叶铭汉等开始在静电加速器上用质子束研究晶体的堵塞效应，采用固体径迹探测器作为探测器。

1974年4月，原子能研究所领导把叶铭汉调到进行高能物理研究的研究室，他依依不舍地离开了工作多年的静电加速器。

若干年后，有一位记者向他要一张他人在加速器旁的照片。叶铭汉却发现，自己居然一张都没有，这让这位记者十分惊讶。叶铭汉告诉他，当时由于保密需要，自己从来不在实验室内拍照，也没有想过要拍照留念。

---

[1] 用多次外延法在砷化镓基片的两侧各生长一层砷化镓铝单晶（一层为p型，一层为n型），分别形成一个砷化镓铝-砷化镓异质结而制成的激光二极管。——作者注

1977年荣获"中国科学院先进工作者"称号

第三节 核物理实验

一、调试探测设备——闪烁计数器

1957年,叶铭汉一边参加V2的研制,一边开始准备做核物理试验用的一种探测设备——闪烁计数器。

李正武和杨澄中分别从国外带回几个碘化钠闪烁晶体与光电倍增管,叶铭汉用这些器材和电子学组研制的电子学线路组成闪烁计数器。他通过调整光电倍增管的各个电子倍增极的电位,使闪烁计数器对γ射线的能量分辨率达到最佳值。这时需要测量γ射线的能谱,现在的测量线路只需要不到一秒钟就可以出结果,但他们当时只有单道脉冲分析器,所以必须用手一道一道地逐一调节,一个多小时才能测出一条能谱分布曲线,十分费时费力。另外,缺少如何调整电子倍增极电位的理论指导，只能通过手焊来变更其分压电阻，非常麻烦。叶铭汉只能独自边摸索边操作，进展很慢，他的心中十分焦急。

叶铭汉摸索了一阵闪烁计数器的分辨率，手头有的光电倍增管都做了测试，但结果都很差，所以他必须再找几支光电倍增管来做测试。当时他恰好打听到，二机部的地质勘探部门刚刚从苏联进口了一大批光电倍增管，他马上通过上级，请求他们支援。

地质勘探部门大力支持，调拨来4支φ19光电倍增管。叶铭汉从说明书上看到可以查阅某一文献来了解其有关性能，这下他在1953年突击学习的俄语可以派上用场了。

叶铭汉很快就查到了这篇俄文文献，了解到苏联的φ19光电倍增管的电子倍增极的电位分布与美国的差别很大。他很庆幸自己及时查到了，提前做好了准备，没有再走弯路。

叶铭汉按照文献调整了φ19光电倍增管的电子倍增极的电位分布，进行试验，闪烁计数器的分辨率比他前面试验所达到的改进了不少。最后，他从中选出一支φ19光电倍增管，测量碘化钠闪烁晶体对 ^{137}Cs 的662千电子伏的γ射线的能量分辨率达到了10%，是当时国内最佳水平（当时国际上最好的可达到6.5%）。由于叶铭汉的测试受晶体和光电倍增管的性能限制，手头的晶体和光电倍增管都不是最好的，所以不可能达到国际上的最佳水平。叶铭汉对这个结果相当满意。

二、因专心研究躲过反右派斗争

就在准备做闪烁计数器的这一年春天，反右派运动前奏敲响。此时极少数资产阶级右派分子鼓吹所谓"大鸣大放"，不少人常到北京大学去看大字报。有一天，物理研究所的一些工作人员要到北京大学去看大字报，有一位同事想拉叶铭汉一起去，叶铭汉拒绝了，说自己没有空，不去看。叶铭汉当时一门心思调试闪烁计数器，从早到晚埋头研究，两耳不闻窗外事，也不和别人多聊天。

那天去北京大学看大字报的人中，有好几个人回来后给别人介绍大字报的内容，后来被错误地定为"右派"。后来回想起来，叶铭汉非常感谢专心业务帮他躲过了一劫，否则不知道将受到怎样的冲击，可谓"祸兮福之所倚，福兮祸之所伏"。他一直感到十分幸运，认为自己平安渡过这个关键转折点是很幸运的。

三、研制重粒子磁谱仪

赵忠尧在美国的时候就考虑了回国后怎样开展核物理实验研究。当时利用加速器做核物理实验有两种途径：一种是提高加速器的能量，在他人没有探测过的领域寻找新现象；另一种是在已有的加速器所达到的能量范围内精耕细作，寻找尚未发现的问题，或者对已探测到的现象做进一步的深入研究。

根据当时我国的客观条件，核物理研究是从零开始，新建加速器的能量相当低，只能在有限的能量范围内做一些精细的实验。

赵忠尧在设计探测器时认真考虑了这些因素，在开始建造加速器时就决定同时建造与其相配的探测设备。带电重粒子的探测器有多种，他首先选择了建造重粒子磁谱仪，这是因为其在当时能最精细地测量带电粒子的能量。

赵忠尧安排金建中带领一位年轻研究实习员余泮水研制重粒子磁谱仪。金建中担起此重任，是因为他是静电加速器组内年轻人中最年长的，经验丰富，而且富有开创性。他做磁铁本体的设计，选用当时新发展的双聚焦方案。这台双聚焦180°重粒子磁谱仪，粒子的平均偏转半径为400毫米。同时，他指导余泮水研制磁铁的励磁电源。

四、初步调试，为正式实验做准备

1958年初，磁铁及其励磁电源同时完成。在赵忠尧的指导下，叶铭汉等在静电加速器V2上挑选的第一个实验是进行 ^{23}Na(p,α) 实验。^{23}Na+p → ^{24}Mg 反应所生成的 ^{24}Mg 核立即衰变。这个核的衰变有多种不同的方式，其中一种是放出 α 粒子而衰变到 ^{20}Ne 的基态。衰变到 ^{20}Ne 的基态时放出的 α 粒子被称为 $α_0$；也可能衰变到 ^{20}Ne 的第一激发态，所放出的 α 粒子被称为 $α_1$，此时，^{20}Ne 的第一激发态同时还放出 γ 射线，最后成为 ^{20}Ne 的基态。

当时已经有人做过 ^{23}Na+p 反应的研究。能量在 2 兆电子伏以下的质子可以产生的 ^{24}Mg 的共振能级及其半宽等的测量已由斯特尔森（Stetson）等、瓦格纳（Wagner）等和安德森（Anderson）等做了一系列工作。

叶铭汉等在调研时，感到斯特尔森等虽然做了 ^{23}Na(p,$α_0$) 激发曲线的测量，但是他们用的靶子似乎太厚了一些，有可能把两个相近的能级误判为一个。因此，研究小组决定重复斯特尔森等的实验，这里既有考验加速器和探测器能否较长时间稳定工作的考虑，也有培养叶铭汉等新手研究人员的意图。

研究小组在静电加速器 V2 达到了设计指标并精确校正了能量读数之后，马上启动了下一步工作，开始使用它做核物理实验。此时，钟滇和张英平加入这个工作团队中。

叶铭汉等开始运行重粒子磁谱仪，首先做了较长时间的运行试验。在试运行中，研究人员发现重粒子磁谱仪励磁电源的稳定度不理想，随即决定在原有的基础上改进。这一重要工作由夏广昌负责，因为他心灵手巧，工作十分细致。

夏广昌出色地完成了工作，他不仅改进了重粒子磁谱仪的励磁电源，使其稳定度提高到 0.05%，而且设计了一个专用于这台重粒子磁谱仪上测量磁通量的磁通计。经过试验，结果非常合用。这样，重粒子磁谱仪的调试工作就完成了。夏广昌把他的工作写成论文，准备在专业期刊上发表。然而，此时"文化大革命"开始了，期刊停刊，论文的发表被搁置了。更令人意想不到的是，1977 年，夏广昌不幸因病英年早逝，当时的文稿也流失了，令人十分惋惜。

这项研究还有一个技术关，即制靶的问题。靶子和靶的衬底都要足够薄，须用真空蒸发的方法把靶材料蒸发到靶底上。一般操作是用碳膜作靶衬底，然后把需要用的靶子的材料蒸发到靶底上。国外早已掌握这种实验技术，但是国内研究人员并没有相关经验，也没有地方可以咨询，只能自己摸索。这个艰巨的任务由张英平负责，他在工作中锲而不舍，既细心又耐心。张英平改装了一台长期不用的真空蒸发设备，使其满足制靶的需要。他先在这套设备上摸索，通过蒸发方法用碳作原材料制造靶衬底，做好靶衬底后须在加速器上用质子束轰击来测试其是否合用，然后才试验蒸发上金属钠，做成实验用的靶子。然后，在加速器上利用$Na(p,\alpha_1\gamma)$反应的γ射线的激发曲线来测量靶子的厚薄。经过几十次试验，张英平终于摸索出制备靶子及其衬底的方法，可以重复制出合用的靶子。这样，当时实验用的靶子的厚度相当于为3千～5千电子伏（入射质子能量约1.5兆电子伏），是研究小组在实验技术方面迈出的又一大步。

五、正式开始核物理实验，取得理想成果

实验条件满足了，研究小组马上开始做实验。他们在质子能量为1.4兆电子伏左右来回扫描，用重粒子谱仪测量α粒子。α粒子射入重粒子谱仪，偏转180°，打到一片碘化铯晶体上，α粒子被记录下来。重粒子谱仪的接收粒子入射的立体角小，取数据时要积累一定的计数，因而很费时间。同时，他们用碘化钠晶体闪烁计数器测量$^{23}Na(p,\alpha_1\gamma)$的$\gamma$射线。叶铭汉等研究人员一个点一个点地改变质子能量，开始时，点与点之间的能量差别较大一些，用来了解这一能量区域内共振峰的分布，然后在选定的共振峰附近做较细致的扫描。研究小组重复扫描了几次，典型的结果见下图所示。

图（a）所示的是$^{23}Na(p,\alpha_1\gamma)$激发曲线，显示一个共振峰，位于1416.8千电子伏。这个共振峰是斯特尔森等测到的。

图（b）是$^{23}Na(p,\alpha_0)$激发曲线，显示两个共振峰，一个在

1416.8 千电子伏，另一个在 1410.4 千电子伏。研究小组的测量结果看到了两个峰，其中 1410.4 千电子伏峰是他们的新发现，是对核数据做出的新贡献。

(a) ^{23}Na(p,α₁γ) 激发曲线

(b) ^{23}Na(p,α₀) 激发曲线

电位差计读数，毫伏

^{23}Na(p,α₁γ) 和 ^{23}Na(p,α₀) 激发曲线

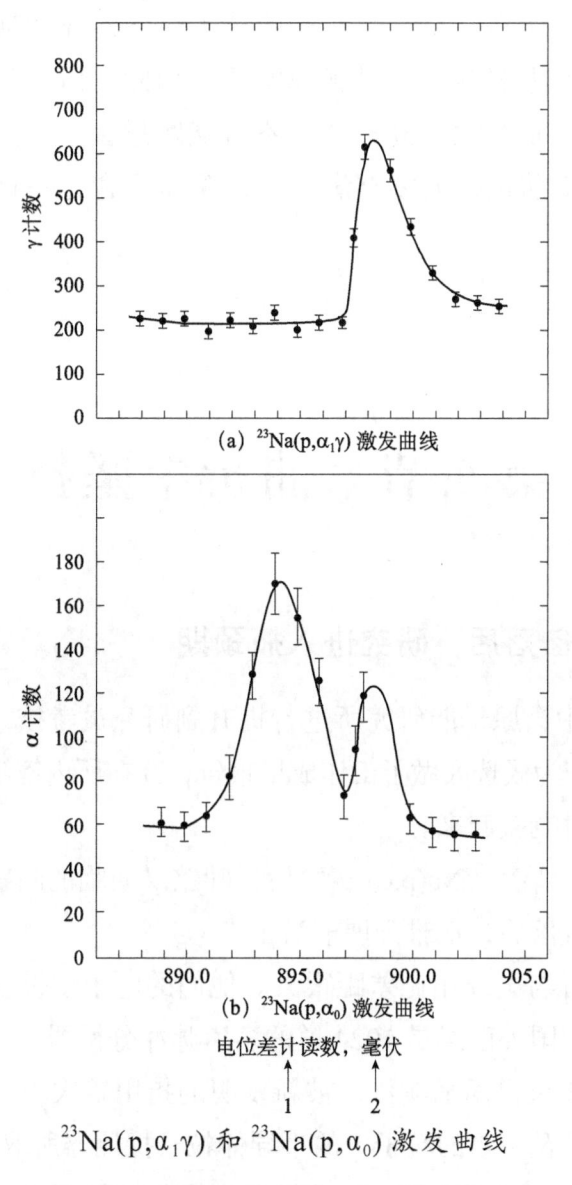

1——位于质子能量为 1410.4 千电子伏处的共振；
2——位于质子能量为 1416.8 千电子伏处的共振

从1946年赵忠尧奉命在国外采购器材、筹建加速器开始，前后经历了20多年，在三代人的努力下才达到这样的结果，大家都感到速度很不理想。其实大家也都清楚，我国研究人员做核反应实验的条件实在不足，没有实验技术储备，样样都需要自己从头摸索，因此进展缓慢。尽管现实条件如此，但大家也看到，这些摸索的过程是必须要经历的，不可能跳过去。当然，万事开头难，一步一步前进，大家充满信心，锲而不舍，一直保持着高昂的斗志。

第四节　曲折中坚持

一、设备落后，研究进入瓶颈期

1962年中，原子能研究所进行提升副研究员考核，叶铭汉和理论组的汪容作为候选人做了工作成果报告，并在所内答辩通过。9月，提升一事暂时搁置起来。

1962年，结束^{23}Na(p,α)实验后，叶铭汉面临的问题是研究组的仪器设备严重落后，很难开展前沿工作。

自有设备与国外相比差距很大。他们的电子学设备还是单道脉冲分析器，而国外已经是1024道的多道脉冲分析器。

重粒子谱仪也面临淘汰，被新发明的指甲盖大小的测量带电重粒子（即质子及更重的粒子）的半导体粒子探测器所取代。

在原子能研究所内部，叶铭汉所在小组的仪器设备落后。原子能研究所从苏联引进了两台加速器——一台回旋加速器和一台静电加速器。其中，静电加速器的最高能量指标与之前自主研制的V2

一样，但它是工业产品，在部件、加工工艺上比研究组"土造"的V2要好得多。

那时，原子能研究所的主要工作围绕着国家任务开展，即为研制原子弹和氢弹服务。叶铭汉所在的研究小组没有承担任务，因此在申请经费和更新仪器设备方面没有优先权。上文提及的苏联静电加速器在1964年投入运行，而所内刚研制出一台128道多道脉冲分析器，这些设备当然都是优先给有任务的部门使用。对此，叶铭汉没有意见，他知道任务的重要性和迫切性。当时所里流行一句话"让路也是贡献"，对此研究人员都衷心拥护。

叶铭汉所在的研究小组也积极争取任务，提出测量低能量的Li+p反应的截面。大家知道，氢弹的爆炸过程牵涉锂的反应，虽然有关Li+p反应的截面文献上都有，但事关氢弹研制，不可大意，一定要重新复验，保证万无一失。

叶铭汉想争取做这个题目，便提交了申请，但是迟迟没有接到上级回复。从进入近代物理研究所开始，叶铭汉就一直接受保密教育，早就养成"不该问的不问、不该看的不看、不该说的不说"的习惯，他从来不过问他人工作，尤其是任务工作。因此，上级不表态，他们就只好自己做计划。研究小组考虑，为了能生存，他们必须改进自己的仪器设备。

二、为在V2上加速氘核做准备

1963年，叶铭汉等计划在V2上加速氘核，于是开始着手准备所需条件。

为了完成这个项目，他们新完成了一台磁分析器，接下来要配制精密测量磁场的核磁共振磁场强度仪。同时，开始自行研制测量带电重粒子的半导体探测器。计划中还写了要开展做Li+p反应研究，实际上没有开动。

三、在"四清"运动中到开原下乡

1964年中,"社会主义教育运动"在全国大规模进行。

全国各机关都抽出大批干部下乡,发动农民开展"四清"运动,中国科学院也不例外。高能物理研究所派出大批科研人员,叶铭汉所在的小组共21人,共派出了4人,叶铭汉也在其中。

1964年10月中旬,叶铭汉一行四人离开高能物理研究所,到辽宁省开原县大孟屯开展"四清"运动。

在开原地区,农民主要种植水稻、玉米、高粱。为了让叶铭汉等科研人员下乡能与农民打成一片,上级规定他们必须跟农民同吃、同住、同劳动。"四清"工作队有几条纪律,其中一条是:在农民家吃饭,不准吃大米、肉、鱼、蛋,而要同农民一起吃高粱。叶铭汉过去虽没有吃过高粱,但是家里从小教育他有什么就吃什么,养成了他不挑食的习惯,所以下乡不久他就适应了乡下生活。

和很多科研人员一样,叶铭汉此前从来没有下过乡,也不了解农民的生活。到了乡下,组织安排的第一项工作是"访贫问苦",通过深入了解广大农民生活的变化来帮助大家提高觉悟。

1965年夏,叶铭汉等在开原的"四清"运动告一段落。随后他们只参加劳动,不再同吃、同住,"四清"工作队自己开伙。10月中,叶铭汉下乡满一年后回到北京。

四、特殊时期

1966年,叶铭汉被定为"反革命分子","罪状"是"故意破坏国家科研任务",说他在1963年底公开叫嚣"不完成很好""明目张胆破坏国家科研任务"。

事实是这样的:1963年底总结当年工作时,叶铭汉所在的小组没有完成计划。原计划定的是"开始准备做 Li+p 的实验工作",但没有规定具体目标。叶铭汉当时希望上级给他们下任务,指定在哪一能量段做实验，同时拨给一些经费来添置必要设备。叶铭汉的小组在1963年根本没有承担任何国家科研任务，上级没有下任务，也没有拨款添设备，他们很难启动什么工作。当时所内有一种"让路也是贡献"的说法，意思是，现在研究所压倒一切的工作是完成国家交给研究所的任务，其他工作只能尽可能用剩下的人力和资源来开展。因此，叶铭汉的小组只能做一些改进本组探测器水平的工作。他们安排了一位半导体物理学专业的大学生到中国科学院半导体物理研究所学习一些具体操作技术，以期学成回来后建设制造半导体探测器的实验室。在讨论下一年度的工作时，叶铭汉半开玩笑地说："没有完成也好，可以继续要经费。"不料说者无意听者有心，把这句玩笑当作"公开挑衅"，马上向组织汇报了。

这时，叶铭汉十分纠结，陷入了死胡同。他开始为最坏的结果做准备，估计可能会被抄家。他不愿意拖累他人，于是把别人给他的信件全部烧毁，而别人给他的照片、他与别人的合照也一律烧掉。叶铭汉想，把这些来往联系全部销毁，就能不留一点牵连别人的"罪证"。

6月中，叶铭汉的定性变为所谓"逍遥派"。他每天小心翼翼，准时上下班、仔细看所有大字报、不发表任何观点、不跟别人交流；即使是在家里，他也从不谈论政治，希望自己脑子里空空的，这样就不会不小心说错话。组内有些事务性的杂事（如分发报纸等），叶铭汉都很高兴地承担，感到自己总算有点事做了。

1969年10月叶铭汉去二机部湖北干校劳动，1972年2月回北京。叶铭汉回北京后，不知道三叔父叶企孙住在北京大学的什么地方。向北京大学物理系提出要看望叔父，过了大约两个月，物理系通知叶铭汉可以去看他的叔父，他住在家属公寓的一间房间内，有一位老工友负责给他做饭。此时，叶企孙的两条小腿全部肿胀发黑，走路极其困难。由于前列腺肥大，小便失禁，他日夜坐在一张破藤椅上，他说，小便失禁，坐在藤椅上好处理一些。叶铭汉劝他去看医生，他断然拒绝。

1972年5月，北京大学对叶企孙做出"敌我矛盾按人民内部矛盾处理"的结论，准许叶铭汉及亲友探望。6月，恢复叶企孙的教授待遇，住房也改善，他搬入中关园的一室一厅。

1975年中，北京大学组织一批老先生体检，有叶企孙、冯友兰等，通知叶铭汉陪同。叶铭汉记得是由一位中年医生检查的。医生一看，很惊讶地说，你的腿这样严重，我从来没有见到过，应该赶快治疗。第一步可先通过手术治疗前列腺肥大，效果极好。叶企孙不假思索地回答说"不做"。医生十分着急，大声讲"不治很危险，有性命危险"。叶企孙坚持不手术，医生只好让步，说："那我给你一种药吧，不过不太有效。"药名叶铭汉记不清楚了，可能是氯丙嗪（俗称"冬眠灵"）。医生没有想到，叶企孙几十年来几乎从来不吃药，这种药居然有奇效，吃了四五天后，他的小便不失禁了，可以卧床睡觉了。可是，叶企孙拒绝继续吃药。他说，吃了药老是昏昏欲睡，什么事也做不了。幸好，因为卧床睡觉，叶企孙的生活才稍微恢复正常一些，但两条小腿还是全部肿胀发黑，他却置之不理，拒绝就医。

1977年1月11日下午，叶铭汉按惯例到北京大学代叔父领取工资。当他走到叔父家门前时，正好碰到陈岱孙先生出来，他要叶铭汉留意叶企孙的精神状态。叶铭汉进屋后把工资交给了叔父，随即唠唠家常。他忽然问叶铭汉，你是不是要到厦门大学当副校长，陶孟和在那里当校长。叶铭汉说，没有这回事，陶先生已作古多年了。叶铭汉问叔父，身体有没有不舒服的地方，他说没有。唠了一会儿家常，叶铭汉劝他去看医生，他不同意，过一会儿他勉强同意，但说自己跟一位退休的老校医比较熟，愿意去这位老校医家找他。叶铭汉跟叔父的护工一起陪同到那位老校医家，说自己有幻听问题。医生问了几句，说没有大问题，让叶企孙多休息休息。叶企孙等三人就告辞回家。

第二天上午叶铭汉又去叔父家，护工说叶企孙一直睡觉。叫醒叔父，他说，不去看病，继续睡。第三天（1月13日）叶铭汉又去，叔父仍不愿去医院。叶铭汉只好请校医院来人强行将他送去校医院。到了校医院，医生做了初步诊断，决定马上转送医院。临时还请校革委会写了一封介绍信，说这是北京大学教授，望接收。到了医院，医院说没有空病床，只好在急症候诊室等待。幸好碰到一位亲戚，他是该医院的医生，遂帮助叶铭汉把叔父送进了一间空病房，医生做了诊治，说要观察。做了常规护理，插了尿管，要陪同的人注意，如尿瓶满了，马上叫护士。叶企孙一直昏睡，既没有喝水也没有吃东西。当晚9时10分左右，叶企孙忽然大叫一声，护士急忙把一片橡胶片塞进他的嘴巴，以防他再大叫时咬伤舌头。大约9时20分，叶企孙忽然呼吸困难，医生急忙来注射急救针，9时30分叶企孙病逝。

叶企孙病逝后，北京大学的悼词如下：

北京大学物理系教授叶企孙先生，因患病，医治无效，不幸于一九七七年一月十三日二十一时三十分逝世，终年七十八岁。我们怀着十分沉痛的心情，对叶企孙先生的逝世，表示深切的哀悼。

叶企孙先生生于一八九八年七月，上海市人。叶先生解放前曾任清华大学物理系教授、系主任，理学院院长；解放后任清华大学校务委员会主席、主任委员，北京大学校务委员会委员，北京大学物理系金属物理及磁学教研室主任，中国科学院数理化学部常务委员，中国科学院历史研究所研究员，中国自然科学史研究委员、副主任委员，全国政协委员，第一届、第二届、第三届全国人民代表大会代表。

解放后，叶企孙先生拥护党，拥护社会主义，热爱祖国，注意思想改造，作风正派，勤勤恳恳，认真从事教学工作。叶企孙先生长期从事物理学教学和科学研究工作，对培养我国物理学工作者和开展物理学事业作出一定成绩。叶企孙先生对中国科学史也做过研究工作。

叶先生和我们永别了。在沉痛悼念叶企孙先生的时候，我们要响应华国锋主席为首的党中央的号召，深入开展揭发批判"四人帮"的伟大群众运动，调动一切积极因素，为把我国建设成为一个强大的社会主义国家而奋斗。团结起来，争取更大的胜利。

叶企孙先生，您安息吧！

1984年8月20日，中共河北省委做出"关于熊大缜问题的平反决定"，指出："熊大缜同志是1938年4月经我党之关系人叶企荪、孙鲁同志介绍……对冀中之抗战做出了不可磨灭的贡献，定熊大缜同志为国民党C.C.特务而处决，是无证据的，纯属冤案"；并特别指出"叶企荪系无党派人士，爱国的进步学者，抗战期间对冀中抗战做出过贡献。……叶企荪根本不是CC特务。"这个平反熊大缜的决定附带平反了叶企孙，决定中叶企孙被误写为叶企荪。在1984年中共河北省委做出决定约两年后，北京大学在1986年印发了［86］224号文件为叶企孙平反。1987年2月26日《人民日报》发表了北京大学沈克琦、孙佶和汪永铨三位先生合写的纪念文章——《深切怀念叶企孙教授》，在报纸上公开为叶企孙平反。

1969年10月中，叶铭汉的儿子刚出生两个月，组织上分配他到"五七干校"接受思想改造。他乐观地想，幸好妻子没有下放，家庭困难还算不大。叶铭汉出发时，做了在那里扎根的打算，孩子将来能在那里做一个工人，过平安的生活，他就满足了。

那时候，原子能研究所由二机部和中国科学院共同领导，高能物理研究所的职工去二机部位于湖北潜江的干校。

叶铭汉等先坐火车到武汉，住了几天后乘坐轮船到荆州，在此停留几天，换小轮船到潜江，最后换小木船，最终抵达干校。

干校校址原来是一所劳改农场，那一片地区原来是沼泽地，是长江的天然分洪沼泽地区。1949年后，人工开垦种植水稻，开辟成劳改农场。叶铭汉在干校时，一下大雨就要防洪，现在看来，可能是当时那里不科学的开垦严重破坏了生态。

叶铭汉等刚到干校时，被安排分散住进农民家中。在干校，原子能研究所去的人在一起，编了四个连，每个连一百多人，中关村一部的人组成一连。

叶铭汉一开始是上山采石料，把山上的岩石炸开取石，用来为他们自己建造干校住房。

石料开采得差不多后，劳动任务转为烧砖。当地的泥土十分适合烧砖，烧出的砖质量很好，在附近小有名气。烧砖的第一步是要把土做成砖坯。这一步的劳动强度很大，而且十分费时，所以二机部特制造了专用机器来制造土坯，加快修建住房的速度。很快，土坯机被运到干校，不久就完成了制作土坯的计划。土坯制成后，要码成一米高的行列，靠风吹日晒来晾干。这个时候就要提防下雨，一下雨必须马上盖上塑料布。土坯晾干后，就要进窑烧成砖了，干校借用附近驻军的窑烧砖。一开始，叶铭汉不懂怎样在窑里码土坯，后来他发现，这是一门学问，土坯码得是否科学，决定了这一窑砖质量的好坏。干校派出大批学员来码砖，请有经验的砖窑师傅领着干。码好砖后，大部分学员回干校，叶铭汉和徐英庭等几个人在砖窑师傅的指导下烧火。砖窑烧七天后熄火，等待砖窑慢慢自然降温。这个过程需要十多天，只有叶铭汉和徐英庭留下来负责看守。二人借住在解放军的空屋，吃饭也在他们食堂搭伙。

在干校期间，叶铭汉除了跟大家一起劳动外，连队照顾他年龄较大，曾4次抽调他出来干一些只需用少数人干的活。

一次是在一位工人师傅的指导下检修一台汽车的汽缸，他和几位被抽调的同志一起做用细砂纸打磨汽缸内壁的工作，干了十几天；

一次是和姜承烈一起负责看管水稻田的水，他们二人在水稻成长期间整天来回巡查，控制好田内的水位，持续了一个多月时间；一次是在干校烧砖时，他和徐英庭负责留守砖窑，时间有两个多月；一次是参加短期（不到一个月）的养猪工作。

在干校的劳动让叶铭汉的心情比在北京时好了很多。在这里，别人让叶铭汉干什么他就干什么，每天日出而作，日落而息。

叶铭汉到干校时，买了两本半导体电子学方面的书带了过去。建好了干校的集体住房后，床为上下铺，叶铭汉特意要了上铺。别人晚上打牌玩，叶铭汉就称自己早睡，实际上是打着手电筒在床上看书。叶铭汉在干校时从来没有摸过扑克牌，别人都以为他不会玩，其实他会，只是不愿意把时间浪费在玩牌上。

在干校时，叶铭汉受到一次表扬。每天上午，全连留一人烧水，大家出工劳动回来，每人可灌一热水瓶开水供饮用。有时候，有人回来稍晚，开水已打光了，要等下一锅才有水喝。这样造成一种恐慌心理，因为怕喝不到第一锅热水，所以每排特别留一个人不上工，专为全排打水。烧水的人是各排轮流派人，轮到叶铭汉所在的排时，大家派他去烧水。

叶铭汉想，各排留一个人打水，实在是浪费人力，如果烧水的人同时负责灌热水瓶，就不必留人打水了。于是，叶铭汉决定做一些改变，他愿意自己一人多干一点活，负责烧水和灌热水，他的这一想法得到了连长的同意。

每天早上4点，叶铭汉就起床开始烧水，烧开一锅就灌一批热水瓶。这样在大家出工劳动回来之前，他就已经把全连每个人的热水瓶都灌满了，无论大家回来早晚，都能保证有一瓶水喝。此外，他还特意多烧一锅水，方便大家取用。叶铭汉烧水的这个小小改进得到了连长的表扬。叶铭汉评价自己不是一个"善于大刀阔斧改革、创新的人"，而是一个"在已有基础上尽可能做一点改进的人"，对烧水灌水工作的改进就是一个例子。

叶铭汉每天早上 4 点起床，连续干 8 个小时，下午可以休息，他就利用这点时间在干校周围随便走走，没有目标也没有地图，就是漫无目的地散步。干校周围风景优美，人烟稀少，有时走一个小时也碰不到其他人。好在附近治安很好，一人独行也没有危险。有一次，叶铭汉外出散步时发现了一个深几十米的大天坑，坑底有一些房子，因为他没有时间找路，所以就没有冒险下去。

因为承担烧水工作，叶铭汉还得到了一个意外收获：看到了一颗彗星。1970 年三四月的一天凌晨 4 点，叶铭汉一如往常早早起床烧水，无意间抬头仰望，在东方看到一颗明亮的彗星，彗星的尾巴很清楚。叶铭汉之前从来没有看见过彗星，但这颗彗星跟书本上描绘的一致，所以他认定自己的判断无误，这就是一颗彗星。其他人早上 6 点才起床，所以除了他没有其他人看到这颗彗星。当时他在干校，消息不通，并没有从报纸上看到过有关这颗彗星的报道。这件事叶铭汉没有跟别人讲，一直记在心中。

直到近年，叶铭汉阅读何泽慧的传记，偶然看到她的《观测贝内特彗星追记》，才更加确信自己当时看到了彗星，并且第一次知道这颗彗星名为"贝内特彗星"，是南非天文学家贝内特（Bennett）在 1969 年 12 月首先观察到的。它在 1970 年 3 月 20 日经过近日点，是 20 世纪最壮观的大彗星中的一颗，出现周期大约为 1680 年。叶铭汉为自己无意之间亲眼看到了千年一遇的彗星而感到十分幸运。

关于这颗贝内特彗星，何泽慧是这样说的：

> 那是"文化大革命"中我和钱三强先生一起下放到陕西合阳干校期间。1970 年 3 月 20 日前后的一天凌晨，我起身来到户外。农村的天空是开阔的，我抬头仰望，无意中在东方发现了一颗明亮的彗星，朝着东北方向移动，彗尾拖向西南。……这么些年过去了，最近在清理旧物时翻出当时的记录，想到要弄清楚当年观察到的是一颗什么彗星。《天文爱好者》上的贝内

特彗星照片，注明拍摄的日期是 1970 年 3 月，这就让我自然地联想到当年看到的就是这颗彗星了。……经过进一步地查看资料，其间得到云南天文台吴铭蟾同志的热情协助，肯定了以上的想法。根据资料，贝内特彗星是由南非天文学家贝内特于 1969 年 12 月 28 日首先用望远镜在离南天极仅 24°的位置上发现的。当时它的亮度是 8.5 等，随着向近日点趋近而越来越亮。它在 1970 年 3 月 20 日经过近日点，亮度达到约 0.5 等，成为本世纪最为壮观的大彗星中的一个。我当时在农村肉眼所见正是这种景象。

1971 年底，一部分人离开干校回北京。1972 年 2 月，叶铭汉第二批回所。叶铭汉在干校度过了 31 个月，每天白天劳动，晚上在床上看业务书。那段时间，他精神上没有负担，身体也得到了锻炼。

第五节　建立高能物理实验基地

一、我国计划建造高能加速器的"五上五下"历史

1953 年，美国建成一台高能质子同步加速器，能量为 33 亿电子伏，位居世界第一。当时在近代物理研究所的物理学家赵忠尧、钱三强、王淦昌、彭桓武、肖健等对这台加速器十分留意，大家分工做了调研，专门开了一次面向全所的学术报告会，分头报告并进行讨论。尽管当时叶铭汉等正在研制一台 700 千电子伏的静电加速器，能量还不到美国静电加速器的四千分之一，但是我国的物理学家信心十足，坚信中国也会有高能加速器，相信我国一定能赶上，一定会建成中国

的高能加速器。

1956年，我国政府决定开展高能物理实验研究。当时，我国参加了位于苏联的杜布纳联合核子研究所，每年缴纳运行费约1000万美元。在当时国家财政总收入较低的情况下，这一笔钱应该是相当可观的，显示了我国政府对高能物理的重视。

"一上"：1957年，中国派出了一组科技工程人员，在王淦昌领导下，到苏联去学习、进修，设计一台10亿～20亿电子伏的电子同步加速器。这是我国高能加速器的第一次上马。

"二上"：1958年"大跃进"时，部分研究人员也跟着头脑发热，认为10亿～20亿电子伏太低了，应该直接把能量提高到超过当时国际的最高水平，目标改为设计一台150亿电子伏的质子同步加速器，要争世界第一。

"三上"：1959年，大家认识到，目前我国还没有条件马上建造世界上能量最高的加速器，所以目标改为设计一台强流的4.5亿电子伏的质子等时性回旋加速器。这是一台中能强流加速器，流强指标位居世界前列。后来，由于"大跃进"，经济困难，这台加速器不得不下马。

1962年初，我国刚度过困难时期，还有过一次建造高能和低能加速器的讨论，在位于中关村的原子能研究所一部进行，由钱三强所长主持，叶铭汉担任会议秘书，参加者有王淦昌、梅镇岳、赵忠尧、杨澄中、李正武、朱洪元、谢家麟、张文裕等。大家经过讨论，建议建造一台20亿电子伏的电子同步加速器，其指标回到了1957年的指标；另外，建议建造一台串列静电加速器。

这一建议形成后不久因人事和政治形势变化，没有形成正式的文件，无人再提及这件事，也没有记入我国建造高能加速器几上几下的历史。

"四上"：1965年我国退出杜布纳联合核子研究所后，决定在国内建造一台32亿电子伏的质子同步加速器。当时还考虑过这台加速器要建在"革命圣地"延安。这一加速器的指标是十分落后的，美国在1953年建成的33亿电子伏的加速器于1965年关闭，停止运行。"文化大革命"一开始，这一计划又无声无息地自动停止了。

"五上"："文化大革命"期间，加拿大有人提议建造一台10亿电子伏的强流质子直线加速器，主要用于生产核燃料。原子能研究所一部有人提出同样的建议，原子能研究所二部有人提出建造不同类型的加速器，两个部门分别做了初步设计，双方展开辩论，为此忙了一阵。1973年高能物理研究所成立后，开始重新讨论高能加速器的方案，这两个方案也就没有人提了。

二、周总理亲笔批示，重启高能加速器研究

1972年8月18日，张文裕、朱洪元、谢家麟、张庆国、汪容、何祚庥、徐绍旺、丁林恺、高启荣、方守贤、严太玄、毛慧顺、王世伟、杜远才、冼鼎昌、杜东生、王祝翔、吴济民18位物理学家联名写信给周恩来总理，信中提出：高能物理工作十几年以来"五起五落"，方针一直未定，关于高能物理的初步设想上报后一直没有回复，信中着重建议建造高能加速器。

没有想到，二十多天后，也就是9月11日，得到周总理对高能物理研究和高能加速器的预制研究工作的亲笔批示，信中指出：

> 这件事不能再延迟了。科学院必须把基础科学和理论研究抓起来，同时又要把理论研究与科学实验结合起来。高能物理研究和高能加速器的预制研究，应该成为科学院要抓的主要项目之一。[①]

参加联名信撰写的同志中，年轻者大多是研究宇宙线和加速器

---

① 马爱平. 从电子对撞机到上海光源[N]. 科技日报，2009-09-18（005版）.

理论的，发起人没有邀请做低能核物理研究的人参加。叶铭汉一直在埋头做低能核物理的研究，一点也不知道这件事的经过，当时他还在做建造串列静电加速器的梦。叶铭汉认为，当时中国的经济情况不可能支持建造高能加速器，也许能够支持建造串列静电加速器。

根据周总理的指示，1973年2月1日，原子能研究所一部改制建成高能物理研究所，由中国科学院领导，开始高能物理实验基地的建设。

当时的行政体制还是"文化大革命"的革命委员会，革命委员会主任（即所长）是张文裕；下设六个研究室，即核物理研究室、加速器研究室、宇宙线研究室、理论物理研究室、化学研究室、超导研究室；此外，在行政系统设实验工厂。

为了在中国进行高能物理实验研究，必须有高能加速器和相应的探测器。随着高能物理研究不断取得新的进展，高能加速器的能量越来越高，规模越来越大。这种大科学工程从物理学家开始酝酿，从物理研究的需要提出建造要求，经过立项、请求经费、预制研究，开始工程建设，调试出束，达到设计指标，最后交付使用，往往需要十年左右时间。我国也不例外，仅高能加速器方案的最终确定就用了25年多的时间。

三、高能物理研究和高能加速器预制研究工作会议

为了落实周总理的指示，1973年3月13日～4月7日，中国科学院召开高能物理研究和高能加速器预制研究工作会议。

召开这一会议的目的在于通过学术交流，讨论我国高能物理研究和高能加速器预制研究的方针政策、长远规划、近期任务和措施等。这是高能物理实验基地建设开始的第一步，也是有关成败的关键一步。这次会议邀请了有关科研机构、大学和工业部门等36个单位的119位代表参加。会议议程中没有安排讨论要不要开始搞实验高能物理，参会代表都认为这是已定方针。实际上，后来物理学

界反对开始搞实验高能物理的人不少，只是他们没有参加这一会议而已。

1957～1973年，高能加速器的方案经过17年的"五上五下"后依稀出现曙光，高能物理学界对本次工作会议高度重视。

会议一开始是提供一些调研报告，为与会代表提供有关加速器发展现状的信息。在会上，并没有人提出搞中能物理，但为了给大家提供各种信息，会议组织者让叶铭汉做了一个关于中能加速器近况的调研报告，安排叶铭汉做这个报告并不是因为他是中能加速器专家，而是因为没有人自告奋勇做这个题目，所以会议的组织者指定由他来做。

大家对于这次会"上马"都充满信心，积极探讨未来中国研制的高能加速器的类型，踊跃发言，激烈讨论。大家提出的建议可以分为三个方向：建造环型质子加速器、建造电子直线加速器和建造正负电子对撞机。只有严太玄一位代表提议"应建造正负电子对撞机"，但是他没有充分论证正负电子对撞机的优越性。当时大家普遍认为，建造正负电子对撞机超越了当时我国的技术水平，无法考虑。所以，实际上只有两个方向的建议。

拥护建造电子直线加速器方案的人强调：我国已建成了30兆电子伏的电子直线加速器，这台加速器在设计时就考虑了将来可以复制而延长以提高能量，现在只要照样复制延长就可以达到高能，技术上有把握；做到多高能量可以随当时经费的多少来定，经费多就多造几节，经费少就少造几节，灵活性较高。

拥护建造环型质子加速器方案的人从物理研究出发认为：环型质子加速器加速质子，利用质子来产生多种次级粒子，能做的物理研究工作的面十分广，是加速器发展的主流。当时张文裕所长就持这种观点，不少代表也持这种观点，倾向于建造环型质子加速器。

参加讨论的代表，包括叶铭汉在内，都忽视了一个重大问题：

不管是电子直线加速器还是环型质子加速器，如果能量不能在世界上位居前列，能做的物理工作都是无法在国际上领先的。当时大家相信，我国政府会大力支持，给高能物理研究提供大量经费，建造世界上能量最高的加速器。大家雄心壮志，就是没有想到当时我国的国力有限，技术上与技术先进国家之间差距极大。这次会议的结论是：我国应走建造环型质子加速器的道路。

会议接近尾声在讨论我国第一步应建造一台能量多高的环型质子加速器时，组织者特邀请当时主持文教工作的刘西尧到会场，由他最后拍板。大家没有想到，他赞同高能加速器的第一步是很小的一步，研制一台20亿电子伏的强流质子同步加速器，能量回到16年前提出的指标。这台加速器可以作为之后高能加速器的注入器，规模不大，能量不高，但是对再进一步发展是有利的。叶铭汉当时认为，他大概考虑了经济状况，因此比较现实。

四、高能物理研究所的改组与搬迁

高能物理研究所成立时的所址在中关村，地方太小，无法开展工作。中国科学技术大学于1970年搬迁到安徽省合肥市后，留下的校舍被征用。高能物理研究所成立后，中国科学院把玉泉路原中国科学技术大学的大部分校舍拨给高能物理研究所，供高能物理研究所在该处开始预制研究。

此时，高能物理研究所共设8个研究室，研究分工如下。一室：实验物理、实验区；二室：加速器研究、设计；三室：宇宙线；四室：理论物理；五室：化学；六室：电子学、加速器新原理、超导；七室：应用数学和计算数学、计算机；八室：安全防护、监测控制；此外，还设有工厂、图书资料室等。

其中，核物理室、加速器室、宇宙线室、理论物理室、超导室和实验工厂搬到玉泉路。原来从事低能核物理研究、低能加速器研制和运行的一室以及从事核化学研究的五室留在中关村，合为中关村分部。在玉泉路新成立的一室，主要从事高能粒子物理实验研究以及数据分析软件、高能粒子探测器预制研究等的准备等。叶铭汉就在该室。

新一室由肖健担任主任，并领导高能物理实验探测器的预制研究。肖健是高能物理研究所宇宙线研究的开创者之一。1972年初，肖健结束了两年多的"五七干校"生活，正逢高能物理研究所成立。此前我国高能物理实验研究设备一无所有，他在全所率先转变研究方向，投入高能物理实验研究，并立即着手了解国外高能物理实验的发展情况，十分重视计算机在物理实验中的应用。

肖健意识到，由于计算机技术和微电子技术的发展，高能物理实验出现了两个重要的动向：一是计算机实时控制，大量地应用于实验数据的采集；二是用电子计算机进行大量数据分析。这方面技术的发展和应用在中国刚刚起步，与国外先进水平之间的差距极大，我国科学工作者必须在当时尚属空白的高能物理实验领域迎头赶上。

五、建设实验基地，准备预制研究

1974年初，叶铭汉离开中关村校区，调到玉泉路新成立的一室，担任新成立的多丝正比室组组长，进行多丝正比室和漂移室两种高能粒子探测器的研制。在玉泉路新址，研究人员开始改建原有的一些建筑，用来进行预制研究。

为了建造高能物理大型探测器，实验大厅和一些实验室是必不可少的。但是，1974年初高能物理研究所从中关村搬迁到玉泉路中国科学技术大学原址的时候，既无足够的实验室，更无实验大厅。于是，叶铭汉等的首要任务就是创造实验条件，将原来的一些教室改建为实验室，还要新建一座实验楼和一座实验大厅。

第一阶段，要对原教学楼进行改造，把没有水电的教室改建为研制探测器的实验室。为了不耽误时间，叶铭汉和全室其他科研人员在电工师傅的指导下自己动手在墙上打孔钻眼、架电力线、安装配电盘、拉电缆。1974年中,他们在这些自己改装的实验室里开始了探测器的研制工作。

第二阶段,要筹建预制高能探测器所需的谱仪组装大厅和实验室楼。对于设计研究所需的实验楼和组装大厅(即现在高能物理研究所大院里的三号楼与三号大厅),他们提出各种探测器研制所需要的实验室、实验厅和制造车间,详细规划每个实验室的水电要求、房间面积、布局和设备的配备等。1982年,三号楼和三号大厅建成,研究基地从主楼扩大到三号楼,开始北京谱仪的预制研究。

在设计三号楼的过程中,研究所是甲方,提出建筑设计和水电要求。承建的乙方参与讨论,纠正甲方一些研究人员作为外行提出的不合理要求。

实验基地有一部分实验室需要安装空调。乙方建议全楼使用中央空调,说比较先进;叶铭汉等希望用分散的空调机,因为只有一部分实验室需要空调,而且不用时不工作,可以节省运行经费。为此,双方争执不下。乙方搬出有关建筑条例,条例上规定:如果甲、乙双方产生分歧时,最后由乙方决定。研究所没有办法,只能听乙方的。

三号楼建成后,中央空调出现很多问题:空调机体积很大,需要有它的专用机房;机器要有人24小时值班,需要额外增加4名工作人员;中央空调运行费用昂贵;空调机质量不好,噪声很大,影响全楼人员正常工作。中央空调运行了几天后就不得不停机,只好另行安装分散的空调机。当时北京市电力供应十分紧张,要安装空调机必须向电力供应部门申请。经过一番努力,多丝正比室的小清洁车间才安装上了一台空调机。

第三阶段,北京正负电子对撞机工程于1984年正式启动,叶铭汉和大家一起参与了北京谱仪大厅的设计,这是不同于一般组装大厅的设计。几百吨重的谱仪需要在大厅内安装,几千安培的大电流要送到大厅内,厅内一年四季都要送风保持恒温,等等。这些都由专业建筑人员来完成，研究所只负责提出要求和确定大厅面积。由于北京谱仪在大厅内安装，所以大厅的宽度（沿电子束流方向）应是谱仪的长度加上安装时搬动谱仪的部件所需的空间，再加上一点富裕的空间。但是叶铭汉当时忽略了一个环节：没有考虑到一些安装在墙上的大批管线所占的空间，因此实际上留给安装的空间减少了。幸好他们预留的富余空间足够大，否则将带来一些麻烦，这也是叶铭汉得到的一个教训。

在设计北京谱仪大厅时，叶铭汉等遇到了一个问题：加速器隧道通过这个大厅，隧道的地面是在地下约3米，一些大件要运进大厅，怎样处理？

建筑师的建议是：进入的道路要在一定的远处逐渐往下，进入大厅。研究人员反对这种设计，因为一下雨，雨水往下流，正好流进大厅，防水很困难。叶铭汉等提出一种保守的设计方案：大门比外面的地面高出几厘米，一进大厅是一高台，台面比厅外地面略高，就在大厅内的高台上装卸，用厅内的吊车吊运。最后采用了这个设计方案，使得研究人员后来在暴雨时能够高枕无忧。

六、为北京正负电子对撞机工程做准备

北京正负电子对撞机工程包括四大部分：北京正负电子对撞机本体、北京谱仪、同步辐射装置和计算中心。

北京正负电子对撞机工程是一个大科学工程，其建造过程可以分为四步：第一步，可行性研究。科研人员提出要研究的课题，怎样研究，需要建造怎样的研究装置等，提出工程的总体草图。进行初步蒙特卡罗模拟计算，提出初步设计报告和初步预算估计。举行研讨会，进行论证。实际上，高能加速器的"五上五下"也可以看作是可行性研究。

第二步，预制研究。初步设计报告获批后，提出进行工程建造的可能技术途径，进行预制模型试验，在模型试验的基础上进行工

程设计。北京谱仪的一些模型试验需要用加速器的束流做测试。

第三步，工程设计与部件加工。工程设计获批后，开始进行部件的加工。有的加工任务由本单位承担，有的由外单位承担。必要时，科研人员驻厂与加工厂的人员一起解决加工中遇到的难题。完成后验收部件，有的需要用加速器的束流来做测试。

第四步，总装、总调和运行，最后验收。对于大科学工程，由于工程自身就带有一定的科研性质，因此往往设定两个指标：一个是验收指标，时常在运行一段不太长的时间后进行，是必须达到的最低要求；另一个是争取达到的指标，需要经过一段较长的运行时间，边运行边改进，预计可能争取达到的指标。

七、高能粒子探测器类型的选择

当时国际上最常用的高能粒子探测器有两大类：一类为径迹探测器（如泡室、流光室等），用照相的方法把粒子通过探测器的径迹记录下来；另一类是电子学探测器（如正比计数器、多丝正比室、漂移室、闪烁计数器等），用电子学的方法获得粒子通过探测器的信号，然后用计算机把信号还原成径迹。

在高能物理研究所，对于优先发展哪种探测器，大家持有不同的看法。径迹探测器是最早用于高能粒子物理研究的探测器，其优点是比较直观，加速器产生的高速粒子进入探测器，在探测器内发生高能粒子碰撞，产生的各种粒子在探测器中形成种种径迹。利用带电粒子在照片的感光乳胶（如核乳胶）内形成的径迹，或者用照相方法记录带电粒子在某种介质（如某种气体）内形成的径迹。它可以记录所产生的全部带电次级粒子及它们的运动参数，比较直观。

气泡室是探测高能带电粒子径迹的一种有效仪器，20世纪40～70年代一度成为高能物理实验最有用的探测手段，曾给高能物理实验带来许多重大发现，如一些新粒子、共振态等。但是，泡室有一些缺点：常用的液氢泡室的工作温度为25～29开，需要低温系统，因此建造泡室的投资较高。每记录一次反应之后，需要一定时间复原，一般需要几十毫秒。这段时间是"死"时间，探测器不记录，因而它的计数率受到限制，不能适应高能加速器的能量和流强越来越强以及每秒产生的事例越来越多的新形势。

1956年，高能物理研究所参加杜布纳联合核子研究所，王淦昌领导高能物理研究所的实验小组研制了丙烷气泡室。1959年，王淦昌用这个泡室找到了产生反西格马负超子的事例，发现了西格马超子的反粒子，即反西格马负超子。高能物理研究所一些在研制气泡室方面有经验的人参加了这个实验。因此，1974年，高能物理研究所就理所当然地开始了泡室的预研，开始筹建所需的低温系统。

叶铭汉参加高能探测器的预制工作后，完全赞同肖健的意见，认为我国应该优先发展电子学探测器。20世纪70年代，发展电子学探测器已是国际发展方向。当时国际上新建或拟建的高能加速器大多都是对撞机型。在对撞机上，电子学探测器可以包围对撞点。这样，探测器接收对撞所产生的次级粒子的立体角较大；泡室只能安装在固定靶旁，在对撞机上不适用。发展电子学探测器还有一个优点：一开始时规模可以较小，投资少而开发的周期短；泡室须先建低温设备，投资大而周期长。

高能物理研究所一开始就采取了同时建造两类探测器的方案。后来在径迹探测器方面，还增加了另一种径迹探测器——流光室，先后同时启动了泡室和流光室两种径迹探测器的预制，但这两种径迹探测器都没有如愿发挥作用。泡室于1980年因所需投资过大而不得不中途下马，流光室在1985年左右建成后因不适合在对撞机上使用，后来整机无偿调拨给其他单位。这两项工作耗费了大量人力物力，却没有在后来的高能物理实验上做出原来预期的贡献，令人遗憾。

八、研制多丝正比室和漂移室两种高能粒子探测器

1974年初,叶铭汉等开始进行多丝正比室和漂移室两种高能粒子探测器的研制。

1975年,在肖健的领导下,一室成立了多丝正比室大组,由叶铭汉任大组长。大组增加人力研制多丝正比室和漂移室,这两种探测器都是电子型探测器的主流。大组下分为两个小组:一组负责室本体研制及其性能测试,另一组负责在线测试用的电子学线路的研制。

叶铭汉主要参加室本体研制及其性能测试。当时他们所需要的电子学线路在国内没有产品,而且由于西方对我国的技术封锁,不可能从国外购买。高能物理研究所六室专门从事电子学线路的研制,一室一直与他们保持着密切合作,但是六室无法满足当时一室做预制研究实验的全部需要。因此,叶铭汉等只好自己研制或仿制部分重要的电子学线路。

当时原子能研究所的李忠珍、周德邻已成功研制了小型多丝正比室,叶铭汉向他们学习,开始了多丝正比室的研制。1977年,叶铭汉等制了一个有效面积为10厘米×10厘米的小型多丝正比室。他们还建立了小型多丝正比室的测试设备,并对它进行了性能测试。

在测试过程中发生了一个小插曲:做多丝正比室的性能测试时,需要用一个很弱的 ^{55}Fe 放射源,但研究小组并没有这种合适的放射源来做测试,只能由实验人员自己想办法解决。

叶铭汉和本组的毛慧顺、王运永拿着高能物理研究所的介绍信一起到原子能研究所找熟人,从原子能研究所得到了合用的放射源。由于他们所需的这个放射源极其微弱,所以被允许将其装入铅罐内,叶铭汉等就手提这个铅罐,坐着公交车,把它带回了高能物理研究所。如今叶铭汉想,现在一定不能允许他们当年那样不规范地搬运

放射源。

在六室的帮助下，叶铭汉所在小组随即进行了建立小型多丝正比室在线实验装置设备工作，调试了在线测试实验用的电子学线路及其计算机辅助测量和控制（computer aided measurement and control, CAMAC）插件。肖健领导编写了在线测试实验软件，他领导并亲自参加实验，利用高能物理研究所计算中心的 DJS-8 计算机进行多丝正比室的在线读出试验，可以说是"杀鸡用牛刀"。

1981 年，国内首次实现了多丝正比室的在线读出试验，为后来的北京谱仪研制做了技术储备。多丝正比室计算机在线试验成功，在国内是首次，这是中国探索高能物理实验技术的起点，它检验了自制的整套硬件系统及其在线测试实验软件，为后来北京谱仪的设计和测试锻炼了队伍，培养了人才。

小型多丝正比室研制成功，初战告捷，叶铭汉开始和毛慧顺、王运永等研究人员一起，着手研制 1 米 × 1 米的大型多丝正比室，还同时研制了小型多丝漂移室。1982 年，王运永和毛慧顺基于这些工作经验写了一本专著《多丝正比室与漂移室》，这些工作为后来大型漂移室的设计和测试积累了技术储备，并培养了人才。

九、"七五三工程"和"八七工程"

1975 年 3 月，国家批准在十年内，经过预研，建造一台高能质子加速器，这一工程代号为"七五三工程"。第一期工程的任务是预制研究和建造一台 400 亿电子伏的质子同步加速器，第二期工程的任务是研制一台达到国际最高水平的高能加速器。这是我国高能加速器计划建造历史上"五上五下"之后的"第六上"。

要实现这一宏大计划，高能物理研究所当时所有的科研人员人数明显不够。当时高能物理研究所被特批了几十个名额，以便从全国引进工作人员，全所科技人员、工人、管理人员的总数迅速增长，超过 1000 人，成为中国科学院在北京地区人员规模最大的研究所。

1976年打倒"四人帮"后，广大科技人员欢欣鼓舞，可以施展才华大干一场的机会终于到来了。大家认为"七五三工程"的目标不够先进，决定放弃这一计划，这是"六下"。当时，还有一个比"七五三工程"更为激进的方案被提出，这是"七上"。

1977年11月，国家决定加快建设高能物理实验中心，分为三步。第一步：不经过预研，立即建造一台能量级为300亿电子伏的慢脉冲强流质子同步加速器。第二步：1987年底，建成一台4000亿电子伏左右的质子同步加速器，完成相应实验探测器的建造，建成我国高能物理实验中心。第三步：20世纪末，建成世界第一流的高能加速器，并在实验物理和理论物理方面做出世界第一流的成果。

这一工程的代号定为"八七工程"，含义是1987年完成4000亿电子伏左右的质子环状加速器。1978年3月，相关人员对方案做了修改，将第一步计划中加速器的能量由300亿电子伏提高到500亿电子伏。

这一决定是非常先进且振奋人心的，叶铭汉当时也十分激动。但现在看来，这一决定却有冒进之失。

高能物理研究所当时只看到高能物理的重要性和必要性，高能物理固然应该发展，但是没有充分考虑到具体条件。首先，国家的当务之急是什么？大家没有考虑到当时我国的经济情况，以及对高能物理的投资在国民经济总产值中可能占的份额和回报情况。以我国当时的工业和科研水平，我们有足够的人力来完成这一计划吗？假定国家拨付足够的研究经费，我们能按计划完成吗？当时我国还受到西方的技术封锁，任何器材、方法上的困难都要自己从零开始摸索，独立解决，在这样艰难的处境下，能跟上国际第一流水平吗？

当时叶铭汉等科研人员非常乐观，他们坚信，由于我国体制的优越性，可以集中力量干大事，我国的"两弹一星"就是这样成功的。可是，当时他们并没有意识到，高能物理并没有"两弹一星"那样高级别的优先权，因此目标设定得过于激进。

第六节　国　际　帮　助

中国高能物理研究的主力军固然是我国本土科学家，但叶铭汉认为，在这个过程中，不可忽视国际物理学界对我国的关注，以及海外研究机构提供的支持。其中，李政道、潘诺夫斯基[①]等热心帮助中国科学事业发展的科学家功不可没。

一、以个人名义参会，为我国学者参加国际学术会议打开大门

1978年8月，第十九届国际高能物理会议在日本东京举行。这次国际学术会议的主持单位——日本物理学会决定：所有代表都以个人身份参加，从此打开了我国学者参加国际学术会议的大门。

来自世界各地的1100多位科学家都以个人身份参加了这次会议。我国5位高能物理学工作者——朱洪元、胡宁、戴元本、黄涛和叶铭汉接受邀请，出席了这次会议，并受到了友好欢迎和接待。

日本国家高能物理研究所［1997年改名为日本高能加速器研究组织（High Energy Accelarator Research Organization, KEK）］所长西

---

① 潘诺夫斯基（Wolfgang K.H. Panofsky, 1919—2007），美国著名高能物理及加速器物理学家，美国斯坦福直线加速器中心教授、荣誉所长，中国科学院外籍院士。他在加速器物理与技术、核物理、高能粒子物理、X光及自然常数等诸多领域都有卓越的贡献。他数十次访问中国，帮助培养中国高层次科技人才，曾任中国科学院院长顾问，特别是对北京正负电子对撞机的研制给予了大量具体的帮助。——作者注

川哲治在开幕词中说:"这次会议是真正国际性的,因为中华人民共和国的高能物理学家参加了这次高能物理会议。"

这次会议中有一项议程是"将来和远期高能物理规划的国际研讨会",朱洪元在会上做了关于中国高能物理初步规划的报告,引起与会学者的高度重视。许多国家的高能物理研究所负责人表示,希望我国高能物理学家去访问和工作,世界各地的华人科学家更是十分关心祖国的高能物理研究事业,并提出了不少建议。

叶铭汉此前没有国外留学经历,是我国本土培养起来的科学家,这次到日本参加国际高能物理会议,是他在1945年参加青年军后第一次出国。

对于此次走出国门所见异国他乡的风土人情,叶铭汉一点儿也不惊讶。他的童年在上海度过,中学和大学期间,叶铭汉有很好的英语功底,课余时间喜欢看外文杂志和报纸。在西南联合大学就读期间,他常从旧书摊上购买美军士兵看过后扔掉的英文杂志和书籍。在清华大学读书时,他也常到图书馆看英文报纸。叶铭汉的老师和亲友中有不少人留过学,他也能从他们那里了解一些国外的情况。

但是,会后参观日本国家高能物理研究所时,叶铭汉却感到十分惊讶。那时,日本国家高能物理研究所的建设刚起步不久,有一台120亿电子伏的质子加速器,用的探测器是泡室,而当时国内高能物理科学家还没有像样的研究仪器,差距很大。

二、到美国五大高能物理实验室考察

1978年底,为了进行实验室和实验大厅的建设,高能物理研究所派出一个考察组到美国考察,组长为孟戈非,组员包括肖健、叶铭汉、张钟泰、章乃森。

考察团非常珍惜和重视这次向国外研究者学习的机会,为此做了充分的准备,带了很多问题出去,到美国的五大高能物理实验室参观与讨论。

这五大实验室是：布鲁克海文国家实验室（Brookhaven National Laboratory，BNL）、费米国家加速器实验室（Fermi National Accelerator Laboratory，FNAL）、斯坦福直线加速器中心（Stanford Linear Accelerator Center，SLAC）、劳伦斯伯克利国家实验室（Lawrence Berkeley National Laboratory，LBL）、阿贡国家实验室（Argonne National Laboratory，ANL）。

当时，中美两国间没有直通的航班，从中国出发必须先飞到瑞士日内瓦，再转机到美国。叶铭汉等想顺路参观欧洲核子研究中心，但未能成行。因为他们没有事先联系，正好赶上对方圣诞节和新年假期，没有人接待考察团，这让他们略感遗憾。

考察团的第一站是位于纽约长岛的布鲁克海文国家实验室。这是一个以高能物理研究为主的综合性研究所，当时实验室有约3000位科学家、工程师和技工等，每年有约4000位访问学者和博士研究生在该所工作。

在高能物理方面，当时布鲁克海文国家实验室有一台能量为33亿电子伏的质子同步加速器（代号为AGS）在运行。在这台加速器上，物理学家做出了三项获得诺贝尔物理奖的实验——CP不守恒、J/Ψ粒子和缪中微子的发现。

当时，高能物理研究所要研制的50亿电子伏质子同步加速器的性能与AGS相近，将来在这台加速器上能做的实验也大致相近，因此布鲁克海文国家实验室成为考察团的考察重点。

在参观过程中，叶铭汉详细询问了有关束流线和实验探测装置的安排布局问题，还询问了有关多丝正比室的结构技术问题。当一行人参观AGS的实验大厅时，眼前的景象让叶铭汉大为震撼——规模宏大的实验大厅里摆满了各式各样的设备，到处都是各种电缆，这一画面给他留下了极其深刻的印象。

叶铭汉做过低能核反应实验，但是规模很小，探测器设备只有几道（一个获取信号的探测元件为一道），而高能物理实验动辄几千道，真是没有可比性。亲眼看到国外的先进设备后，叶铭汉深刻意识到，我国与国际先进水平之间的差距实在太巨大了，怎样赶上？在此后的考察中，这个问题一直困扰着他。

第二站是位于伊利诺伊州巴达维亚的费米国家加速器实验室，这里有一台400亿电子伏的质子同步加速器在运行。

第三站是位于芝加哥附近的阿贡国家实验室，他们的一台12亿电子伏的质子加速器已经关闭，停止运行。

第四站是位于加利福尼亚州斯坦福大学的斯坦福直线加速器中心，这里有一台1亿电子伏的电子直线加速器在运行，还有一台质心能量为5亿电子伏的正负电子对撞机，名为斯坦福正负电子加速环（Stanford Positron Electron Accelerating Ring，SPEAR）。

第五站是位于旧金山附近的劳伦斯伯克利国家实验室，这里有一台1亿电子伏质子加速器。

在这五大高能物理实验室，叶铭汉主要了解有关束流线和实验探测装置的安排布局问题。考察结束后，叶铭汉回国进行实验大厅的设计工作。此前，他对这一工作心中无数，在实地考察中，他了解到不少情况，一些疑问也得到了解答，感到有所收获。这次考察对于开展下一步的工作有很大帮助，叶铭汉对完成实验大厅设计任务也有了信心。

三、李政道的帮助之一：培养高能物理实验人才

尖端的基础科学研究是一门高度综合的学术活动，不仅需要经费、器材等物质资源，而且需要强大的科研人力资源，尤其是需要与国际接轨的青年学者成为"生力军"。在中国高能物理研究的起步阶段，由于特殊的历史背景，我国的高端科研人才基础薄弱，亟须建立起科学研究者队伍。在这一紧要工作中，叶铭汉的上海老乡、西南联合大学同学、美籍华人、诺贝尔奖得主李政道在人才培养方面提供了极大帮助。

1977年，李政道才得知我国正在进行"八七工程"，虽然他不赞同质子加速器"八七工程"的方案，但他尊重我国的决定，仍然尽力帮助我国推动该方案的实现。他在回忆录中提到：

> 中国政府既然已经决定建造大型质子加速器，我虽然不赞成，但仍尽力去协助实现那一方案。当时我想到，要实现这个计划，困难会很多。除去经济实力和决心之外，一定要取得国外特别是美国各大加速器实验室的帮助；同时，一定要立刻培养加速器和实验物理方面的人才。①

实际上，高能物理研究所的同仁和李政道想到一起了。大家都想到了这些极为迫切的问题，但是一直没有具体的解决办法。

李政道认为，"在中国开始建造加速器的时候，就必须培养做物理实验的人才"②。当时中国只有少数人接触过高能物理实验，即20世纪50年代在苏联杜布纳联合核子研究所做的研究。因此，现在有高能物理实践经验的人才缺口十分巨大，而短时间内国内独立培养这种高标准人才的条件并不成熟。

李政道想到，利用美国各大学和国家实验室来进行这类培养，是非常有效的途径。他在1978年与美国20多所大学和五大高能物理实验室进行联系，希望他们接受中国学者参加研究工作，受到他们的热情欢迎。美国不少大学有实验组在这五大国家实验室工作。李政道认为，"如果中国向他们每一组派一两位访问学者，再加上向五大实验室各派三五位访问学者，总数就可以达到几十位，可以满足在高能加速器建成后做实验的初步要求"③。李政道向时任国务院副总理方毅提出了派出访问学者的建议。

---

① 中国高等科学技术中心.李政道文选.上海：上海科学技术出版社，2008: 33.
② 中国高等科学技术中心.李政道文选.上海：上海科学技术出版社，2008: 33.
③ 中国高等科学技术中心.李政道文选.上海：上海科学技术出版社，2008: 34.

1979年，高能物理研究所派出了由40多人组成的访问学者团，叶铭汉也位列其中，这批学者被美国人称为"李政道学者"，其中大部分人到了美国，有4人去了欧洲核子研究中心。1978年，我国派出了10人参加丁肇中在德国电子同步加速器研究所（Deutsches Elektronen Synchrotron，DESY）进行的实验，3人参加了莫玮[①]在美国费米国家加速器实验室进行的实验。

　　1980年，"八七工程"下马，在美国和欧洲学习的中国学者的经费立即完全中断。眼看他们的学习就要中途停止，李政道十分着急，马上紧急跟美国五大高能物理实验室、有关学校及欧洲的有关科学家联系，请他们支持。另外，李政道又设法为他们寻找临时救急的解决办法。在李政道的努力下，虽然仍有很多困难，但是很幸运，所有的实验室和教授都热情应允予以支持，这样才解决了四十多位"李政道学者"的费用问题，使他们得以在美国继续学习。

　　以上所有派出学者于1982～1983年陆续学成归国，成为中国高能物理实验的骨干人才，绝大多数人成为建造北京谱仪和开展物理实验研究的中流砥柱，对北京谱仪的研制和实验的顺利开展做出了非常重要的贡献。

四、到美国做访问学者

　　1979年，叶铭汉作为"李政道学者"赴美国做访问学者。此前，叶铭汉考虑到，"八七工程"的第一步是建造一台500亿电子伏的质子同步加速器，能量与布鲁克海文国家实验室的AGS的十分接近，将来很多方面易于借鉴。因此，1980年初叶铭汉到美国普林斯顿大学做访问学者时，选择参加普林斯顿大学在布鲁克海文国家实验室的AGS加速器上工作的一个实验组，同去的还有高能物理研究

[①] 莫玮，美籍华裔物理学家。——作者注

所的助理研究员陆昌国。

这个实验组正在用质子打靶产生的π介子束流来轰击一个塑料闪烁体，进行π介子与质子的相互作用实验，测量$\pi + p \rightarrow \eta_c + n$。理论上已预言在J/ψ粒子附近有一中性粒子$\eta_c$，预言它会很快蜕变为两个γ光子（$\eta_c \rightarrow \gamma\gamma$）。实验的设计是通过测量两个γ光子来寻找$\eta_c$粒子。

这一实验装置在叶铭汉等到美国之前已经完全建成。叶铭汉参加了实验取数的工作，后来也做了一些数据分析工作。遗憾的是，由于本底较大，实验的结果不理想，没有得到肯定的结果。

1981年5月，叶铭汉转到犹他大学，参加该校的一个宇宙线研究组。此时，犹他大学用来测量超高能宇宙线的实验设备"Fly's Eye"刚建造完成，研究人员正在调试实验设备。叶铭汉参加了值班取数，也做了部件检测和故障排除的相关工作，多了一些机会接触关于探测器的问题。

在这段实践中，叶铭汉悟出了重要的一点——研究高能物理时不必害怕探测器的信道数量多。他在之前的工作中研制过多种探测器，已经积累了一定的经验，此时虽然信道数量大大增加，但本质上不过是重复千万次而已。信道数量多了，整台仪器出故障的概率就大了，所以在设备建造过程中，要尽可能提高每一道信道的可靠性，要选择最好的元件，采用最好的制造工艺，降低每一道信道发生故障的概率，这样才能提高仪器整体的稳定性。

这次访学也让叶铭汉意识到，高能物理的实验仪器与以往所用的仪器有一重大差别：必须要有高效且可靠地监控每一信道的手段，这应由计算机完成。因此，只有先进的硬件设备是不够的，还必须有与其匹配的软件。另外，仪器的设计也要考虑如何快速检修、如何更加便捷地更换故障部件等实际应用中的细节操作。我国科研人员此时对这些问题没有任何经验，只能通过不断学习在实践中摸索。

五、李政道的帮助之二：培养青年学者

李政道十分关心中国科学的发展，他不仅热心帮助国内科学界培养高能物理研究人才，而且致力于为我国培养未来科学家——有志于从事研究的青年学生。早在1974年，李政道就对我国当时科学研究被严重忽视以及科技人才面临断层的状况极为担忧，可谓忧心如焚。在周恩来总理接见李政道时，李政道强调"一组少而精的、不脱离群众的中国基础科学工作队伍，看来是很必要的"。他很希望"这是一个可以为我所用的阐述我的观点的突破口，从这里出发去改变当时那种不重视科技人才培养的严重状况"[①]。

1979年，李政道来北京讲学。他开了场论和粒子物理、统计力学两门课，每天从早到晚讲了近两个月时间，为祖国优秀青年科研工作者做强化补课，让近千位学者跟上了国际发展的潮流。

1979年，李政道把帮助的范围扩大到对物理学博士研究生的培养。当时中国学生没有申请进入美国攻读博士学位的正规渠道，他创办了"中美联合招考物理研究生项目"（China-United States Physics Examination and Application, CUSPEA），为中国年轻学者开辟了一条到美国攻读博士学位的道路。1979~1990年，CUSPEA共培养了915名学生，为中国培养了一大批物理科研精英。

1980~1990年，为了祖国科学的发展，李政道每年差不多用1/3的时间办理学生选拔、学生入学手续等事务性工作，他对中国科学事业发展的重视和对祖国的热爱令人万分钦佩。

六、李政道的帮助之三：推动中美高能物理合作

20世纪70年代末，中国决定建造高能加速器，此时技术上与先进水平之间的差距很大，面临的困难很多。尽管国内研究者的工作热情很高，但仅凭自己从零开始摸索很难如期完成计划，亟须吸

[①] 中国高等科学技术中心. 李政道文选. 上海：上海科学技术出版社，2008.

收国外的先进经验和技术，还需要引进我国当时还不能生产的计算机、电子学元器件、测试仪器等。

很显然，中国需要国外有关研究所的帮助。这正是李政道十分关心的另一个问题，他认为，建立中国与美国高能物理学界的合作十分重要。

1972年高能物理研究所成立后，张文裕所长曾率领一个代表团访问美国，想建立合作关系，之后又有几次访美，提出请求帮助，对方也都表示愿意合作。但是，中国没有提出希望合作的具体项目，所以双方的合作一直没有实质性进展。李政道看到这种情况后非常着急，认为必须想办法帮助中国实现与美国有关实验室的合作。

从1978年起，李政道多次向中美两方游说、推动，最终双方取得了共识。终于，1979年初邓小平访问美国期间，在邓小平与美国总统吉米·卡特（Jimmy Carter）签订中美科技合作协定和文化协定的同时，方毅副总理和美国能源部部长施莱辛格（Schlesinger）签订了中美在高能物理领域进行合作的执行协议。

有了协议，李政道立刻建议组织中美高能物理联合委员会，由双方派代表参加，负责整个合作工作，每年召开一次联合委员会会议，在中美两国轮流举办。美方代表为美国能源部主管国家实验室的官员、美国五大国家实验室的所长和李政道；中方代表为中国科学院的领导、高能物理研究所所长和北京正负电子对撞机工程经理等。

1982年3月，第三次中美高能物理联合委员会会议在中国召开。叶铭汉当时还在美国犹他大学访问，他作为中方代表，回国参加了那次会议。此后，一直到1988年的第9次会议，叶铭汉连续参加了7次。

每次会议都是先回顾上一年度双方合作的情况，看原定的计划是否已完成，如果未完成，分析原因，然后双方提出下一年度的合作项目。合作项目主要是中方提出要求援助的项目，包括"请进来"和"派出去"。

"请进来"包括将人才、器材、计算机软件"请进来"。第一，将人才"请进来"。每年中方都会邀请美国高能物理研究领域的高层科研人员来华指导，也包括邀请技师或技术工人来中国，手把手地向中国研究者传授技术。李政道特别强调后者，他认为有很多在研制加速器和北京谱仪中遇到的技术问题，手把手传授有助于更好地掌握，事实证明正是如此。第二，将器材"请进来"。包括研制高能加速器急需的元器件、计算机、测量仪器等。当时，这些器材中有不少还是禁运的，但受益于合作协议，凡是用于高能物理研究的设备就可以"开绿灯"，特批放行。第三，将计算机软件"请进来"。这是极为关键的，但在没有经验时很容易被忽略。此前，苏联在高能物理研究方面常出现各组成部分的研制进展不协调的情况，导致建设进度被严重拖延——在加速器建成时，往往探测器没有完成；探测器完成了，计算机数据分析软件却没有跟上。美国科学家在叶铭汉等开始研制对撞机时，就多次提醒他们：必须及时掌握必要的软件，不要犯苏联曾犯的错误。叶铭汉等非常重视李政道等科学家的建议。受益于中美之间的合作机制，中国适时引进了很多关键软件，使中国科学家在建造一个装置的硬件时，能够配合硬件进展同步编写软件，当硬件完成时，就能用上相应的软件，这样该装置就可以很快投入运行。

　　最终，在北京正负电子对撞机和北京谱仪的研制中，对撞机、探测器、计算机分析软件等多个组成部分同时投入运行，没有任何一个环节拖后腿，研制进度十分理想。

七、潘诺夫斯基对研制对撞机和谱仪的帮助

　　叶铭汉对美国科学家潘诺夫斯基为我国高能物理发展所提供的大力帮助印象深刻，并且十分感激。

　　潘诺夫斯基曾任斯坦福直线加速器中心所长，李政道向时任中国科学院院长周光召建议，推荐潘诺夫斯基担任周光召院长的顾问。

周光召院长赞同李政道的建议，潘诺夫斯基接受了邀请，成为周光召院长的顾问。

潘诺夫斯基在20世纪70年代就提出建议：中国要建立高能物理实验室，应该建造正负电子对撞机。他作为周光召院长的顾问，在北京正负电子对撞机研制期间每年来中国一次，检查对撞机的研制进度、查找问题、提出各种建议等，对研制对撞机的帮助极大。

潘诺夫斯基有着惊人的工作效率，检查对撞机的研制工作时，他经常随身携带一台录音机到现场检查、提问题，在检查过程中他经常轻声对着录音机将意见记录下来。当天晚上，他就回放录音，将白天检查过程中的意见整理出来，随即完成呈送周光召院长的书面检查报告。潘诺夫斯基眼光犀利，见解独到，看待各种问题入木三分，他总是能未雨绸缪，提前提出应尽早注意的重大问题，使对撞机的研制少走了不少弯路。最终计划能够及时完成，潘诺夫斯基功不可没。

第四章
国家使命

第一节　选择正负电子对撞机的曲折历程

一、关于质子加速器与正负电子对撞机孰是孰非的辩论

1976年10月初，美国斯坦福直线加速器中心所长潘诺夫斯基应邀到中国进行学术访问。

在访问前，潘诺夫斯基和李政道讨论了哪种加速器最适合中国高能物理的起步。当时"七五三工程"是不公开的，他们两人都不知道中国已经决定了要建造300亿电子伏的质子同步加速器。他们认为，最适合中国建造的加速器是一台质心能量为40亿电子伏的正负电子对撞机。潘诺夫斯基在中国科学院做了一次学术报告，在报告中将轰击固定靶的质子加速器和正负电子对撞机的性能进行了对比。

他说，从物理实验的角度来看，质子加速器是用高能量的质子轰击固定靶，可以在它的最高能量或较低能量处进行质子打靶实验。也就是说，能量高的质子加速器能做的工作可以完全覆盖能量低的质子加速器能做的工作，能量低的质子加速器就越来越难找到有价值的研究领域，面临被淘汰的风险。因此，要想在国际上有竞争力，新建的质子加速器能量越高越好，可是建设经费也就相应越来越高。经济上能否负担起这笔高昂的费用是一个必须考虑的问题。

他说，与之相比，正负电子对撞机是根据要开展研究的物理问

题的能区而设计的，在设计选中的比较窄的能区内，该对撞机的亮度最高，偏离这个能量，亮度就会迅速下降。因此，每台对撞机都有它特别合适的工作范围，特别适合于做某一种物理问题的研究。能量高的正负电子对撞机的研究领域不能覆盖能量低的电子对撞机的研究领域。即便是国外同行有了能量高的正负电子对撞机，但能量较低的正负电子对撞机只要选择合适的能区，亮度足够高，依然能生存，还能做出第一流的创新工作。

现在，世界上已有打固定靶的质子加速器，人们还在计划建造能量更高的质子加速器。从物理研究的角度来看，中国要建造新的质子加速器，其能量必须更高，经费也必然更高。在当时中国的经济情况下，这样做是否合适？国外建造加速器的速度可能比中国快，这也是必须考虑的客观现实。

潘诺夫斯基又说，有人赞成建造打固定靶的质子加速器的理由之一是：质子加速器可以产生多种次级粒子，可以做多种实验。他指出，我们应该看一下中国高能物理界的现状。中国现有的做过高能物理实验的科学家屈指可数，即使有了加速器，也不可能有多个实验组同时做各式各样的工作。因此，质子加速器的这一优点对中国而言并不存在。

总之，从物理研究的角度来看，能量较低的正负电子对撞机（譬如质心能量为40亿电子伏的正负电子对撞机）有其独特价值，可以做国际领先的基础研究。应特别指出，正负电子对撞机在运行时，同时附带产生同步辐射，同步辐射是一种非常有用的光源，在物理学的其他学科研究方面，是一个极其有用的工具，当时中国还没有。最后，这样一台对撞机的造价比几十亿电子伏的质子同步加速器要低很多，比较适合中国当时的经济情况。

那段时间，叶铭汉主要进行多丝正比室本体的研制，先从小模型做起，再逐步做大，目标是研制成功将来实验用的大型正比多丝室。他还是保持着自己的原有习惯——一心一意尽最大努力做好当前承担的工作，对高能物理研究所建造什么能量的加速器不太关心，听了潘诺夫斯基的报告，叶铭汉有种豁然开朗的感觉，觉得他讲得非常对，完全赞同他的观点。但是当时我国政府已经批准了"七五三工程"，不可能改变了，叶铭汉感到遗憾，认为潘诺夫斯基讲得太晚了。后来他才知道，早在1973年5月中国高能物理考察组访美期间在访问斯坦福直线加速器中心时，潘诺夫斯基就曾提过建造正负电子加速器的建议。

1977年2月李政道到中国访问时，中国科学院告诉他中国已经有了建造高能质子加速器的初步方案，并开始了预制研究工程。12月，他和吴健雄[①]、袁家骝[②]知道了"八七工程"的内容，三人都不赞同这个质子加速器方案。他们一向尊重中国政府的决定，不把自己的意见强加于人，但是这次，他们觉得有些意见还是应该反映给高能物理研究所参考，因此三人联名给时任高能物理研究所所长张文裕写了一封信。

这封信的内容基本上是重复潘诺夫斯基报告的内容。他们的信所表达的是：首先是尊重中国政府做出的决定；如果要问他们的建议，他们倾向于建造正负电子对撞机。他们在信中还详细阐述了建造正负电子对撞机的优点，罗列了可以做的前沿物理研究项目，以及同步辐射的应用。事实上，后来北京正负电子对撞机建成后，最初做的几个实验都在他们的信中有所提及。

但是，因为"七五三工程"已经开始了，不可能改变，所以这封信并没有在所里广泛传阅。叶铭汉等做探测器预制研究的人员仍

[①] 吴健雄（1912—1997），生于江苏苏州，美籍华裔核物理学家，被誉为"东方居里夫人"，在β衰变研究领域做出世界性的贡献。1934年毕业于国立中央大学物理系，1940年在加州大学伯克利分校取得博士学位，1958年当选为美国国家科学院院士，1994年当选为中国科学院首批外籍院士。——作者注

[②] 袁家骝（1912—2003），生于河南安阳，祖籍周口项城，美籍华裔物理学家，妻子为吴健雄。1932年毕业于燕京大学物理学系，1940年在加利福尼亚理工学院取得博士学位。——作者注

然专心做手头的工作，他们知道，不管建造哪一类加速器，自己现在研究的探测器技术总是用得上的。

1978年8月，叶铭汉到日本参加第19届国际高能物理会议，会后参观了日本国家高能物理研究所。在该所的招待宴会上，叶铭汉和该所的一位研究员同桌，他的名字是菅原广隆（H. Sugawara）。他问叶铭汉："为什么要建造高能质子同步加速器？为什么不考虑建造正负电子加速器？你们计划建造打固定靶的高能质子同步加速器，在物理研究上不是最佳选择。"他又直爽地说："你们做了一个错误的决定。"这一席话令叶铭汉十分惊讶。菅原广隆后来于1989年就任日本国家高能物理研究所所长。

二、"八七工程"下马，高能物理发展受挫

研制高能加速器的计划从1957年开始进行初步设计，到1980年经历了六次下马和七次上马，1980年这一次下马是"七下"。虽然"八七工程"下马，但国家还是十分重视高能物理学，国家已经拨给了高能物理研究所一笔预制经费，当高能加速器下马时，还有余款9000万元没有使用，政府同意将这笔钱用于继续建设高能物理实验中心。至于怎样重新拟订高能物理发展的方案，众说纷纭。

叶铭汉在美国听到"八七工程"下马的消息，非常失望。至于下一步怎么办，他也一筹莫展。

三、海内外学者力挽狂澜

彼时，叶铭汉正在美国东部的普林斯顿大学做访问学者，与在西部的斯坦福直线加速器中心访问的中国学者很少联系，也不了解在美国西部的高能物理访问学者的动向。事后叶铭汉才知道，"八七工程"下马后，他们也是议论纷纷，大家感到高能物理前途渺茫。

1980年12月初，中国科学院副院长钱三强到美国访问，与斯坦福直线加速器中心的"李政道学者"举行了座谈会。钱三强向大

家说明了为什么"八七工程"要下马,并鼓舞大家不要灰心丧气,请大家用学到的知识出主意,充分利用有限的财力和人力,尽快发展我国的高能物理事业。

在钱三强的鼓励下,在斯坦福直线加速器中心访问的中国学者重拾信心。严武光等利用每周中国学者的学术讨论活动,组织大家讨论高能物理下一步怎么办。

李政道在1980年底得知"八七工程"下马的消息,感到十分突然。但他又庆幸,中国政府并没有完全取消高能物理的发展计划,而是指示"高能物理发展不断线",并要求中国科学院尽快提出调整方案。李政道十分担心,如果不能及时确定合适的调整方案,中国的高能物理发展又会错过时机,多年的努力将化为流水。因此,李政道决心挽狂澜于既倒。

1980年12月中,李政道到斯坦福直线加速器中心参加一个会议,他特地挤出时间约严武光讨论了中国高能加速器问题。1981年初,李政道打电话给严武光,说潘诺夫斯基跟他每周至少通话一次,就建造对撞机的可能性进行细致的探讨,希望中国学者也多加考虑。

从1980年12月底开始,李政道一直与潘诺夫斯基联系,讨论适合中国的加速器问题。此时,潘诺夫斯基请斯坦福直线加速器中心的加速器专家伊万·帕特森(Ewan Paterson)做计算,探讨质心能量为40亿电子伏的类似SPEAR的正负电子对撞机的亮度可否做到更高。专家给出一个鼓舞人心的结论——亮度可以比SPEAR高一个量级。

严武光还跟SPEAR上所用谱仪MARK Ⅲ的发言人莫兹利(R.F.Mozley)一起查阅斯坦福直线加速器中心建造SPEAR的有关档案,查明了当初的投资:除人员工资外,SPEAR工程的三大部分——直线加速器、储存环和探测器各投资约1000万美元,总共3000万美元,在当时,正好折合9000万元人民币。这些具体的估算让大家充分认识到,就现在已有的9000万元人民币,是足以建造一台正负电子对撞机的,而且其亮度有望超过斯坦福直线加速器中心的SPEAR对撞机的亮度。

李政道还认为，高能物理合作是中美两国签署过协议且正在执行中的合作项目，应该继续保持。按计划，中美高能物理联合委员会第三次会议将于1981年6月在北京召开，有关中国高能物理发展计划的调整应该及时在会议举行之前提出方案，让有关的代表事先有所考虑。李政道急忙一面打电话给高能物理研究所，建议派人到美国介绍调整后的方案，一面邀请美国的高能物理专家来华参加讨论。

早在之前，1981年，李政道以私人名义出面邀请美国五大高能物理实验室的专家于3月17日到费米国家加速器实验室参加一个民间的工作研讨会，并邀请中国派人参加，共同探讨在质子同步加速器下马后，中国在新形势下应该选择什么类型的高能加速器。

中国派朱洪元和谢家麟到美国参加该研讨会，中国科学院通知当时在美国做访问学者的叶铭汉也作为代表参加。美方参加者为李政道、袁家骝、邓昌黎、潘诺夫斯基、威尔逊（Robert R. Wilson，费米国家加速器实验室前所长）、莱德曼（Leon M. Lederman，费米国家加速器实验室所长）、劳（Ronald R. Rau，布鲁克海文国家实验室副所长）、哈德绍（Walter D. Hartsough，劳伦斯伯克利国家实验室副所长）等。

在斯坦福直线加速器中心访问的中国学者听到李政道组织研讨会的消息十分高兴，感到有希望建造正负电子对撞机了。大家的意见一致，3月10日，由严武光执笔，15位学者署名，写了一个《关于建造一台正负电子对撞机的建议》，他们明确建议建造一台质心能量为6亿电子伏的正负电子对撞机，其不仅能提供一个开展高能物理实验研究的平台，还可以开展同步辐射应用等为国民经济服务。签名的15位学者是：高树琦、黄涛、王淑琴、郎鹏飞、王运永、黄德强、陈朝清、崔化传、毛振麟、赵国哲、王泰杰、顾维新、黄因智、过雅南、严武光。

在3月17日的工作研讨会上,谢家麟介绍了高能物理研究所商定的质子加速器方案之后,大家展开了讨论。在各种建议中,潘诺夫斯基提出了建造质心能量为44亿电子伏的正负电子对撞机。他估计了建造费用,并列举了可以开展的物理实验项目。他根据他们的一台质心能量为40亿电子伏的正负电子对撞机SPEAR的建造经验,认为9000万元人民币经费是足够的。经过讨论,与会大多数学者同意这个建议,向中国建议建造正负电子对撞机。

早在5年前,即1976年10月潘诺夫斯基来华进行学术访问时,叶铭汉就十分赞同这个想法,在这次会上他当然完全拥护这个更进一步的建议。

朱洪元和谢家麟对潘诺夫斯基的建议进行了非常详细、慎重的研究,觉得建议建造的正负电子对撞机的能量不是很大,规模适中,可以做国际上前沿的物理工作,而且有兼顾同步辐射应用的特点,是我国在当时高能物理科研经费收缩的条件下仍能在高能物理方面迎头进入世界先进行列的极好方案。

四、讨论得出研制北京谱仪的指导方针

在费米国家加速器实验室召开的研讨会结束后,潘诺夫斯基邀请朱洪元、谢家麟二人到斯坦福直线加速器中心访问,并把严武光等写的《关于建造一台正负电子对撞机的建议》转交给了朱洪元、谢家麟。

在斯坦福大学直线加速器中心,朱洪元、谢家麟分别与该所约20位物理学家和加速器专家深入探讨了2×2.2亿电子伏正负电子对撞机的物理目标与技术问题。这时,中国访问学者得到了向朱洪元、谢家麟反映意见的机会,两位学者和严武光等展开了讨论,李政道也特地从纽约赶来参加。

在讨论的开始,严武光等组织了一系列早已联系好的美国专家的相关报告,然后开始讨论。大家一致赞成建造正负电子对撞机,

并对对撞机的性能指标比较了各种不同的可能性，最终取得了五点主要共识：第一，探测器原则上采用较成熟的技术，以当时国际上最先进的探测器之一——在 SPEAR 上工作的 MARK Ⅲ 作为蓝本；第二，加速器采用伊万·帕特森的方案，由斯坦福直线加速器中心提供资料，制造全部由中国自己完成；第三，电子学器械部分在美国采购集成电路组件，中国自己组装和测试；第四，基于以上三点，中国不需要很长的预制研发阶段，而是按中国现有的条件制造少量的小型样机，成功以后即投入正式的大规模制造；第五，必须及时建立相应的数据处理系统（包括计算机硬件和软件）。

这次讨论达成的五点主要共识，后来成为研制北京谱仪的指导方针。

之后，朱洪元、谢家麟还到布鲁克海文国家实验室，征求在那里访问的中国学者的意见，绝大部分人的意见是赞同建造正负电子对撞机，很少一部分人赞同只建造一台专用的同步辐射加速器，没有人赞成建造质子加速器。

五、曲折反复的决策过程

结束在美国的访问后，朱洪元和谢家麟返回国内，将对撞机方案汇报给领导和有关方面，解释疑问，争取支持。

但是此时国内赞成建造质子加速器的仍然大有人在，朱洪元、谢家麟做了大量工作。其中一些人反对建造对撞机的理由是认为以当时我国的技术水平不足以实现这个方案，谢家麟仔细分析了对撞机的关键技术难点，据理力争，证明我们有能力建成，打消了很多人的顾虑。

1981 年 5 月初，中国科学院数理化学部与"八七工程"项目组联合召开了香山科学会议，国内很多知名物理学家参加。其后，朱洪元和谢家麟又两次向中国科学院学部常委会做了方案汇报。一次在北京丰台召开了预制方案讨论会，另一次在河北承德，高能物理学会也对此做了重点讨论。由于对撞机方案具有明显优越性，经过多次汇报、论证与讨论，国内舆论逐渐转向有利于对撞机的方向。1981年7月，高能物理研究所内成立了对撞机筹备组，希望把全所的工作重心转到对撞机的方向上来。这样，对撞机的研制进程又向前跨进了一步。

看似建造正负电子对撞机已是板上钉钉了，可谁能想到，就在这时，差一点又回到建造质子加速器的老路。1981年9月，朱洪元、谢家麟和中国科学院二局副局长邓照明[①]三位到美国，为中美高能物理联合委员会第三次会议做准备。出发前，他们接到指示要他们仍然坚持建造质子加速器的方案。到美国后，他们三人向李政道传达了这一指示。李政道十分诧异：这样举棋不定，反复变化，对电子还是质子这个大方向仍不确定，那么中美高能物理联合委员会第三次会议应该怎么开？

李政道以海外学者对我国高能物理事业的一片赤诚，极力做说服推动工作。邓照明与国内通了电话，经过有关领导再次郑重研究，终于肯定了正负电子对撞机这个大方向。

1981年10月15日，中美高能物理联合委员会在费米国家加速器实验室召开了非正式会议，中方正式通报了中国建造正负电子对撞机的决定。年底，邓小平接见李政道时，李政道向他报告了对撞机的建设情况，邓小平表示这项工程已经定了要干，不再犹豫不决了，应在五年或稍短的时间里建成，经费可以放宽一点，要配备较强的领导班子。从此，中国对撞机的建设真正走上了轨道。

六、对正负电子对撞机四点质问的回答

1981年，针对选择正负电子对撞机展开了激烈的讨论和交锋，

[①] 邓照明（1919—1990），四川宜宾人，青年时期投身抗日救亡运动，是川东、重庆地下党组织的重要成员。中华人民共和国成立后曾任二机部科学技术局副局长、局长，中国科学院二局副局长、数学物理学部副主任等。——作者注

质疑对撞机方案是否正确,各方面都提出了不少问题,归纳起来,主要有四个方面。

第一,对撞机的技术水平很高,国外专家也说对撞机技术困难,你们有把握在中国依靠自己的力量做出来吗?

第二,现在你们说有物理窗口,但几年之后还有吗?美国SPEAR对撞机会自己不做而把机会留给你们吗?

第三,建造正负电子对撞机的费用,国外的估计是不到2000万美元,但中国的国情不同,造价将是多少?如果上马以后,会提出追加费用吗?

第四,中国缺少管理组织大科研工程的经验,能适应这个尖端工程的需要吗?

这四个问题是每个人都会问的,特别是一直从事高能物理研究工作的人,更会提出这些问题。朱洪元、谢家麟和叶铭汉等对这四个问题一一作了解答。

1977年,丁肇中到高能物理研究所访问,由副所长力一[①]接待,叶铭汉陪同。力一征求丁肇中对中国搞对撞机的看法,丁肇中回答说:"对中国而言,可能太难。"丁肇中的看法和当时很多人的看法相同,而叶铭汉则是赞成选择正负电子对撞机的人。

叶铭汉本人虽然不是主攻高能加速器方向的学者,但是他做了多年低能加速器,对所内研制环状高能加速器的主要人员大多很熟悉,特别是和徐建铭两人曾一起研制静电加速器。叶铭汉知道他们的工作能力都是很强的,而且他们从1957年开始就一直在跟高能加速器的设计打交道,并跟踪高能加速器的发展。叶铭汉想,

---

[①] 力一(1913—1996),曾名力伯皖,生于北京,祖籍福建永泰。电信工程及加速器工程专家。1935年毕业于北平大学工学院电机系。1937年3月,秘密参加中国共产党,以电报局局长身份作掩护开展革命活动。中华人民共和国成立后,历任上海电信局、北京电信局副局长,原子能研究所所长兼中国第一台回旋加速器总工程师,高能物理研究所副所长,中国核学会粒子加速器学会、核电子学与核探测器学会第一届理事长。——作者注

他们如果现在转到对撞机，一定没有太大困难，而且现在加速器设计方面已有一些可靠的软件能直接用于设计。叶铭汉相信他们一定能够完成研制高能加速器的任务；在直线加速器方面，谢家麟和他的学生们已经建成了一台30兆电子伏的电子直线加速器，培养了一批人才。因此，叶铭汉深信，我国的科技人员一定能建成对撞机。

高能物理实验研究不仅需要加速器，还需要探测器。高能物理研究所计划建造的探测装置定名为北京谱仪。

有人质疑："北京谱仪能否与对撞机同时完成？"对于这个问题，叶铭汉也充满信心。他在1979年初第一次参观布鲁克海文国家实验室的实验大厅，虽然之前看过文献，知道它十分庞大，但亲眼看到这个庞大的探测设备时还是感到十分震撼。过了一段时间，他想清楚了：探测器虽然庞大，但本质上也是由一道道小探测器集合起来的。叶铭汉和物理一室的同仁对于其中所包括的各种探测器都相当熟悉，现在要从做几道到做几千几万道，有点儿像工业化生产，就是先制成一个满意的探测器单元，然后大量复制即可。需要面临的问题虽然不少——有大量复制过程中的质量控制问题，有把成千上万道探测单元集合起来时的机械设计问题，有检测上万条信道中每一道的性能问题，有读出每道输出信息的问题，有修理、更换故障部件的问题。但是，叶铭汉知道，这些问题都可以借鉴国外的经验，也可以请海外专家提供帮助。

北京谱仪的硬件研制可分为两大部分：一是探测器本身，通常称为北京谱仪[①]，这一部分由一室[②]负责；另一部分是探测器所用的

---

① 本书后文中提到的北京谱仪大多是指探测器本身，有时也包含一部分电子学线路，如在线数据获取系统的触发判选线路。——作者注
② 由于高能物理研究所的传统，一室常被称为物理一室。——作者注

电子学线路，这部分种类多、数量大，有几万道，主要由席德明[①]领导的六室负责。

一室和六室从1974年起就已经开始做研制高能粒子探测器的准备工作，到1982年时已有8年。这8年中，1974年到1976年因"文化大革命"，花在业务上的时间很有限，1977年后研究工作才逐步走上正轨。一室和六室选择了研制电子学类型的探测器，是对撞机上用的探测器。当时我国做了正确的选择，在正确的道路上发展，积累了经验，培养了人才。高能物理研究所的研究人员大多数是20世纪60年代初大学毕业的，到这时已经有了约20年的工作经验。虽然"文化大革命"导致他们有相当多的时间没有用在业务上，但是大家一直很珍惜时光，热爱科学，有空就自学。叶铭汉相信他们都是成熟的有一定水平的科技人员，一定能够完成研制北京谱仪这一重大科学技术任务。

在质心能量为4亿～6亿电子伏能区内有待深入研究的题目是人所共知的，也就是大家说的所谓"窗口"。但是，知道是一回事，研究是另一回事，必须有合适的实验条件才能进行实验研究。要做实验，就必须先创造条件。在SPEAR上工作的人，早就知道有这些窗口，如果他们能做，那么肯定早已做了。事实上是，他们很想做，但是受到SPEAR对撞机的亮度所限，不能做。谁要做，就必须有亮度高出SPEAR至少四五倍的对撞机才行。换句话说，他们要想把这个窗口关闭，就必须建造一台像北京正负电子对撞机那样能量高且亮度高出SPEAR的对撞机才有可能。全世界高能物理的研究是公开的，建造对撞机的计划也是公开的。建造一台对撞机从开始酝酿到最后建成一般需要七八年。我国现在开始建造，到建成前都不会有别的竞争者。能量高的对撞机不可能降低能量来做我们

[①] 席德明，江苏苏州人，核电子学专家。1952年毕业于上海交通大学电机系。后任高能物理研究所研究员、电子学室主任。1978年后从事高能物理实验所需的电子仪器研制工作，领导北京正负电子对撞机工程北京谱仪的电子学研制工作。——作者注

计划做的工作，因为对撞机的特性是：超出能区范围亮度将大大降低，无法工作。

有人质疑："质子打固定靶也可以产生陶、粲粒子，因而质子加速器也可以做这方面的研究，提前把'窗口'关闭。"虽然质子加速器和电子对撞机都能产生陶、粲粒子，但在同一件事上，对撞机有它的优越性，可以在产生陶或粲粒子的阈能附近得到这些粒子，并且本底很小，对于做实验有很大优越性。打固定靶的加速器却做不到这一点，因此不能取代对撞机，不能把窗口关闭。高能量的正负电子对撞机对撞产生的粒子中，有的可以衰变为陶、粲粒子，也可以做有关陶、粲粒子的研究，但是毕竟亮度有限，很难跟我们竞争。因此，叶铭汉确信，今后十年内，这个物理窗口将一直对我国敞开。

关于建造经费，9000万元人民币够不够？关于经费预算，谢家麟做了极其细致的估算，他认为这笔钱已经足够。事实上，后来1988年11月北京正负电子对撞机建成时，谱仪及电子学仪器共用2940万元，电子直线加速器共用2650万元，储存环及输运线共用3010万元，合计8680万元，可见当时的估价还是十分准确的。

后来按我国发展高能物理和同步辐射的实际需要，增加了同步辐射装置的建造，还增强了为全所提供科研服务的计算中心的计算能力。另外，在建造北京正负电子对撞机的同时，进口了一批急需的先进设备，建成了具有国际一流设备的实验室和工厂。这些投资，不属于原来估价的范围。

高能物理研究所的同志有一个好传统——绝不做"钓鱼"的预算来蒙骗上级。他们一定精打细算做预算，确实需要多少就提出多少。事实上，北京正负电子对撞机建成后，实际开销和预算十分接近，还略有结余。

我国对大科研工程的管理组织缺少经验，能适应这个尖端工程的需要吗？针对这个问题，叶铭汉认为，管理问题是不难解决的，可以向国外的研究所学习。20世纪70年代后期，高能物理研究所人员突然增加，一部分领导来自工业部门，不熟悉科技部门的业务，再加上领导层人数过多（高能物理研究所一度有所长1人，副所长12人），管理上分工不明，责任不清，造成管理效率低下。他认为，只要下决心精简管理系统，并学习国外的先进管理方法，就可以做好大科研工程的管理。

实际上，后来高能物理研究所在管理上有了很大改进。最终北京正负电子对撞机工程做到了按设计指标、按计划进度、按预算完成，这在国内和国际大科学工程项目中都是罕见的。

七、对我国高能物理发展道路的回顾与反思

现在叶铭汉回顾我国高能物理发展的"七下八上"经历时，感慨1980年初"八七工程"被迫下马，可谓"塞翁失马焉知非福"。这一次下马，虽然一时间内让国内外高能物理学者灰心丧气，但客观上促使大家重新考虑，放弃了建造质子加速器方案，走上了一条正确的发展道路。

在这个曲折的过程中，李政道以炎黄子孙的赤诚，一心以我国科学事业的发展为己任，付出了巨大的精力。他经常回国或通过电话长时间地与谢家麟联系，在一些关键的转折点上，他坚持正确的方向，耐心做工作，为我国高能物理事业的发展做出了巨大贡献。

朱洪元和谢家麟以严谨的作风与对高能物理事业的无比热忱，做了大量的宣传、论证工作，北京正负电子对撞机方案终于得到我国科学界的认可。我国的高能物理事业能在正确的道路上前进，他们两位做出了关键性的重要贡献。

如果1980年不放弃制造质子加速器的方案，真的花费7亿元建造500亿电子伏的质子加速器，建成后将很难进行前沿的物理研究，而且运行费用将很高——按照国际经验，质子加速器每年的运行费用大约是建造投资的10%，其结果就是中国高能物理实验研究的死

亡。花费 2.4 亿元人民币建造北京正负电子对撞机，使得我国现在在陶、粲物理领域占有了一席之地，跃居国际领先水平。另外，北京正负电子对撞机还同时开创了同步辐射的应用，为其他学科提供了十分重要的研究手段，做出了重要贡献。

叶铭汉时常用体育运动作比喻来说明正确选择发展道路的重要性。在体育竞技方面，我国在世界上具有绝对优势的项目是乒乓球、羽毛球、举重、体操、跳水等，这些运动比较适合中国人的体质。运动员为国争光，增强了民族自信心，让中国在国际体坛占有一席之地。我国高能物理的发展过程，正是一个说明选择正确路线的重要性的例子。

第二节　北京正负电子对撞机工程正式启动

一、确定北京正负电子对撞机工程

经历几番波折，建造电子对撞机的项目终于走上正轨。这一工程被定名为"北京正负电子对撞机工程"，英文名称为 Beijing Electron Positron Collider（BEPC）；在 BEPC 上运行的探测器定名为"北京谱仪"，英文名称为 Beijing Spectrometer（BES）。各项工作开始有条不紊地陆续展开。

1980 年，人们对电子对撞机的四点质疑中有一条是"中国缺少管理组织大科研工程的经验，能适应这个尖端工程的需要吗？"为了回答这个疑问，中国科学院和高能物理研究所采取了一系列措施。

1982 年 5 月，为了加强高能物理研究所的领导能力，中国科学院特调张厚英[①]到该所任常务副所长。

1982年6月，高能物理研究所完成北京正负电子对撞机预制研究方案的初步设计。7月，为了深化设计，高能物理研究所组织了一个由21位人员参加的对撞机总体设计考察组，人员包括谢家麟、张厚英、全金关、周述、任文彬、钟世材、滕克俭、朱孚泉、严太玄、陈森玉、程渭纶、章炎、刘世耀、徐建铭、章乃森、王泰杰、邓树森、席德明、戴贵亮、侯儒成（翻译）。叶铭汉当时在美国，正好结束了在犹他大学的访问，于是在国外加入了考察组，在斯坦福直线加速器中心进行了三个月的考察工作。

北京正负电子对撞机和北京谱仪的设计以斯坦福直线加速器中心的SPEAR对撞机及在SPEAR上运行的MARK Ⅲ谱仪为蓝本，考察组向这两大装置的设计者和使用者请教。

考察组的工作方法是由中方谱仪、注入器、储存环等方面的人员分组与斯坦福直线加速器中心有关专家分别搭配，逐项讨论。叶铭汉等深入了解了他们的设计思想，学习他们的成功经验，听取他们对于自己研制的部件的改进设想，并请他们解答问题。考察组提出自己的初步想法，双方深入讨论改进的意见。叶铭汉认为，和他们讨论，比单纯看文献收获更大。

在设计中，考察组吸收了斯坦福直线加速器中心的成功经验与失败教训，收获很大。在设计中，叶铭汉认为，关于对撞机亮度问题的经验是最大的收获之一。斯坦福直线加速器中心所长潘诺夫斯基特别向考察组介绍，他们当初在SPEAR建成并运行一段时间后，曾做了提高亮度的尝试，但是失败了。他们总结出一个经验：SPEAR对撞机真空盒的横向尺寸沿着圆周的不同地点的变化较大，

[①] 张厚英，中国科学院国家空间科学中心研究员。曾任高能物理研究所常务副所长、空间科学与应用研究中心和空间总体部主任、中国载人航天工程应用系统总指挥。获中国科学院科学技术进步奖特等奖、国家科学技术进步奖特等奖（对撞机）。——作者注

因此阻抗大而导致束流不稳定性阈值较低，影响了亮度。他建议，在 BEPC 的设计中，应特别注意减少横向尺寸的急剧变化，这对推迟不稳定性的出现是十分重要的，估计这样可以提高亮度。当时叶铭汉和大多数人一样，认为应该吸取斯坦福直线加速器中心的这一教训。但是也有人不赞成，因为这样做将加大真空盒的尺寸，导致偏转磁铁磁极的间距随之加大，对撞机的造价会增加。经过讨论，最后大家一致认为，提高亮度是 BEPC 生死攸关的问题，在设计上必须尽可能做到万无一失，多花一些钱也在所不惜。事实上，BEPC 建成后，亮度确实超过 SPEAR，是它的 4 倍，可见这点改进确实起了关键的作用。

1983 年 4 月，国务院批准建造 BEPC，预算为 9600 万元，按这个预算而定的计划不包括同步辐射和计算中心的费用。当时叶铭汉负责探测器研制。预算确定后，谢家麟找到他，表示："这一预算十分紧张，如果加速器不得不多用一些钱时，可能要先顾全加速器，推迟探测器的进度。"叶铭汉完全同意他的建议。他很清楚，局部得服从整体，各部分的研究人员都得从全局出发看问题。

二、工程领导小组

1983 年 12 月，中央书记处第 103 次会议决定，将 BEPC 工程列入国家重点工程建设项目，并决定成立以谷羽为首，包括林宗棠、张寿、张百发的四人工程领导小组，柳怀祖任领导小组秘书，加强对 BEPC 工程的管理。谷羽曾长期主管中国科学院新技术局，管理中国科学院承担的有关"两弹一星"的国家任务；林宗棠当时任国务院重大技术装备办公室主任；张寿时任国家计划委员会副主任；张百发时任北京市副市长。

谷羽对管理大科学工程很有经验，她上任后马上深入群众，广泛征求科技人员的意见。叶铭汉等向谷羽反映了有关工程的重要问题，主要是：工程没有包括同步辐射、计算中心等，预算太低；

我国如果要赶超国外水平，就应该包括同步辐射，要有配套的计算能力等；还需要同时改进与高能物理研究所有关的实验室设备。

谷羽非常支持叶铭汉等的建议，她认为 BEPC 工程应该包括同步辐射及其他配套项目。为此，她大力宣传高能物理和同步辐射的重要性，呼吁增加预算，把同步辐射装置等的研制包括在 BEPC 工程的计划内。

1984 年 6 月，经过谷羽等的努力，终于扩大了 BEPC 工程的内容，合理地增加了经费，保证了后来 BEPC 工程的圆满成功。国家批准了对撞机工程的扩初设计和经费。最终确定了 BEPC 工程计划，包括同步辐射、计算中心、有关实验室的更新等，总预算提高到 2.4 亿元。

这时，叶铭汉和大多数科技人员一样，对于 BEPC 工程的建成充满信心，但对这一大工程能否在计划预定的时间内完成还有些保留。这是因为有一些问题超出了他们的业务能力，他们没有十足的把握能够及时解决。

第一，最主要的问题是器材问题，特别是一些高端计算机、电子学组件等，当时国内一时还不能生产，能否如期到位，尚有疑问。

第二，大部分部件须在多家工厂加工，每家工厂能否按照合同要求及时保质保量完成，并不能打包票。

第三，大量部件在加工完成之后，能否及时运到高能物理研究所，也是问题。当时我国铁路运输紧张，有时可能一时没有车皮运输这些部件，要排队等待。

总而言之，有很多专业科研人员无法控制的问题可能会影响工程的顺利进展。谷羽很清楚这些问题，她说："你们专心搞业务，那些你们没有办法解决的问题，让领导小组来想办法解决。"在工程领导小组的努力下，困扰叶铭汉等科研人员的问题最终都被一一解决。

BEPC 工程一些关键部件的制造可以由林宗棠通过国务院重大

技术装备办公室直接安排工厂生产。这在加工定点、质量保证、合理定价、如期交货等方面起了不可估量的作用。

预算批准后,经费是经过国家计划委员会调拨的。由于张寿的努力,从预制开始,一直是重点保证,及时调拨经费,从未间断或延迟而影响工程进展。进口器材所需的外汇,也得到充分支持。

在土建方面,张百发帮助研究人员解决了征地问题,配备了北京市最高水平的施工队伍和施工机械,保证了土建进度。在把谱仪的磁铁线圈这个庞然大物从位于北京郊区坨里的原子能研究所运到高能物理研究所的过程中,北京市动员了交通、电信等许多部门,保驾护航,使其平安到达。有过一次暴雨浸没隧道的险情,马上有消防人员前来帮助排水。

可以说,谷羽、张寿、林宗棠、张百发组成的四人工程领导小组的成立是 BEPC 工程得以顺利完成的决定性保证。

三、高能物理研究所领导组织调整

张文裕是国际知名物理学家,他发现了 μ 原子的存在,发明了多丝火花计数器,与肖健共同领导建成了当时世界上最大的云室,等等。

1972 年,张文裕与朱洪元、谢家麟等写信给周恩来总理,建议建造一台高能加速器,开展高能物理实验研究,并得到周总理的批示。至此,高能物理基地的建设才算正式启动。

1973 年,高能物理研究所成立,张文裕担任所长。张文裕一贯重视理论与实验相结合,并且一再对此观点进行宣传。建造高能加速器,可以说是他这种思想的具体体现。为此,他呕心沥血,任劳任怨,献出了晚年的全部精力,对我国高能物理事业的发展做出重要贡献。

1982 年初,叶铭汉接到中国科学院副院长钱三强的通知,要他作为秘书之一，回国参加当年3月在北京举行的中美高能物理合作会议。他马上回到北京，这才知道，自己被任命为高能物理研究所一室主任，负责北京谱仪的研制。刚接到任命时，叶铭汉感到责任重大，但他和以往一样，接到任命就尽全力去干。他有着多种探测器的研制或使用经验，因此胸有成竹，有信心一定能完成任务。

1984年2月7日，高能物理研究所领导班子换届。中国科学院党组决定任命张文裕为高能物理研究所名誉所长，叶铭汉为代理所长，张厚英继续任常务副所长，谢家麟、陈东任副所长，领导全所投入研制北京正负电子对撞机和北京谱仪，后来在1985年增添方守贤为副所长。北京正负电子对撞机主要由谢家麟、方守贤负责，北京谱仪由叶铭汉负责，张厚英负责土建以及北京正负电子对撞机和北京谱仪的非标准部件加工。这时，领导班子的人数从以往最多时的13人减少到5人。

BEPC工程的管理采用经理负责制，谢家麟为经理，方守贤、张厚英为副经理。叶铭汉作为所长，除负责全所管理事务外，还参加了BEPC工程领导小组，同时兼任北京谱仪工程的领导，负责北京谱仪的研制。

第三节 北京谱仪简介

北京谱仪是运行在北京正负电子对撞机上的一个大型探测装置，用来探测和分析正负电子对撞后产生的次级粒子，从而研究基本粒子间的相互作用及其规律。它的主要功能有三：第一，分辨粒子的种类（带电粒子、光子、缪子）；第二，测量带电粒子的动量；第三，测量光子的能量。

北京谱仪是一项大型科研工程，其难度和复杂程度不亚于北京正负电子对撞机。这个庞然大物整体长6米，高、宽各7米，总重480吨，电子学读出信道共2万多道，谱仪的控制、数据的获取等全部通过计算机。北京谱仪工程除了硬件之外，还包括须用几十人用一年时间才能完成的大量软件，用来控制谱仪的运行、处理获得的信号、重建粒子的径迹等，还需要进行物理分析和模拟高能物理过程的大量软件。在北京谱仪设计和准备物理实验的过程中，须用蒙特卡罗方法产生大量模拟事例，用于研究谱仪的性能、估计各种事例产生的概率等。北京谱仪的种种技术要求都大大超越了建造时我国的技术水平。

那么，它的工作原理是怎样的？主要结构又是如何？为了更好地了解这一重大工程，下面简要地做一些普及性的基础介绍。

一、什么是微观粒子？

在我们生活的世界，微观粒子无处不在。这些粒子尺度非常小，肉眼不可见，类型繁多、能量也不同，主要有电子、光子、缪子、质子以及各种中微子等。

微观粒子的来源十分广泛。它们有的来自土壤、岩石或家中墙壁里的微量放射性物质；有的来自太阳、宇宙。来自外太空的带电高能粒子就被称为"宇宙线"或"宇宙射线"。

微观粒子时时刻刻在轰击着我们。作为一个地球人，每个人每天遭宇宙射线粒子轰击百万次以上，然而人们并未感到它们的存在，也无法感受到它们的轰击，这是为什么呢？

原因有四：第一，它们太小；第二，它们运动极快；第三，它们在世的时间太短；第四，它们轰击的作用很微弱，对人体的损害极小。

微观粒子的尺度为 $10^{-19} \sim 10^{-15}$ 米，而人的尺度是米，相比而言，微观粒子真是小得看不见、摸不着。此外，粒子运动速度极快，有的甚至接近或达到光速（约 3×10^5 千米/秒）。更困难的是不少粒子的寿命极短，很快就会衰变成其他粒子，直到衰变为长寿命的粒子。例如，陶轻子（τ）产生 10^{-13} 秒之后就衰变成三个 π 介子和一个中微子，而 π 介子又在 10^{-8} 秒之后衰变成缪子（μ），等等。总之，我们就生活在这样一个充满微观粒子的环境中，微观粒子不断产生和衰变。粒子通过或终止在人体内有时只破坏少数细胞，人根本感觉不到。

高能物理实验的研究对象，就是这些尺度极小、运动极快、寿命极短的微观粒子。我们要探测到它们的存在，了解它们的性质，对它们进行研究，就不能守株待兔等待它们的到来或到处去寻找，而必须人工产生这些粒子。只有这样，我们才能系统地研究它们，并利用它们为我们服务。

要想探索微观粒子的结构，就需要深入其内部，甚至要打碎它，而打碎它的"炮弹"就是高速运动的粒子束。产生高速运动粒子束的装置叫作加速器。顾名思义，加速器就是能够提高带电粒子运动速度的装置。正如炮弹能量越大穿透能力就越强一样，电子、质子等带电粒子束流被加速，速度越快，能量越高，就越容易更深入地进入微观世界，从而产生更深层次的粒子。

正如在天文研究中，要探索越来越远的宇宙空间，就需要功能越来越强大的望远镜，甚至是在空间飞行的哈勃空间望远镜一样，要研究微观世界的层次越深，就越需要更高能量的加速器。

如何提高加速器的能量呢？从单撞改为对撞就是一个好方法。想象在日常生活中，两辆质量完全相同的汽车以相同速度（v）迎面相撞，两辆汽车就会停止在对撞点，车身受到很大的损坏。这种情况下，两辆汽车的动能全部转化为破坏车身的能量，"破坏车身的能量"很大；如果其中一辆汽车是静止的，另一辆汽车以两倍上述速度（$2v$）去撞击，则这两辆汽车所受到的损坏要比上述情况小得多。因为在第二种情况下，两辆汽车需要一起向前运动一段距离。根据能量守恒定律，主动撞击的汽车的动能中有一部分要转化成这两辆汽车一起前进的动能,剩下的动能才转化为破坏车身的能量。

在微观粒子中也是这个道理。两束运动速度相同的相同粒子迎面相撞时,两者的动能全部转化为打碎粒子的能量(即质心系统能量),这样可以把粒子打得更碎;而一束同样的粒子以两倍速度打到静止不动的另一相同粒子上时,其动能所转换成的打碎粒子的能量要小得多。这种能够产生两束高能带电粒子束流并使它们相互碰撞的加速器就称为对撞机。

北京正负电子对撞机就是能产生正负电子束流并实现对撞的加速器。它将每束 2.8 亿电子伏的正负电子相互碰撞,其质心能量为 5.6 亿电子伏。正负电子对撞,当质心能量足够时,就可以产生一对正负缪子(μ)或一对正负陶轻子(τ)或一对正负电子(e^+ 与 e^-),也可以产生一对夸克[①]。这一对夸克可以再生成各类强子,如一个粲夸克(c)和一个反粲夸克组成 J/ψ 介子[②]($c\bar{c}$)。

我们可以通过控制对撞机的能量来产生我们希望研究的粒子。当把电子和正电子的能量各设定为 1.55 亿电子伏时,其质心能量正好产生一对粲夸克,由这对粲夸克组成的 J/ψ 介子($c\bar{c}$)就被大量地产生出来,使我们有机会对它进行仔细的研究。

二、怎样探测微观粒子?

微观世界的粒子是肉眼看不见的,人的感觉器官也不能察觉得到。我们要想知道它们的存在、性质和运动状况,就必须依靠名叫

---

① 夸克按特性分为6种"味"u,分别为"上夸克"(up,简作 u)、"下夸克"(down,简作 d)、"粲夸克"(charm,简作 c)、"奇夸克"(strange,简作 s)、"顶夸克"(top,简作 t)、"底夸克"(bottom,简作 b)。——作者注

② J/ψ 介子是一种由一个粲夸克和一个反粲夸克组成的介子。1974 年 11 月 11 日,两个互相独立的研究组同时分别发表发现了 J/ψ 介子。其中一个组是伯顿·里克特(Burton Richter)领导的斯坦福国家加速器实验室,另一个组是麻省理工学院丁肇中领导的布鲁克海文国家实验室。1976 年,里克特和丁肇中因为这个发现共享了诺贝尔物理学奖。——作者注

"探测器"的仪器设备。

科幻小说中描写过这样一种隐身人——人们看不见这位隐身人本身,但是当他走过雪地时,却留下了足迹。侦探从隐身人留下足迹的形状、脚印的深浅、足迹的间距,可以估计出他的大致体重、运动速度、运动姿态等。探测微观粒子的原理正是如此。

粒子运动时,必然会与空间环境内的物质发生作用。这种作用可能是极其微弱的,人的器官无法感觉到,但是人们可以设法放大这种微弱作用留下的痕迹,进而加以研究。

例如,当一个带电粒子通过气体时,它可能与一个气体分子碰撞,使这个气体分子丢失一个电子,成为离子,即发生电离作用而成为一个正离子和电子。我们可以设置一个电场来加速这次电离所产生的电子,让它进一步与气体分子碰撞。电子在电场中运动,如果电子的能量足够大,一路上就可以不断地与许多个气体分子碰撞,从而使许多个气体分子电离,此时新产生的电子在电场的作用下,又可以继续使气体分子电离。如此,电场中电子的数目,就这样从一变二、二变四,一直倍增到几十万个,这么多的电子收集起来,所产生的电信号就可能足以被仪器观测到了。这就是探测器的基本工作原理。

用加速器或对撞机产生的大量粒子有一个问题,就是它们的寿命极其短暂,"母粒子"一旦产生出来,就很快衰变成次级粒子。为了研究"母粒子",就必须探测到它的后代,知道了"母粒子"的"子子孙孙",就能了解它本身的性质。我们研究这个衰变的过程,就能认识到"母粒子"的结构以及各种微观粒子的相互作用,从中找到微观世界的运动规律。

探测器谱仪的作用就是在极短的时间里,及时地探测到加速器所产生以及衰变出来的各种粒子,给出粒子产生或衰变的时间、地点、走过的路径,以及它们的电荷、动量、能量等信息。

正负电子对撞机可以产生各种粒子，如由正反粲夸克组成的 J/ψ 介子（cc）、由粲夸克和反奇夸克组成的 D_S 粒子（cs）等。但是，它们的寿命极短，无法直接探测到。能够探测到的寿命较长的粒子通常是电子（e）、光子（γ）、缪子（μ）、质子（p）等。这些可探测到的粒子中，有的是短寿命的"母粒子"衰变后的产物，有的是由正负电子对撞直接产生的。无论哪种情况，它们都会从对撞中心向四周飞出。

为了探测这些微观粒子，针对不同类型的粒子以及它们不同的信息（如电荷、飞行速度、动量等），需要用多种不同类型的探测器，这种由多种探测器组成的探测装置就叫作谱仪。

为了不漏掉任何一个粒子，我们必须用这几种不同功能的探测器把对撞中心包围起来，最理想的结构是一个球形，正负电子在球的中心对撞，对撞所产生的次级粒子可以全部被探测到。这种情况下，人们说："探测器的立体角①是 4π。"但这实际上不可能做到，所以一般把谱仪做成多层圆柱体，除了沿着柱体的轴线留出正负电子通过的真空管道外，还尽可能把对撞中心包围起来，最内层的探测器越靠近对撞点越好。

随着对撞能量的提高、产生粒子数的增加、各种粒子的速度和能量的增大，探测器的规模大小、复杂和精密的程度、记录的信息量和记录速度、计算机控制与自动化水平也越来越高，成为集探测器技术、电子学技术、计算机技术、网络化技术、自动控制技术、机械工程技术于一体的庞大的基础科学研究实验工程。

三、北京谱仪的总体结构

广义的北京谱仪主要包括三个部分——北京谱仪主体（也就是

---

① 立体角（Ω）是一个物体对特定点的三维空间的角度，它描述的是站在某一点的观察者测量到的物体大小的尺度。一个完整的球面对于球内任意一点的立体角为 $4\pi sr$（sr：steradian 的缩写，球面度），4π 即"全方位立体角"。——作者注

狭义上的北京谱仪)、控制系统、支持系统。

北京谱仪主体包括中心径迹探测器、主漂移径迹室、飞行时间计数器、电磁量能器、磁铁、缪子探测器。整个北京谱仪主体安装在一个可移动的底座上。

控制系统包括电子学系统、粒子选择控制系统（又名触发判选系统）、数据获取系统、计算机网络和数据分析系统。

支持系统包括探测器电源、磁铁电源，气体系统，磁场、亮度、温度等检测系统，风、气、水、电支持系统。

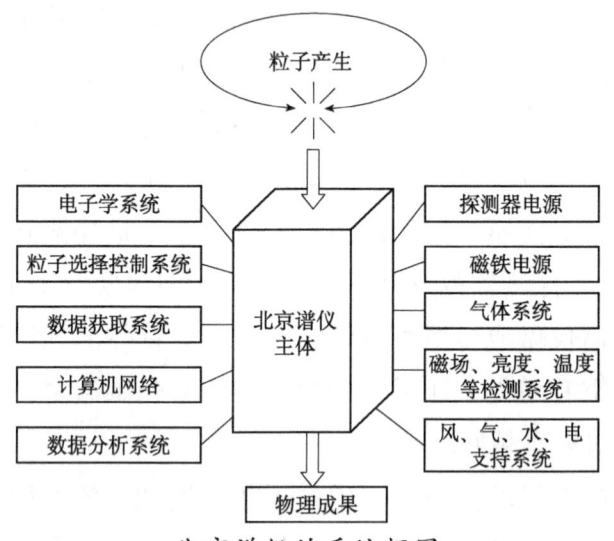

北京谱仪的系统框图

四、北京谱仪主体的结构

北京谱仪主体的中心部分是正负电子通过的管道，对撞点的附近一段被称为"束流管道"。为了让对撞所产生的所有粒子能够几乎无损地穿出，束流管道必须越薄越好。束流管道一般用金属铍做成，这种金属有高电导率和X射线高穿透性，但是铍有毒，人吸入微量铍粉末就可致命。当时我国没有加工铍的技术，只能用碳纤维来制造束流管道。

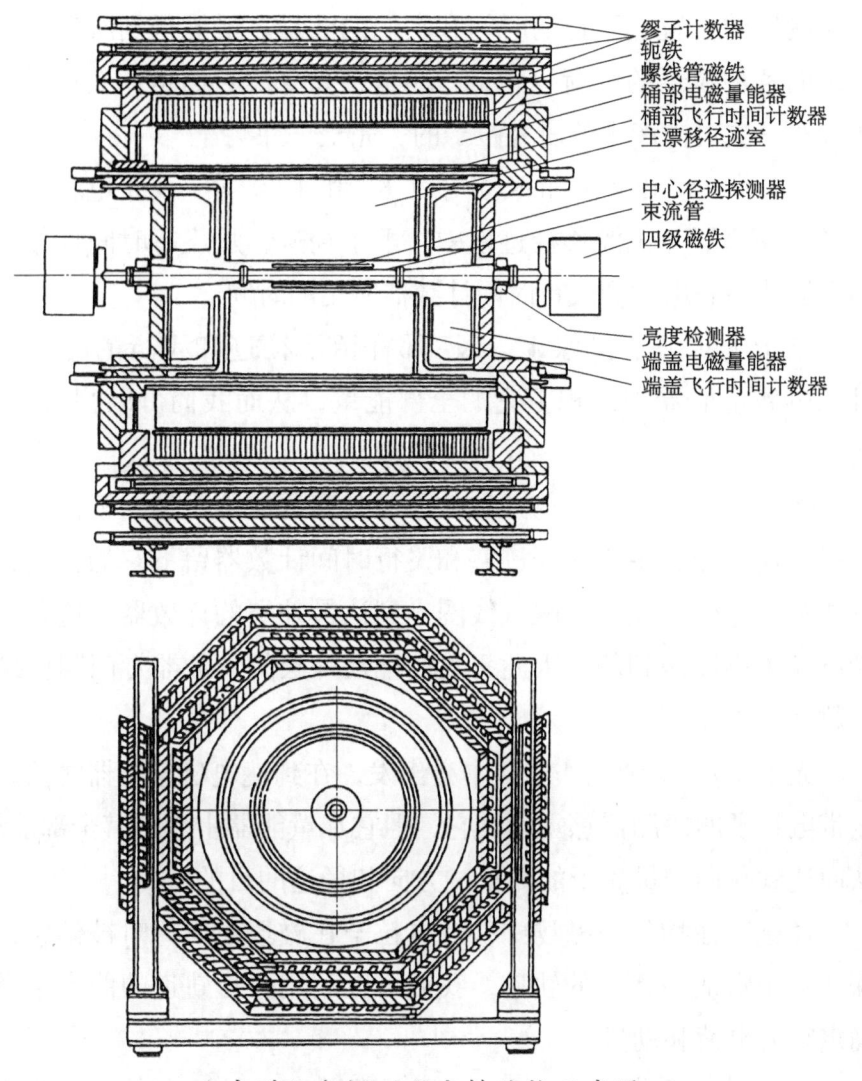

北京谱仪各探测器安排结构示意图

　　北京谱仪的主体由各种探测装置组成，这些功能不同的探测装置负责实现对各类粒子的探测，将粒子的信息转换成相关的电信号。北京谱仪的主体从对撞中心向外安排了中心径迹探测器、主漂移径迹室、飞行时间计数器、电磁量能器和缪子计数器。

　　前四种探测器安置在0.4特斯拉的均匀强磁场中，用来测量带电粒子从对撞点飞出的径迹、中性粒子（如光子）飞行的方向、击中探测器的位置、飞行的时间和它们的能量。最终得到所有从中心飞出的各种粒子的电荷、动量、能量，并分辨它们是什么粒子，以实现对一次对撞产生的所有粒子的"完全"探测。

π介子（$π^+$和$π^-$）和K介子（K^+和K^-）等一类带电粒子在中心径迹探测器与主漂移径迹室中留下了径迹，从飞行时间计数器得到它们从中心出发到飞行时间计数器所用的时间。

电子（$e^±$）不仅像$π^±$、$K^±$那样留下径迹和飞行的时间，而且在电磁量能器中沉积下它的全部能量，从而我们可以测得$e^±$的能量。

缪子（$μ^±$）不同于前几种粒子，其穿透能力很强，不仅会在中心径迹探测器、主漂移径迹室和飞行时间计数器留下它的径迹，而且能穿过电磁量能器、磁铁线圈，到达最外层的计数器。这是其他带电粒子难以做到的。因此，我们把最外层的计数器专门叫作缪子计数器。

光子（γ）不带电，它从中心出发，在到达电磁量能器之前，测量带电粒子的探测器感觉不到它，但它在量能器中失掉其全部能量，从而达到我们测量光子的能量、方向和径迹的目的。

径迹室在均匀的磁场中，带电粒子在磁场中飞行时被偏转，在探测器中形成一弧形的轨迹，我们可以利用弧形轨道的曲率半径来确定它的电荷和动量。

$π^0$粒子（不带电的中性π介子）不同于$π^±$，它很快在探测器中衰变成两个光子（$π^0 → 2γ$）。我们可以用电磁量能器所测到的两个相邻光子来辨别和"重建"$π^0$粒子。

虽然北京谱仪探测不到光子以外的中性粒子（如中子），但是，我们可以借助已探测到的其他粒子的信息和能量、动量的守恒定律来实现对它们的间接测量。

对撞粒子束具有很高的能量，一次对撞能产生多个粒子，探测器规模很大，磁场的体积和强度也很大。

（一）探测器之一：中心径迹探测器

紧包在束流管外的探测器是中心径迹探测器，它负责测量带电粒子的径迹。中心径迹探测器可以用来确定带电粒子是否是正负电子在对撞点对撞所产生的，给出触发信号，排斥正负电子打到束流管壁而散射或宇宙线所产生的本底。

中心径迹探测器是由12层漂移管组成的探测器，共有640根漂移管，每根漂移管的直径为8毫米，长83厘米，外壁是镀铝的麦拉膜（Mylar），漂移管内沿轴线拉有直径为50微米的镀金钨丝作为信号丝。管内充有3个大气压的氩气和乙烷混合气体，管壁电压为0，丝上加有3800伏高压。

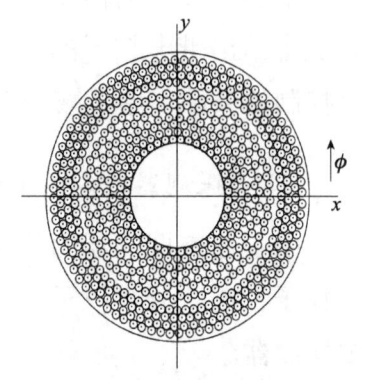

中心径迹探测器结构示意图

带电粒子穿过漂移管时，与管内气体介质相互作用，气体分子被电离形成离子和电子，从而在粒子通过的路径上留下初级电离粒子（气体离子和电子）的运动轨迹。气体离子和电子在信号丝与管壁形成的电场作用下分别向管壁及信号丝漂移过去。信号丝细，周围形成一非常强的电场，使漂移电子获得很大的能量，具有再电离气体分子和原子的能力。这样，漂移电子一变二、二变四，不断地倍增直到次级电子的能量太小不能再电离气体分子时为止。这一过程被称为"雪崩"或"气体放大"。这样，可以在丝上收集到或感应出一个可探测到的电脉冲。从入射粒子穿过漂移管到信号丝上出现电信号，这一段时间称为"电子的漂移时间"，这段时间的长短与入射粒子（即初级电离电子）所产生的地点和信号丝之间的距离相关。因此，通过测量漂移时间就可以确定入射粒子穿过探测器时相对于信号丝的位置。

如果管内电场均匀，电子漂移速度是一常数（一般漂移1毫米需要20纳秒），那么，漂移时间乘上漂移速度即粒子的空间位置。此时空间位置的测量精度不再是由管的粗细或信号丝与管壁的间距所决定，而是由漂移时间的测量精度所决定，一般可达100～200微米。

中心径迹探测器作为最内层的探测器，不但可以与主漂移径迹室配合给出带电粒子的径迹、出发点和动量，而且可以提供粒子选择控制的条件，用来减少宇宙线本底。

（二）探测器之二：主漂移径迹室

中心径迹探测器的外层是主漂移径迹室，是北京谱仪中测量带电粒子径迹、分辨粒子、测量动量及其通过漂移室时能量损失的主要探测器。

主漂移径迹室是一个大型圆筒形探测器，外径2.3米，长2.2米（两端板外侧面间距），接受立体角可达到4π的96%。两端端板间拉有22 926根金属丝，其中的3216根为信号丝，沿着圆筒半径分布，共有40层。每4层的信号丝与场丝、电位丝形成一个"漂移单元"。场丝上加电压，其作用是形成均匀的电场。电位丝在地电位，将信号丝隔开，以免信号互相感应。信号丝是用来收集气体放大形成的电脉冲，其原理与上述的漂移管一样，通过测量漂移时间来确定粒子穿过每一信号丝附近的位置。因为有40层丝，也就有40个不同半径上的坐标，这些坐标形成了一条完整的轨迹。

粒子在探测器中能量损失的大小不仅与粒子的动量有关，而且与粒子的质量有关。动量大小相同的带电粒子，质量越大，运动速度越小，电离能力越强；相反，则电离能力越差。电离能力的强弱可以反映在信号丝上所产生的电信号的大小。所以，我们不仅可以通过测量漂移时间来确定粒子的轨道，而且可以用丝上电信号的大小（即粒子在不同动量时的电离能力）来实现对粒子种类

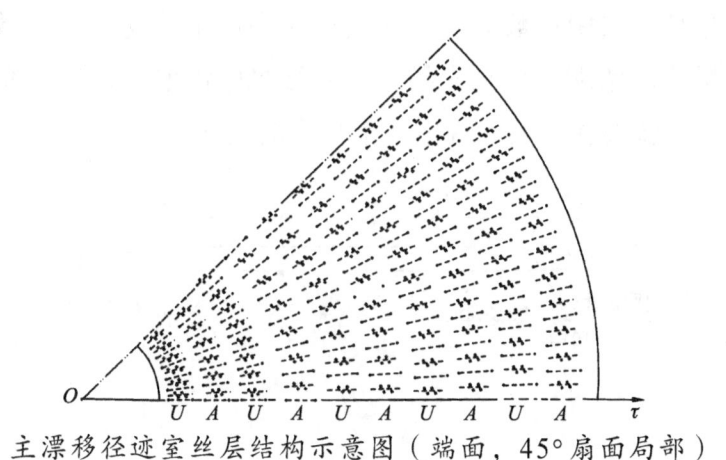

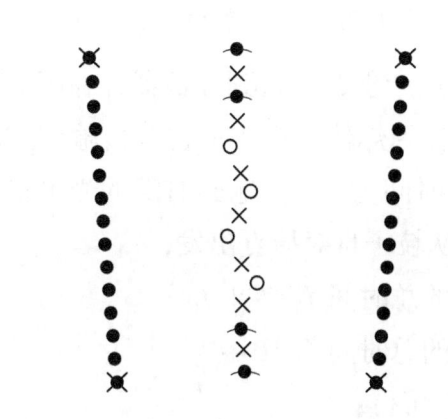

的辨别。在动量不太高时，这是一种区别不同带电粒子的好方法。

主漂移径迹室丝层结构示意图（端面，45°扇面局部）

● 场丝　○ 信号丝　× 电位丝　●- 保护丝　✖ 粗场丝
主漂移径迹室漂移单元结构示意图

（三）探测器之三：飞行时间计数器

漂移室外是飞行时间计数器，它负责测量带电粒子从对撞点到飞行时间计数器的飞行时间，分为桶部飞行时间计数器和端盖飞行时间计数器两部分，都由有机塑料闪烁体和光电倍增管构成。

这里只介绍桶部飞行时间计数器。桶部飞行时间计数器由48个有机塑料闪烁计数器组成，环绕在主漂移径迹室圆筒外，用来测量带电粒子从对撞中心飞行到计数器所用的时间。每个有机塑料闪烁计数器长 2.84 米，宽 15.6 厘米，厚 5 厘米，两端各有光导和光电倍增管。当粒子击中计数器时，在闪烁体中产生荧光。这些微弱的荧光沿闪烁体向两端传输到光导，然后被光电倍增管收集。光电倍增管进行光电转换和放大后输出一个相应的电脉冲。

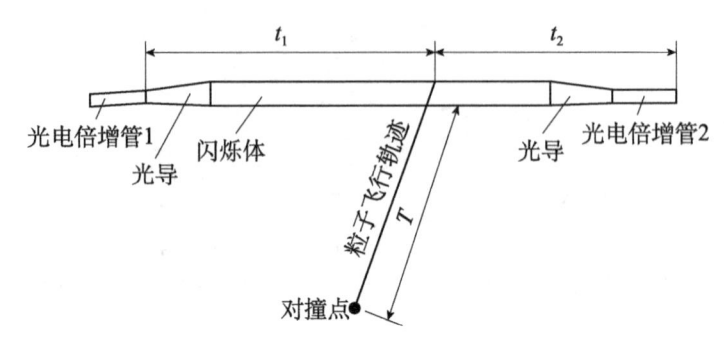

飞行时间计数器示意图

假设粒子从对撞点产生，飞行到计数器并在闪烁体上产生荧光的时间为 T，荧光从在闪烁体上产生的位置传输到左端的光电倍增管 1 并形成电脉冲的时间为 t_1，传输到右端的光电倍增管 2 并形成电脉冲的时间为 t_2。从粒子自对撞点出发，

到光电倍增管 1 的总时间 $T_1 = T + t_1$ （4-1）

到光电倍增管 2 的总时间 $T_2 = T + t_2$ （4-2）

式（4-1）+式（4-2）可得：

$$T_1 + T_2 = 2T + t_1 + t_2 \tag{4-3}$$

对式（4-3）进行整理，可得：

$$T = \frac{1}{2}\left[(T_1 + T_2) - (t_1 + t_2)\right] \tag{4-4}$$

式中，$t_1 + t_2$ 是荧光从闪烁体一端传输到另一端的时间之和与两个光电倍增管渡越时间（光电倍增管从接收到光子到输出电脉冲所需的时间）之和，是一个常数，所以只要测出 T_1 和 T_2 就可以得到粒子飞行时间 T。T 只与带电粒子的飞行速度和距离有关，而与到达闪烁体的位置无关。

当我们从径迹室测得了粒子的路径和动量以及飞过这段路径

所花费的时间后，就不难得出粒子的速度，由速度和动量可以计算出质量。这就是测量飞行时间的目的之一——可以用来分辨粒子。

飞行时间计数器的另一个重要作用是：谱仪工作时，因为飞行时间计数器的时间响应很快（约 10^{-10} 秒），它可以以极快的速度告知粒子选择控制系统有无粒子到达飞行时间计数器，可以实现对实验事例的快速选择。

（四）探测器之四：电磁量能器

飞行时间计数器外是桶部电磁量能器和端盖电磁量能器。电磁量能器的作用是：测量正负电子或光子的位置、方向和总能量；测量缪子在电磁量能器中沉积的部分能量，提供辨别缪子的辅助信息；从中性粒子在飞行时间计数器中沉积的总能量提供粒子选择控制（触发判选）的条件。

电磁量能器分为桶部电磁量能器和端盖电磁量能器两部分，现以桶部电磁量能器为例进行介绍。

桶部电磁量能器由 24 层铅板和夹在铅板中的一排排很细的簇射计数管组成。计数管中心是阳极丝，管壁为地电位，用来高效地测量进入管中的电子或光子射线。当高能光子射线入射到第一层铅板时，由于康普顿效应而产生一个次级光子和次级电子，或者由于电子对效应而产生一对次级正负电子。次级电子会在铅板上发生韧致辐射或正电子湮灭而产生能量较低的光子射线，次级光子射线会再次产生电子或光子。这样在电子、光子之间不断地转换，不断地产生新的次级电子或光子。当然，每一次新粒子的产生，其"母粒子"的能量都会降低一些，最终由于能量太低，这种级联过程就会停止下来。这种由一个入射电子（或光子）形成一簇次级粒子的过程叫作簇射。北京谱仪的电磁量能器又名"簇射计数器"。

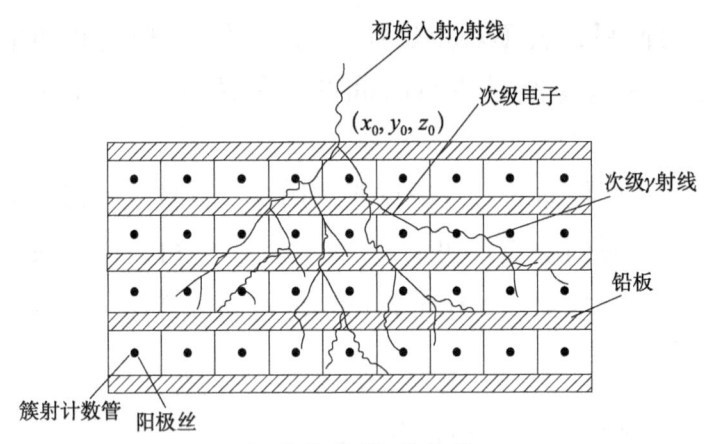

电磁量能器示意图

理论与实验都证明，簇射中的次级粒子总能量或粒子数量与初级入射电子（或光子）的能量成正比。簇射发展的起点和方向就是入射粒子的位置与方向。电磁量能器利用电荷分配法确定沿簇射计数管轴线方向的位置，精度达 2.3 厘米。

在设计实际的电磁量能器时，应该尽可能地保证从对撞点飞出的光子或电子都能到达电磁量能器，产生簇射并被记录下来。因为电磁量能器安装在磁铁线圈内部，所以能量较低的光子或电子（≥50兆电子伏）也能被探测到。

桶部电磁量能器是一个将对撞点包围起来的圆柱形探测器，长 3.85 米，外径 3.38 米，总重量约 45 吨，是北京谱仪中体积最大、质量最重的探测器。桶部电磁量能器和端盖电磁量能器的总信号共有 12 000 多路。

（五）探测器之五：缪子计数器

顾名思义，缪子计数器是专门探测缪子的探测器，它可以探测有无缪子穿过计数器，并与径迹室配合测出缪子的动量。

缪子在物质中电离损失最小、穿透本领最大，在动量相同的带电粒子中射程最长。基于缪子的这一特点，我们将探测器安置在磁场的线圈、轭铁的最外面，只有缪子才能穿过它们，而其他带电粒子被阻挡在线圈、轭铁等吸收体内，从而实现对缪子的鉴别。

缪子的位置由缪子所击中的计数管来确定，沿计数管轴线方向的位置则用电荷分配法来确定，位置精度可达约4.5厘米。

五、北京谱仪的控制系统

北京谱仪的主体由各类探测器组成，但仅有探测器并不能开展工作，还需要其他系统配合，才能完成对微观粒子进行探测的任务。

除了主体部分，北京谱仪的另一个主要组成部分是控制系统。控制系统的主要任务是在满足物理要求的前提下，对大量信号进行高速度的获取和暂存，有控制、有选择地进行数字化和数据预处理，进而将对实验有用的数据进行计算机在线获取。

控制系统由三部分组成：电子学系统、粒子选择控制系统（又名触发判选系统）、计算机在线控制与数据获取系统。它们与北京谱仪主体部分的关系如下图所示。

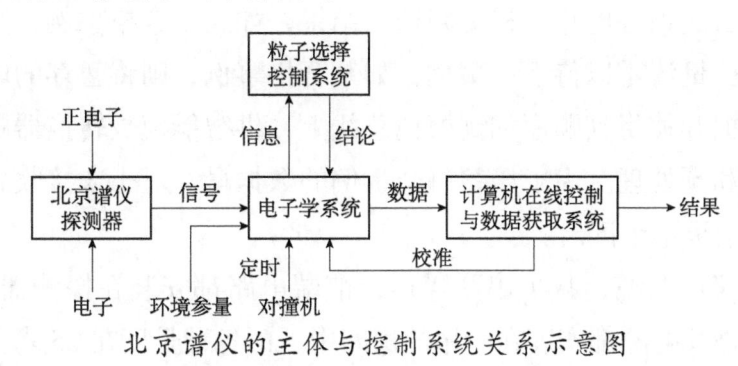

北京谱仪的主体与控制系统关系示意图

电子学系统的作用是接收探测器发来的信号，其中部分信号经过处理后送入粒子选择控制系统；粒子选择控制系统根据物理实验要求，对信号做出取舍的判断。电子学系统接到粒子选择控制系统的结论，或复原清零等待下一个事例的到来，或将已接收的信息进行数字化预处理并送入计算机在线控制与数据获取系统。同时，在线计算机将实验人员的各种控制信息传达给粒子选择控制系统和电子学系统，对信号进行实时处理，反复对电子学线路本身进行校准，力求在任何时候都能获取满足实验精度要求的数据。

（一）控制系统之一：电子学系统

北京谱仪的电子学系统与各探测器相对应，整个系统包括640路中心径迹探测器电子学系统、6432路主漂移室电子学系统（其中一半测时间量，一半测电荷量）、144路飞行时间计数器电子学系统、2480路量能器电子学系统、1512路缪子计数器电子学系统，此外还有监测系统、供电系统、冷却系统等。

各探测器输出的信号首先送入各种前端电路。各前端电路的输出信号，无论是电荷量、时间量还是空间坐标量，经处理后都以电压量的形态暂时储存起来。其中一部分信息被送到粒子选择控制电路去做事例判选。

由粒子选择控制电路提供系统所需的清零信号、取样门信号以及启动智能模数转换器（analog to digital converter，ADC）的信号，经扇出后送到各电路。根据判选的结果，如属不合格事例，则将暂存的电压量清零以待下一事例；如系合格事例，则将暂存的电压量利用模拟开关将其顺序加到模拟总线上，供智能模数转换器顺序地数字化和预处理。为了压缩每个事例的数据量，对于未接收到有用数据的信道不予读出。

为缩短电缆，减少串联噪声，前端电路都安装在探测器附近。其他电路及电源都安装在专用的房间中，由各种长度在25米左右的电缆相连接。

（二）控制系统之二：粒子选择控制系统

粒子选择控制系统的作用是在众多的物理事例中选出真正有用的对撞事例，去除本底事例。

什么是本底事例呢？

微观粒子的尺度极小，要让它们经过加速后相向而行并发生对头正撞是一件十分困难的事情，要让一个正电子与一个电子对撞是几乎不可能的。

为了增加对撞的可能性，在对撞机中，我们让两个正负电子束团而不是单个正负电子来对撞。每个束团的截面尺寸为 0.2 毫米 × 1 毫米，而束团中各有约 10^{11} 个电子（或正电子）。可以想象，即使如此多的正负电子相撞，也只有极少数会实现对撞，大部分是"擦肩而过"。此外，束流管内也不是真正的真空，还有残留气体的分子。束流的电子也会被这些分子散射到其他地方而丢失，这些丢失的电子会成为探测器的本底信号，这样的本底信号每秒大约有 10^5 个。北京谱仪能记录到的真正对撞事例一般不超过每秒 10 个，但各子探测器却会接收到大量的本底信号。

此外还有宇宙射线本底，例如飞行时间计数器接收的宇宙射线本底，大约为每秒 1600 个。

我们不可能让计算机记录下包括本底的所有信号，其原因如下。第一，记录下的数据量极大，而有用的极少，将给分析带来不堪承受的负担。第二，要记录一个事例，整个记录系统需要花费一定的时间，在这段"死"时间里不能再记录新的事例。北京谱仪的"死"时间为 10～20 毫秒。多记录一个本底，就要损失 10～20 毫秒的时间不能记录真正的事例。当记录的本底事例每秒超过 50 个时，几乎没有可能记录有用的物理事例了。

为此，必须有粒子选择控制系统来排除本底事例的干扰，选出真正的对撞事例，去除本底事例。例如，让谱仪探测器在两次对撞间隙之间不计数，只在对撞发生前后一个很短时间内"开门"，记录有用的信号，这样就可以减少宇宙线本底。

北京正负电子对撞机中两团束流每隔 0.8 微秒对撞一次，因此粒子选择的决定必须在 0.8 微秒时间里做出。实际上，因为探测器工作信号的传输与处理都需要时间，所以真正留给判选的时间不到 0.1 微秒。

为了在这么短的时间内完成判选，北京谱仪采用多级判选方案。

第一级判选选用响应时间最短的飞行时间计数器等子系统的信号，在一个对撞周期（0.8微秒）内完成。如果第一次判选为本底事例，就及时复原电子学系统，这样第一级判选不引入"死"时间。

通过第一级判选的事例率为每秒 10^3 次，这些事例再在第二级判选中接受判选。

同样，第二级判选为本底事例时，也及时复原电子学系统。通过第二级判选的事例率为几十次每秒，第二级判选占用第二个对撞周期，因此引入一定的"死"时间（约 0.1%）。

最后，第三级判选定为"好事例"时，向电子学系统发出开门信号，由计算机把该事例的全部信息记录下来。

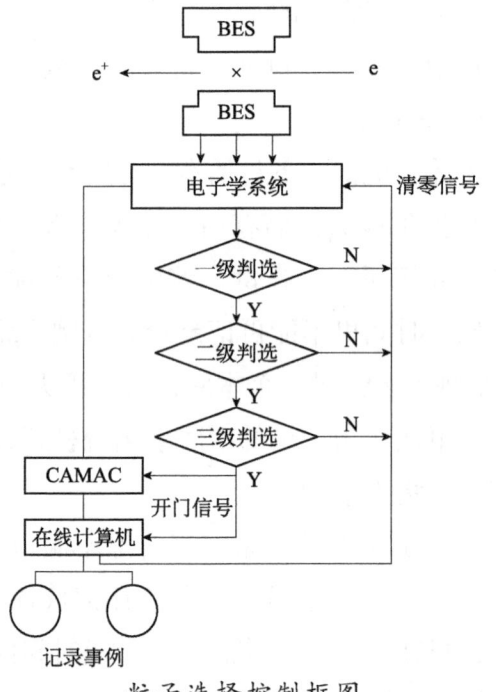

粒子选择控制框图

六、在线数据获取系统

北京谱仪的在线数据获取系统负责北京谱仪两万多路信号的采集、记录，对撞事例的显示，各子探测器工作状况的参数统计，电子学各路工作参数的刻度与显示，环境温度、磁场、高压的监视等工作。

北京谱仪的在线数据获取系统于1988年建成后紧跟国际上的进展不断改进。现介绍1996年改进后的硬件配置。

整个在线数据获取系统由一台中央处理器能力为100 MIPS（million instructions per second，百万条指令每秒）的Alpha-3600s计算机作为上位机，其操作系统为Alpha/Open VMS，主要任务是完成在线数据获取系统各个进程的调度，控制整个系统的运行。上位机配有96 MB内存，硬盘容量为6 GB，一台4毫米磁带机用于系统备份，还可以通过小计算机系统接口（small computer system interface，SCSI）用一台8毫米磁带机备份。上位机通过网络发送命令控制前端机。

一台X终端用作人机对话、状态显示及各种错误信息显示的窗口，两台FEK4000彩色屏幕终端供在线事例、亮度图形和直方图的显示使用。在控制台终端上进行探测器刻度和高压供给控制的操作。

在线数据获取系统的前端部分是一套VME-CAMAC-FASTBUS混合系统。利用VME的分布智能和并行处理能力，分别实现对8个智能化的CAMAC分支及FASTBUS分支的驱动和高速通信。每个CAMAC分支的驱动器VCBD各设有缓冲寄存器，能暂存四个事例的数据。这样，各分支读到各自的数据后不必等待传送到VCBD即可发出还原CAMAC的信号，从而可以减少事例读出的"死"时间。在VME和FASTBUS之间也有类似的数据缓冲存储功能，以缩短"死"时间。这样，在线数据获取系统就能实现快速响应和多分支并行读出。

由于在线数据获取系统任务自身的需要，上位机分成几个独立运行的作业进程，在Open VMS操作系统的环境下运行，分别是命令进程、前台进程、后台进程、报错进程、状态显示进程、绘图进程、亮度显示进程、北京正负电子对撞机参数记录进程、高压监控进程和电子学刻度进程。

总之，北京谱仪在线数据获取系统采用了当时国际高能物理实验中广泛使用的总线 CAMAC 和 FASTBUS，并且是一个多种线混合系统。采用并行读出、设立缓冲区和快速中断技术，大大缩短了系统记录和处理数据的时间，满足了北京谱仪的实验要求。

七、北京谱仪的支持系统

北京谱仪的支持系统包括气体系统、电源系统、各类监测系统以及风、电、水的控制与冷却系统等。

其中，气体系统为 5 种气体探测器提供多单元高纯度混合气体。大功率电源系统为各子系统提供上百路的高、低压电源，为螺旋管磁铁提供高稳定的大电流。各类监测系统监测对撞机亮度，螺旋管内磁场强度，探测器内部温度。

这些复杂的系统共同组成北京谱仪庞大的"后勤支持"系统，它们虽然在谱仪中不是"主角"，但对北京谱仪各子系统、各探测器性能的好坏，能否长期稳定可靠地工作，支持系统工作的好坏发挥着至关重要的作用。

气体成分的纯度、各种气体的比例直接影响到气体探测器的工作点、"气体放大"的高低和漂移速度的快慢等；有些气体（如正戊烷）在混合气体中的比例每变化1%，计数管的输出幅度将变化6%。光电倍增管增益的大小与高电压的平方成正比，高压电源稳定性直接影响飞行时间计数器的时间分辨率。由于北京谱仪长期连续工作的特点，每天24小时不间断运行，周六周日也不关机，有时连续不停地运行长达半年，因此支持系统能长期稳定地可靠工作对北京谱仪起着至关重要的作用。

下面就其中的气体系统、大功率电磁铁直流稳流电源和环境参量监测系统等做一简单介绍。

（一）气体系统

北京谱仪中每个气体探测器的工作气体各不相同，气体的工作方式也不一样，要求十分复杂。

主漂移室的工作气体为氩气（89%）、二氧化碳（10%）、H_4（1%），缪子探测器的工作气体为氩气（90%）、甲烷（10%），桶部簇射计数器的工作气体为氩气（56%）、二氧化碳（14%）、正戊烷（30%），端盖簇射计数器的工作气体为氩气（34%）、二氧化碳（66%）。

以上四种探测器的工作方式都是流气式，气压为1个标准大气压。

中心径迹探测器与其他探测器不一样，工作气体为氩气（50%）、乙烷（50%），由于气体中含有贵重的高纯乙烷，所以采用定时换气的工作方式，气压为3个标准大气压。

气体系统的工作任务是将各单元高纯气体按照上述的比例配比成为探测器所需的工作气体，控制好流量和压强，供给各探测器，同时要不断监测气体杂质的含量、配比的比例及其变化、压强和流量的稳定性等。

气体系统采用质量流配气方法来配比各种需要的工作气体。其基本原理是：让高纯单元气体通过具有高精度、时间响应快并带有电磁阀的质量流流量计和流量控制器来对气体进行流量控制，在常压下进行混合，实现实时动态配气。同时，红外气体分析仪对气体比例进行实时监测，用气相色谱法对气体比例和杂质进行抽样鉴定，确保所配比好的工作气体长时间地满足谱仪各探测器的要求，其配比精度达1%，远高于压强法配比的精度（5%），而且质量流配气方法配比的比例可以随时改变，十分方便。

（二）大功率电磁铁直流稳流电源

前文提到，北京谱仪主体中的径迹探测器可以将带电粒子的径迹记录下来。但是，如果没有磁场，就无法测出它们的动量。

在均匀磁场中，带电粒子的动量 P 可由下式求得：$P=\rho B$，其中，B 为磁场强度，ρ 为带电粒子径迹的曲率半径。

动量测量的精度与磁场的强度大小和稳定性、磁场测量精度及磁场均匀度有关。磁场强度越大，带电粒子径迹的曲率半径越小，动量测量精度越高。但太强的磁场使小动量的粒子无法进入漂移室，或无法到达飞行时间计数器。

根据北京谱仪的物理要求，其磁场强度为 0.4～0.5 特斯拉，均匀磁场范围为长 3.5 米、直径 3.5 米的圆柱体。

螺旋管电磁铁为北京谱仪提供了一个长期稳定性好、均匀性好的磁场，其主要部件是一个巨大的轭铁和一个螺旋管线圈，关键设备是一个强大的稳流直流电源。其中，轭铁由多层铁板构成，在每层铁板之间安装缪子鉴别器用以测量缪子的动量和位置，它既是各探测器的支撑体，又是缪子计数器的吸收体。

轭铁长 5.1 米，宽 6.55 米，高 5.68 米，重 330 吨，螺旋管线圈内径为 3.478 米，外径 4.135 米，长 3.617 米，重 8 吨。

强大的稳流直流电源为线圈提供 3000～3500 安培的直流电流，是螺旋管电磁铁的关键设备。高稳定、大功率电源主要由高电压部分、整流部分、电压和电流负反馈部分等组成。

由于电流输出功率很大，以低压 380 伏作为交流输入是不可能的，也不合理，所以电源采用高压 10 千伏的交流输入。整流部分采用十二相可控硅整流，即采用两个三相全控桥（两桥相位差 30°）串联的方法构成，既可以减少电网对电源的影响，又可以改善电源的性能。调节线路采用电压反馈为内环、电流负反馈为外环的双环自动调节。另外，为减少纹波，还采用自耦变压器进行粗调，尽量减少可控硅的控制角。采用回零联锁以限制电流的上升率，保证在任何时候合闸启动时，电流均从零开始增大，由操作人员负责控制电流的上升。电源的全部操作在控制台上进行，并且有对整流器、可控硅及负载的故障保护。

电源的指标为：额定输出电压为 300 伏、额定输出电流为 4100 安培，电流稳定度 24 小时内为 3.2×10^{-5}，电流纹波因数为 1.1×10^{-5}（3500 安培小时）。

（三）环境参量监测系统

北京谱仪在长时间连续运行过程中获取的大量数据的质量好坏，不仅取决于各探测器的设计质量，而且依赖于各探测器所处的环境条件，诸如探测器的高电压、探测器的温度、磁场强度、气体压强等。

为了掌握各个粒子探测器的工作环境，必须设置环境参量监测系统，对环境尽量进行监测，实时地在线测量电压、温度、磁场等环境参量。

环境参量监测系统在不同的关键部位设置了有针对性的探测器，其功能有二：一是了解探测器的工作状态，为解决出现的各种变化提供依据；二是用环境条件参量对探测器收集到的数据进行必需的校正。

为监测磁场强度的均匀性与稳定性，磁场内部安置了 16 个被称为"霍尔探头"的磁场传感器。为监测磁场的绝对值，在靠近磁场中心处有一个核磁共振探头。

为监测探测器的温度，在主漂移室的东、西、上、下，以及簇射计数器的东、西、南、北、上、下各安装了铂电阻探头，在磁铁线圈冷却水管的进、出水口处，冷却水套的进、出水口处以及实验大厅中都安装了铂电阻温度探头。

为监测北京正负电子对撞机的对撞亮度，在与对撞点对称的四个位置上安装了亮度探测器，可以实时监测束流的亮度和对撞的质量。

此外，还有对各路高压电源、低压电源的监测，其监测值可以从各路电源自动提供。

上述这些环境监测参量，除亮度监测器有自己的电子学和读出系统与在线计算机连接外，其余都由统一的环境参量监测电路处理。这些被监测的参量具有如下特点：监测路数多、项目多，每个项目有多个监测点，要求精度较高，但都是慢变化。由于这些特点，电路设计中把被监测量作为准直流看待，采用多路模拟开关，使多路系统共用一个模数转换器。为保证精度，选用12比特的模数转换器。系统结构上以通用CAMAC机箱配合专用的监测机箱，通过CAMAC与在线计算机连接，实现对监测参量的实时在线读取。

第四节 担任物理一室主任与高能物理研究所所长

一、担任物理一室主任，组建团队领导北京谱仪研制工作

1982年3月，叶铭汉被任命为高能物理研究所物理一室主任，主持北京谱仪的研制工作。一直到1986年1月卸任，他在这一岗位上工作了接近4年。

1982年5月，物理一室在原来工作的基础上，目标明确为开始北京谱仪的预制研究。早在1974年，物理一室就已开始做有关高能探测器方面的研究，有了一定的技术准备，现在任务明确了，这批人员就成为研制北京谱仪的主力。

物理一室由叶铭汉兼任主任，严武光、朱善根、崔化传任副主任。其他研究人员大致按谱仪的结构及功能分成几个小组，人员基

本按志愿分配进入具体的小组。随着工作的开展，再分出几个小组，到1984年初，共有13个小组，分别是：中心漂移室小组、主漂移室小组、飞行时间计数器（圆桶和端盖）小组、圆桶电磁量能器小组、端盖电磁量能器小组、缪子鉴别器小组、磁铁系统小组、亮度监测器小组、机械装置小组、气体系统小组、在线数据获取系统小组、离线数据分析系统小组、物理研究准备小组。

北京谱仪所需的大量电子学线路由六室（电子学室）研制，工作量极大。叶铭汉还争取其他研究室的人员在自愿的基础上参加，大家相互配合得十分融洽，共同努力完成了北京谱仪的研制任务。

此外，叶铭汉还推进与所外单位的合作，并获得了很大帮助，有一大批部件的加工在所外的工厂完成。高能物理研究所做了磁体线圈的物理设计，但是制造磁体线圈是一项十分艰巨的工程，原子能科学研究院承担了这一重任，并十分出色地完成了任务。

1986年1月，时任高能物理研究所所长的叶铭汉因所务繁忙，不再兼任物理一室主任，主任改由郑志鹏担任，副主任为郁忠强和吴为民。他们年轻有为，而且一直工作在研制北京谱仪的第一线。他们接班后，与全室工作人员共同奋斗，领导大家完成了谱仪的组装和总装，建成了北京谱仪。

二、担任所长，坚持自己的管理理念与工作方法

1984年2月7日，高能物理研究所领导班子换届，叶铭汉任代理所长。8月24日，叶铭汉正式任所长，任期3年。事实上，叶铭汉担任了4年所长工作，于1988年8月卸任。

叶铭汉对做好所长工作一开始就有自己的看法。他的管理理念是：所领导一班人负责全所的发展方向，负责经费、人力和物质资源的分配，保证全所完成科研计划，特别是保证完成国家重大工程计划。领导班子努力依靠群众，提高全体工作人员的积极性，不过分干预下属的具体工作。叶铭汉在高能物理研究所工作多年，同事

间大多都彼此了解，互相信任。他认为，高能物理研究所的科技人员，有一大批已经勤勤恳恳、埋头苦干了20多年，是成熟的科研人员。作为领导，叶铭汉一直致力于创造一个可以充分发挥全体工作人员创造性和积极性的良好环境。

在所务方面，高能物理研究所每周召开一次所长会议，会上讨论与交流一些重大问题。有些牵涉大多数人的利益问题（如职称、分房等），采取分别成立专项委员会的办法，以求广泛收集意见，做到透明、公正。对于具体的行政工作，叶铭汉强调领导层要分工明确，有责有权，不得对下属部门的工作指手画脚。

叶铭汉在担任所长任期内，虽工作繁忙，但仍抽出时间做科研工作。

叶铭汉提倡节约，不讲排场，他相信"做好工作是最好的场面"。所领导和工程领导的办公室，就用原有的房间，不做任何额外装修，面积一般在十几平方米以内。所有所领导的办公室内都保留原来的家具，都没有沙发。叶铭汉在办公室内放了一张单人木床，作午间休息之用。

在工作中，叶铭汉也不十分依靠秘书，一般不请人代拟发言稿和总结报告，而是自己亲自动手。有一次，他自己拟了一封给外宾来信的回信，外事处的同志还开玩笑地说："你不像所长。"

叶铭汉任所长期间，所里包括他本人很少做宣传。后来在为高能物理研究所写所史时，需要一张叶铭汉那一届所领导的合影，他找了很久也没有找到，后来回想起来，是因为根本没有拍过。也许是因为叶铭汉一进近代物理研究所，就接受了保密教育，养成了不在工作单位拍照的习惯。

三、合理分配资源，促进全所协同发展

BEPC工程是经理负责制，叶铭汉作为所长，负责动员、组织全所的力量，保证工程顺利进行，保证工程优先。同时，叶铭汉对

所里其他研究方向的发展也非常重视，如宇宙线和天体物理、自由电子激光等，尽可能实现全所各研究方向同步发展。

高能物理研究所在工程经费以外，每年还有一笔比较固定的经费，其中包括一些科研经费，以往是在全所范围内分配给各个项目，现在 BEPC 工程有专用的经费，叶铭汉就把科研经费几乎全部集中投在宇宙线和天体物理研究上。在其任期内，叶铭汉还和常务副所长张厚英一起努力，为宇宙线和天体物理研究争取到一笔经费，建造了一栋专用的实验楼。

对于自由电子激光的研究，叶铭汉十分支持谢家麟的远见，也认同自由电子激光的重要性，主张我国应尽早开始研究。因此，1987 年，在自由电子激光项目还没有被上级批准之前，叶铭汉就动用研究所的其他经费借拨给这一项目，使科研人员能提前开始自由电子激光研究工作，从而争取到了时间，保证了高能物理研究所在亚洲首先建成了自由电子激光装置，抢占了先机。

四、总体指挥，勇担责任

在北京谱仪工程中，叶铭汉的工作是跟大家一起讨论谱仪的主要性能指标，并将其确定下来；将谱仪分成若干部分，确定各个部件的性能指标，以及每个分部件的尺寸及其公差，以保证将来组装时不发生问题；确定每一小组的工作任务；由于北京谱仪需要在四年内建成，所以各组需要在此前提下，分别制订研制自己负责部分的详细工作计划，从预制一直到最后投入使用，明确各阶段的时间节点，这样才能保证总装时不会因为互相等待而影响整体进度。此外，各组提出需要的人力、设备和经费要求，叶铭汉集中大家提出的计划，按具体需要分配人力、经费和实验室面积等资源，并对各组分别提出的计划加以综合与协调，做出最终的总体计划。

这样，经过自上而下、自下而上、最后集中的过程，大家都对北京谱仪的各项计划做到了心里有数。

当工作出了问题时，叶铭汉不会一味责怪具体工作人员，而是会先自我反省，想自己是否在安排、交代工作时没有讲清楚，没有指出应注意的问题。他跟大家一起分析、讨论出现的问题，讨论如何改进，鼓励大家轻装上阵。这也是他的老师——赵忠尧一贯的做法。

叶铭汉兼任室主任时，每周周一上午例行召开一室组长会，时间一般不超过两个小时，力求上下通气。他先传达所里的一些要求和指示，然后各组分别简短汇报工作，以及提出对上级的要求等，接下来大家讨论，这样各小组之间可以相互通气。

有时，有的小组要讨论难以解决的问题，叶铭汉就在组长会后参加该组的小组会。有的问题责任重大，叶铭汉就亲自拍板，亲自承担责任，让具体工作人员没有顾虑。

漂移室在组装信号丝等电极丝时，要求在一间超净无尘室内进行，以免在漂移室组装完成后有灰尘，在电极丝加上高电压时发生火花放电。但是订购一套无尘的清洁工作间需要二十多万元，是一大笔不菲的费用。大家都在思考如何用更便宜的办法来解决。叶铭汉主张，一定要采用最可靠的办法。经过讨论，全小组人员都认为需要一间超净无尘室，叶铭汉随即拍板决定购买，不让具体工作人员有心理负担。他想，如果以后发现这一做法是浪费，他就自己做检讨，绝不把责任推给具体工作人员。后来，实践证明，这个无尘清洁工作间起到了非常重要的作用。

五、提前布局，解决软件问题

北京谱仪除了硬件之外，还需要大量软件。1984年工程一开始时，叶铭汉就同时抓紧做软件准备。但是，这一工程所需配套软件的编写是一个十分严峻的问题。根据国外的经验，编写高能物理实验所需的种种软件需要几十年。当时他们在这方面既缺少人力，又缺少经验，而且软件编程后只有通过长期应用，才能找出问题、加以调试，这也需要一定的时间。此前，李政道、潘诺夫斯基等科学家已经多次提醒叶铭汉应该马上着手解决软件这个棘手的问题。

当时所里有人满怀信心，认为可以自己编写。叶铭汉虽然相信他们有这个能力，但工作量很大是客观事实。如果由少数几位同仁来做，万一到时间无法完成，别人又插不上手，怎么办？叶铭汉认为，一个大工程的成功不能寄托在少数几个人身上，而是必须客观对待这一问题。由于时间紧迫，研究组没有充足的时间来自己编写所需软件，为保险起见，必须以引进为主、自行开发为辅。

叶铭汉决定通过国际合作解决这一问题，从美国斯坦福电子直线加速器中心的MARK Ⅲ实验组和欧洲核子研究中心的ALEAF实验组引进通用软件，同时由本所人员完成必须自己编写的软件程序，如触发判选系统。软件的引进和自行开发与硬件的加工同步前进。

在1984年的一次小组学术报告会上，一室的吴为民在分享自己做软件工作的心得体会时说："搞软件的人，应该时刻向同组的人公开他的想法，与大家共享他的体会。"对此，叶铭汉很高兴，北京谱仪工程的同仁都做到了这一点。

后来的实践证明，北京谱仪的硬件建成，软件同步跟上，谱仪马上能分析宇宙线事例。软件没有拖后腿，整个项目按计划及时完成了。

六、科学规划，超标准完成计算机中心建设

从事计算机技术的人都知道摩尔定律，它是一个经典预测：每两年，计算机能力会增强一倍，价格则会降一半。

20世纪70年代以来，该预测确实基本实现了。叶铭汉相信这一预测，抓紧建设高能物理研究所的计算中心，亲自主持计算机机型的选择，确定采购的时机。一般做大工程的惯例是，一开始就把计算机的全部预算用完，一次性购全所需计算机。但叶铭汉并不因循守旧，他按照全所各阶段对计算能力的需要，合理地分阶段使用

计算中心的工程投资。这样做，适应了计算机的性能价格比不断提高的特点，使高能物理研究所计算中心的计算能力始终紧跟工程和物理研究的需要不断提高，既充分满足了各阶段工作的需要，又不超出经费预算。

最终，高能物理研究所计算中心的计算机能力大大超出了原先做预算时的估计，是计划的三四倍之多，不仅完全满足了北京正负电子对撞机的研制需求，而且满足了全所的需求，促进了全所的工作开展。

七、高瞻远瞩，率先建立国际通信机制

叶铭汉还十分重视国际合作和国际通信。

关于国际合作的重要性，在前面章节中已经进行了介绍，在这里主要介绍国际通信问题。

1984年，叶铭汉访问了欧洲核子研究中心，考察了他们的经费使用情况。对方告诉他，用于通信的经费占全部经费的1/6。叶铭汉对此十分诧异，不知道为什么通信费用要如此之多，当时在做北京正负电子对撞机的预算时根本没有通信费用这一项。

那时候，电话在国内还是稀缺设备。1984年叶铭汉当所长的第一年家中还没有电话，直到1985年才装上。1983年如果要往美国打电话，必须到北京市内的电报电话总局，收费标准是3分钟29元，但只要一接通就按3分钟算。那时候，1962年毕业的大学生每月的工资一般为56元。

与国外通信时，除电报外，高能物理研究所还有一台英文电传打字机。那时候国外刚开始出现互联网，中国还没有。叶铭汉第一次了解到电子邮件，发现其方便、快捷、省钱，国外的朋友也多次建议他建立电子邮件系统。他认为这是个很好的主意，但由于受到禁运限制，一时无法建立。后来欧洲核子研究中心的朋友想了一个办法：在高能物理研究所建立一个欧洲核子研究中心的邮箱账号，

可以实现在北京收发电子邮件。他们带着所需软硬件来到北京，经过一系列安装调试，终于帮助高能物理研究所建立了电子邮件系统。

1986年8月25日，高能物理研究所的吴为民在北京发出了我国第一封国际电子邮件，这也是我国发出的第一封电子邮件。

高能物理研究所建立的电子邮件系统大大方便了我国高能物理学家之间的国际交流，促进了我国高能物理的发展。高能物理研究所在我国邮电系统建立了电子邮件系统，开放了自己的电子邮件系统，提供给国内其他单位的所有科学家使用，为大众服务。

八、汇聚多方合力，保障工程成功

叶铭汉虽然对北京谱仪工程信心十足，但也一直担心出现科研人员能力范围之外的问题，影响工程整体取得成功。

前文提到，叶铭汉原来担心的一些问题在四人工程领导小组的帮助下解决了，比如在所外工厂加工问题、成品运输问题等，悬而未决的大问题是器材。

研制北京谱仪需要的一些特殊材料，当时国内或者没有生产，或者质量还不过关，在电子学线路方面，这个问题更加严重。

北京谱仪需要的大量组件。其中大部分组件在当时被禁止对中国出口。比如，电子学线路必须自行设计专用组件，而这些组件只能在美国制造；我们需要的计算机也是被禁止出口到中国。如果样样都靠国内自行解决，必然要花费很长时间。这些问题都将导致研制计划无法按时完成。

幸运的是，北京正负电子对撞机和北京谱仪的研制赶上了改革开放的大好时机。李政道预见，通过中美合作，美国可以提供一定的帮助，解决中国在建造高能加速器方面的很多困难，因此他极力推动中美高能物理合作，双方签订了中美高能物理合作协议。李政道还帮助组织了本文提到的中美高能物理联合委员会，每年召开一次联合委员会会议。通过中美合作，中方得到很多帮助，解决了不少难题，使我国的高能物理实验室建设按计划大步前进。

第五节　北京谱仪的研制

一、北京谱仪工程的主要流程

北京谱仪是一个大科学工程。大科学工程的特点是规模大、投资大、采用的技术先进且成熟、研制工期长、参加研制的人员多，建成后往往是开放的，为多种学科服务。叶铭汉等在设计时就充分考虑了这些特点。作为重大工程，北京谱仪采用的所有技术必须是经过考验的，比较成熟的，因为工程一旦建成，再更改将十分困难，必须保证一次研制成功。因此，需要制订详细周密的计划，科学合理地分阶段推进工程的落实。

北京谱仪的研制过程大致可以分为四个阶段：第一阶段是预制研究阶段，包括在工程计划正式批准之前的预制研究，在这个阶段完成工程设计；第二阶段是探测器部件按设计进行加工与组装；第三阶段是总装与宇宙线测试；第四阶段是谱仪进入对撞点，与对撞机连接，运行。

前三个阶段，谱仪的组装与对撞机的组装同时分别在谱仪大厅与加速器隧道内进行，互不影响。直到第四阶段才连接起来。

二、第一阶段：预制研究

前面已经介绍到，北京谱仪牵涉探测器、电子学、计算机、机械等多方面的技术，综合性强、精度高、难度大，当时高能物理研究所还缺乏建造如此大规模探测设备的经验，因此必须进行预制研究——进行小规模的模型试验，在实践中获得经验，保证谱仪一次建造成功。

1982年4月，高能物理研究所重新组建物理一室，负责北京谱仪的研制工作，开始北京谱仪的预制研究。预制研究主要包括：部件模型设计、模型加工、性能测试和分析、探讨各部件的技术关键，从而为北京谱仪的最终设计提供数据和依据，并为北京谱仪的部件制造积累经验。

（一）预制研究之一：初步设计

经过调研和实地考察，项目组决定基本参考美国的MARK Ⅲ谱仪，其工作能区与北京谱仪相同，也是当时国际上同类谱仪中最先进的。

叶铭汉等参考MARK Ⅲ谱仪的设计，确定了北京谱仪的各项设计指标。为了实现这些先进的指标，十分有必要进行相应的模型试验，测试性能，学习、掌握制造技术，摸索解决制造中遇到的困难的方法，制定制造工艺，选择最适用的材料，并在预制研究过程中尽可能地采用国产材料、元件和我们自主开发的技术。

北京谱仪组详细剖析MARK Ⅲ的各项设计，并与在这台谱仪上工作的科学家展开深入讨论。他们发现MARK Ⅲ还存在一些不足，如主漂移室的结构不理想，信号丝之间没有电位丝，dE/dx只取样15次；圆桶电磁量能器与端盖电磁量能器之间存在"死"空间（即存在粒子穿过却不能被记录的间隙）；只有圆桶飞行时间计数器，没有端盖飞行时间计数器；缪子鉴别器只有两层；等等。

叶铭汉等决定在北京谱仪的设计中克服这些不足。主漂移室采用了与MARK Ⅲ完全不同的单元结构和层次安排，dE/dx的取样增加到40次，以改善时间分辨和能量分辨。电磁量能器采用自淬灭流光放电（self-quenching streamer discharge，SQS）模式，提高输出脉冲幅度。增加圆桶电磁量能器的长度，以减少它与端盖间的"死空间。增添端盖飞行时间计数器，立体角可增加 4π 的 15%，飞行时间计数器总的立体角可达 4π 的 95%。缪子鉴别器增加了一层，并改变了缪子计数管的放置区域，从而使探测到缪子的最低能量下降到 500 兆电子伏。

为了验证以上这些改进的可行性，并掌握有关的技术，进行有关探测器改造后的模型试验是十分必要的。模型试验不仅要在实验室中进行，有的还要在加速器上进行测试。

（二）预制研究之二：扩大初步设计与动工

在初步设计中，BEPC 工程预算不足，而且没有包括一系列配套的设备（如同步辐射、计算中心等），同时高能物理研究所有关实验室的设备严重不足，影响了我国在高能物理领域赶超国际水平。

1984 年春，在四人工程领导小组尤其是谷羽的大力支持下，高能物理研究所进行了进一步的规划。4 月 28 日，北京正负电子对撞机工程的扩大初步设计完成。

1984 年 6 月 25 日～7 月 4 日，北京正负电子对撞机工程的扩大初步设计审查会议在北京召开。会议通过了技术审查小组对工程的审查报告，并建议国家有关部门批准这项工程的扩大初步设计。1984 年 6 月，国家批准了北京正负电子对撞机工程的扩大初步设计，经费提升至 2.4 亿元。

1984 年 8 月 15 日，邓小平同志在对撞机工程领导小组报送中央的简报上批示"我们的加速器，必须保证如期甚至提前完成"。

1984 年 9 月，国务院批准了国家计划委员会《关于审批北京正负电子对撞机（即 8312 工程）建设任务和规模的报告》（国家计委科〔1984〕1899 号），明确了"一机二用"的方针，增加了同步辐射实验区、计算中心、有关实验室的更新等。批准总投资为 2.4 亿元（含引进用汇 2500 万美元），总建筑面积为 54 700 平方米。工程建设实行经理负责制的投资包干责任制，由高能物理研究所承担工程的主要建造任务。

工程包括加速器本体，即北京正负电子对撞机；高能物理实验装置，即北京谱仪（包括计算中心）；同步辐射装置。

1984年10月7日，北京正负电子对撞机工程破土，邓小平等党和国家领导人参加了奠基仪式。

（三）预制研究之三：准备物理研究

预制研究工作中的另外一项重要工作是为物理研究做准备。

1984年6月12～21日，北京正负电子对撞物理工作研讨会议在高能物理研究所举行，该所理论组也积极投入了物理准备工作。

本次会议有国内专家100多人参加，有来自美国、日本、西欧等国家和地区的12位高能物理学家参加。会上，各国学者对北京正负电子对撞机能区3.0亿～5.6亿电子伏内的物理问题展开了深入的讨论，同时详细讨论了北京谱仪的有关问题，对于北京谱仪设计方案的最后确定起了十分重要的作用。参加者一致认为，在此能区内，有很重要的物理问题有待解决。北京正负电子对撞机的亮度高于同能区内的对撞机，北京谱仪的设计指标优于同类型的MARK Ⅲ，可以做出国际上领先的工作。

（四）预制研究之四：工程设计与模型测试

预制研究后，需要完成工程设计。

1984年，完成了中心径迹室模型试验和主漂移室模型试验，进行了电磁量能器和缪子鉴别器工作模式的选择试验，完成了飞行时间计数器的闪烁体及其光导的测试，完成了磁铁系统螺旋管磁体线圈的物理设计，完成了中心径迹室、主漂移室、飞行时间计数器、电磁量能器的工程设计，完成了北京谱仪的机械总体设计，初步完成了北京谱仪的简化的蒙特卡罗程序。

1985年，完成了各主要部件的模型测试、关键部件的工程设计，并落实了加工工厂，签订了加工协议，完成了谱仪总装方案的流程设计、触发判选的逻辑设计及其电子学线路设计。此时开始进行在线数据获取系统和离线数据分析系统的设计。

为了更好地预测各探测器的性能，一般都要对模型做在线束流测试。北京谱仪模型的在线束流测试原定于1985年底在美国进行，但是临近原定的时间时，中方还没有准备好，美方科学家很负责地来催促。当时叶铭汉觉得很为难，一方面这边还没有准备好，另一方面又认为不能失信。思前想后，叶铭汉认为在没有准备好的前提下强行测试可能带来不好的后果，最终还是决定向美方道歉，说明实际情况，提出取消这一测试。美方十分理解研究组的决定，也同意了这一请求，约定以后再讨论新的安排。

叶铭汉一直认为从中国到美国的长途运输很不方便，他了解到在日本国家高能物理研究所的测试束上也可以做北京谱仪需要的测试，所以改向日本提出测试申请。

国际高能物理学界一向是互相开放、互相支援的，日本国家高能物理研究所欢迎中方去使用他们的设备。研究组推掉了原来的束流测试计划，改为1986年在日本进行。日本国家高能物理研究所还特派了一位工程师到高能物理研究所，介绍他们的束测系统的性能，以及有关束流测试的准备工作。

1986年，主漂移室模型和电磁量能器模型在日本国家高能物理研究所做了在线束流测试。

亮度监测器制作完成，也在日本国家高能物理研究所做了在线束流测试，对它的读数做了刻度，以保证将来测到的数据可靠，下一步可以立即安装在对撞机上使用。

三、第二阶段：部件加工与组装

1986年，缪子鉴别器需要的在国外订购的四孔铝管排到货，立即开始制造。

此时，中心径迹室、主漂移室和电磁量能器在外厂加工的部件陆续完成，研究组开始做组装的准备工作，建造特殊的无尘组装车间和培训组装人员。

主漂移室有两个铝端盖板，每个厚4厘米，各打19 380个高精度定位的小孔，其直径为4毫米，公差+0.018毫米，在这一步工作中，最困难的是孔的定位，其公差为±0.025毫米。

这一精密加工任务由航天部3531工厂承担，该厂有进口的数控机床。在进口验收检测时，结果显示加工的定位公差可以小于±0.025毫米。但验收完毕，外方人员走了以后，这个数控机床的加工定位公差就一直大于±0.025毫米。

这个数控机床做出了第一件产品——主漂移室的铝端盖板，但验收时发现，它在定位公差上无法满足北京谱仪的要求。

研究组随即派人驻厂一起工作，查找问题，发现主要原因是加工车间的恒温条件没有满足此车床的要求。后来他们又发现，冷却刀具的冷却液也需要控制在一定温度。经过这一改进，加工任务顺利完成。该工厂负责人十分高兴，说："加工你们的工件，我们动用了我厂最好的工程师和技工以及这台我厂最好的设备，花了不少时间，没有利润。但是你们的要求使我们的这台机床达到了出厂指标，以后我们可以接高精度的加工任务了。"

建造主漂移室是一个十分复杂和困难的过程。其中拉丝是主漂移室制作的一个关键步骤，需要有训练有素的技工。很幸运，研究组发现航天部200厂有一批女工专做拉丝焊接工作，她们训练有素，当时恰好没有加工任务，可以请她们来做。这批女工接受了这一任务，她们十分敬业，在特购的清洁室内，用约半年时间完成了这道工序，为主漂移室的建造做出了重要贡献。1987年底，主漂移室完成组装。

大型螺旋管磁铁的螺旋管线圈由原子能研究院研制，1980年开始预制研究，1984年中完成设计。它的外径为4.135米，内径为

3.478米，长3.617米，重31吨。1987年2月，线圈制造成功，需要运到高能物理研究所安装。为了把庞大的螺旋管线圈从原子能研究院所在的坨里运到玉泉路，北京市政府大力支持，出动了警车和大批警力，调派了北京市供电局的维修工人，一路保驾护航。在他们的努力下，线圈终于在两天内被平安顺利地运到高能物理研究所，进行下一步的安装。后来，轭铁也被顺利运到高能物理研究所，完成了组装。1988年5月，磁场测量工作开始。

桶部电磁量能器是北京谱仪最大的探测器，是一个将对撞点包围起来的圆柱形探测器。它长3.85米，外径3.38米，内径2.470米，在工字梁的中空夹层部位中安装24层探测单元，大大小小部件共23 351件。仪器总体由上海飞机制造厂加工和安装，一些特殊材料和加工再外包给多家工厂。

1986年底，桶部电磁量能器开始组装，由加工单位负责，高能物理研究所协助。1987年3月，在组装第24层工字梁时，出现了一个大问题，工作人员发现已组装好的部分出现松动，组装工作紧急暂停。这个突发情况让大家都紧张起来，叶铭汉安慰大家说："我们没有经验，出现一些情况是难免的，大家不要丧气。好在是在完全组装完毕前出现这个问题，我们还能及时改正，也可以说是好事。"

经过深入检查和专家会诊，大家终于查找出原因，发现出现松动主要是因为不锈钢带捆扎不紧。工作人员提出了重新组装方案和相应修改的工艺规程，1987年6月中开始重新组装，7月下旬顺利完成。

桶部飞行时间计数器的制备和测试都已完成，在线数据获取系统（包括触发判选系统）、离线数据分析系统也都按计划完成。

1987年，北京谱仪的各主要部件基本上都已制造完成。

四、第三阶段：总装与宇宙线测试

1988年4月，北京谱仪电子学系统就位，进入总装阶段。

美方科学家很早就建议，为了争取时间，与对撞机的建造互相不干扰，互相不等待，用防护墙隔开，北京谱仪在实验大厅内、加速器在隧道内同时分别平行进行总装和调试。

谱仪的亮度监测器提前安装在对撞机上，它的读数已经经过加速器束流测试，已进行了刻度，一旦对撞实现正负电子对撞，马上就可以可靠地测量出亮度。

1988年中，北京谱仪在实验大厅内总装完成。

10月16日凌晨，北京正负电子对撞机首次实现了正负电子对撞，对撞能量为2×1.6吉电子伏，亮度监测器测出对撞亮度为8×10^{27}厘米^2/秒。这次对撞证明，BEPC工程完成了邓小平同志提出的"我们的加速器，必须保证如期甚至提前完成"的目标。10月20日《人民日报》头版报道了这一喜讯，并称它为"我国继原子弹、氢弹爆炸成功，人造卫星上天之后，在高科技领域又一重大突破性成就"[①]。

《人民日报》头版报道北京正负电子对撞机对撞成功

---

① 我国高科技领域又取得重大突破 北京正负电子对撞机对撞成功. 人民日报，1988-10-20：1版.

10月23日，北京谱仪测到宇宙线数据，并进行了初步数据处理，在控制台上显示了清晰的宇宙线轨迹。在对撞点外的实验室测试工作完成，北京谱仪工程圆满完成了计划的要求，等待在1989年移动到对撞点，与对撞机连接。

至此，北京正负电子对撞机和北京谱仪建成。

10月24日，邓小平同志与其他党和国家领导人到高能物理研究所视察北京正负电子对撞机，与参加工程的全体人员见面，庆祝这一工程的重大成就。邓小平同志即席发表重要讲话《中国必须在世界高科技领域占有一席之地》，全文如下[①]：

> 世界上一些国家都在制定高科技发展计划，中国也制定了高科技发展计划。下一个世纪是高科技发展的世纪。
>
> 说起我们这个正负电子对撞机工程，我先讲个故事。有一位欧洲朋友，是位科学家，向我提了一个问题：你们目前经济并不发达，为什么要搞这个东西？我就回答他，这是从长远发展的利益着眼，不能只看到眼前。
>
> 过去也好，今天也好，将来也好，中国必须发展自己的高科技，在世界高科技领域占有一席之地。如果六十年代以来中国没有原子弹、氢弹，没有发射卫星，中国就不能叫有重要影响的大国，就没有现在这样的国际地位。这些东西反映一个民族的能力，也是一个民族、一个国家兴旺发达的标志。
>
> 现在世界的发展，特别是高科技领域的发展一日千里，中国不能安于落后，必须一开始就参与这个领域的发展。搞这个工程就是这个意思。还有其他一些重大项目，中国也不能不参与，尽管穷。因为你不参与，不加入发展的行列，差距越来越大。现在我们有些方面落后，但不是一切都落后。

---

① 邓小平. 邓小平文选. 第三卷. 北京：人民出版社，1993：279-280.

这个工程本身也证明了这一点。当然，有李政道和其他国际朋友的帮助，使我们少走弯路。但是这个工程不完全是照搬过来的，中间也还有我们自己的东西，有自己的技术，有自己的创造。

总之，不仅这个工程，还有其他高科技领域，都不要失掉时机，都要开始接触，这个线不能断了，要不然我们很难赶上世界的发展。

五、第四阶段：谱仪与对撞机连接与验收

1989年4月，北京谱仪安装到对撞点。6月22日，北京谱仪观测到 J/ψ 共振峰，当时的值班人员为吴为民、张长春和郑志鹏。

1989年7月北京正负电子对撞机和北京谱仪通过鉴定。鉴定指出：

> 北京正负电子对撞机和北京谱仪是我国自行设计并建造成功的第一台高能加速器和第一台大型粒子探测器。从1984年10月动工到1988年10月建成……只用了四年时间，达到了国际高能加速器的建造速度。……对撞机和谱仪的主要技术指标和性能参数均达到或超过设计指标，为80年代国际先进水平，做到了高速度、高质量和投资省。使我国高能加速器和大型粒子探测器的设计和建造技术一步跨入世界先进行列。……北京正负电子对撞机是目前世界上 J/Ψ 能区峰值亮度最高和束流能散最小的机器。北京谱仪也属该能区性能最好的探测器……

对于工程的组织领导，鉴定认为：

> 北京正负电子对撞机和北京谱仪总体调试顺利、性能稳定，各分系统和主要关键部件可靠，说明设计、制造、安装和调试

都是成功的，是在有效指挥、精心设计、制造、严格把关、细心操作和刻苦奋战下完成的。

鉴定对北京正负电子对撞机和北京谱仪的工作给予很高的评语，高能物理研究所的科研人员为此感到非常高兴。

1990年12月，北京正负电子对撞机和北京谱仪荣获国家科学技术进步奖。

北京正负电子对撞机和北京谱仪荣获国家科学技术进步奖

六、所领导换届

1988年8月22日，所长任期期满换届。

1984年叶铭汉就职时，中国科学院规定，其任期为3年，实际上这时已经超过3年。8月22日，他代表所领导班子做《高能物理研究所1984年至1988年所领导任期工作总结》，他说：

四年多来，我们贯彻了国家的各项政策，在全国各方面的支持下，在全所全体工作人员的努力下，我所的面貌有很大的改变。在物质建设方面成绩很突出，已成为一个现代化的实验室，正负电子对撞机即将建成。在精神文明建设方面也有较大的成绩，全体绝大部分工作人员精神振奋，敢于拼搏，苦干实干。

回顾在1980年和1981年，"八七工程"刚下马，所里不少人对于高能物理研究所的前途没有信心，对于建造高能加速器没有信心，怀疑我国是否有条件进行。四年多来，通过大量实践，通过北京正负电子对撞机和北京谱仪的建造，以及全所其他科技工作和各方面的进展，大家已深信不疑，中国科技人员、工人和管理人员是有能力赶超世界先进水平的，我们所做的工作为国争了光。

高能物理研究所在国内外科技界的形象有很大的改变，不再是只说不做，而是埋头苦干。国内外来宾都异口同声说，高能物理研究所这几年来有很大的进步，完成了大量的工作。北京正负电子对撞机工程的进展速度可与国外任何一台高能加速器的建造速度相比。我们感到自豪，没有辜负党和国家和全国人民对我所的期望。

七、周光召讲话

周光召院长在所长换届会上讲话时指出：

高能所过去四年中，从84年小平同志为工程奠基后，在叶铭汉、王迪同志及所领导班子领导下，高能所全体科技人员、工人、党政人员共同努力下，在全所工作中，特别是在对撞机建造方面取得了重大的成绩，今天对撞机已到了最后调试阶段。在工程建设期间，全所一致努力，使工程质量达到国际上先进水平。很多部件不仅在国内，在国际上也达到先进水平，达到出口的标准。总体上看工程进展是好的。调试情况也很好。电子，正电子已经在环中积累，经过进一步努力，相信四季度能够实现原定目标，实现正负电子对撞。这一成绩的取得是与广大科技人员的努力分不开的，与原领导班子的工作分不开的。在所领导班子换届的时候，我代表院向全所同志、向原所长班子，特别是不再担任领导职务的同志表示衷心感谢……

第六节　双β衰变实验

一、招收研究生

1979年，叶铭汉招收了四名研究生——周郁、马玉蓓、漆纳丁、张鸿欣。不久，叶铭汉被派到美国做访问学者（即上文提到的"李政道学者"），无法对他们继续进行指导。好在那时出国留学的政策已经放开，叶铭汉就帮助他们办理了出国留学手续。

四人中，后来张鸿欣、漆纳丁学成回国，漆纳丁参加了北京谱仪实验组，在精确测定陶轻子的质量方面做出了重要贡献；周郁现为美国普林斯顿大学教授，2007年当选为美国工程院院士。

1984年，叶铭汉招收了一名硕士研究生——田卫华，其第一年的任务是学习课程，此后要独立完成一项研究。作为导师，叶铭汉应对学生在个人研究方面给予指导，但这对当时的叶铭汉来说却是个难题。因为硕士研究生阶段的研究选题非常重要，既要较为全面，又要可以一人独立完成，还必须能在一年时间内出成果。当时叶铭汉正全身心投入北京谱仪这个大科学工程的领导工作，很难给学生选定一个合适的研究课题，而且他身处领导岗位，很难给学生实际且具体的指导。

二、研究缘起

1985年叶铭汉正忙于研制北京谱仪之际,何祚庥[①]向他提议做 ^{48}Ca 的无中微子双β衰变,并建议他们用含有 ^{48}Ca 的 CaF_2 晶体做探测器。

当时,大家普遍认为 ^{48}Ca 的衰变途径是 $^{48}Ca \rightarrow {}^{48}Sc+e+v$, $^{48}Sc \rightarrow {}^{48}Ti+e+v$(e是电子,v是中微子)。也就是说,普遍认为从 ^{48}Ca 衰变到稳定的 ^{48}Ti 的全过程中放出2个电子和2个中微子。

有的理论却认为, ^{48}Ca 可能还有另一条衰变途径——$^{48}Ca \rightarrow {}^{48}Ti+2e$。也就是说,不经过衰变到 ^{48}Sc,不放出中微子而直接到 ^{48}Ti,这一过程被称为"^{48}Ca 的双β衰变"(β是电子)。如果能在实验中发现"双β衰变",在理论上将具有十分重要的意义。吴健雄先生曾经做过 ^{48}Ca 的双β衰变,并测定出如果有双β衰变,它的衰变寿命($T_{1/2}$)将大于 2×10^{21} 年。

叶铭汉听到何祚庥的这个建议后,第一反应是这个建议虽好但苦于没有时间和人力。何祚庥建议他招收一名博士研究生来做,叶铭汉心动了。

1985年,叶铭汉招收了一名博士研究生——游科。他还动员郑志鹏[②]和祝玉灿参加 ^{48}Ca 的无中微子双β衰变研究,邀请他们两人担任研究生论文副指导。实际上,后来他们二人和游科对这项研究的贡献最大。

[①] 何祚庥(1927—),生于上海,原籍安徽望江。中国粒子物理、理论物理学家,马列理论专家,中国科学院院士。1951年毕业于清华大学,早期从事粒子理论、原子弹和氢弹理论的研究,是氢弹理论的开拓者之一,也是中国第一颗原子弹和氢弹的研制参与者之一。——作者注

[②] 郑志鹏,高能物理学专家、探测器专家、高能物理研究所研究员、博士生导师,曾任高能物理研究所所长、广西大学校长、中国物理学会副理事长、亚洲未来加速器委员会主席。——作者注

三、为试验做准备

确定课题后,他们开始调研。在查找资料时,他们发现1966年,E.der Mateosian 和 M.Goldhaber 曾用这种方法做了寻找 ^{48}Ca 的无中微子双 β 衰变的实验,结果是测定 ^{48}Ca 的无中微子双 β 衰变的寿命下限为 $T_{1/2} > 2 \times 10^{20}$ 年,他们所用的 CaF_2 晶体掺有铕(Eu)。

当时,中国科学院长春光学精密机械研究所(简称长春光机所)结晶出了大块没有掺杂的 CaF_2 晶体,叶铭汉认为可以与长春光机所合作,用他们的 CaF_2 晶体做这个实验。

首先,研究小组必须知道长春光机所的 CaF_2 晶体对于几兆电子伏的 γ 射线的能量分辨本领,这是正式实验前必需的先导准备工作。

Manefee 等在1966年做过这一项测量,结果是:CaF_2 晶体对于 γ 射线的能量分辨较差,不能测出 ^{137}Cs 的 661 千电子伏 γ 射线的光电子峰。研究小组对此结果持怀疑态度,原因是 Manefee 等所用晶体质量可能不够好。于是,叶铭汉决定对长春光机所的 CaF_2 晶体做测试,由祝玉灿和郑志鹏带领田卫华做这一测试工作。结果令研究小组十分高兴,长春光机所的晶体质量很好,测出了 ^{137}Cs 的 661 千电子伏 γ 射线的光电子峰,晶体测出的光电子脉冲半峰全宽(full width at half-maximum,FWHM)峰高为 8.8%,纠正了 Menefee 等看不到光电子峰的错误结果。根据这一测量结果,课题组落实了 ^{48}Ca 无中微子双 β 衰变实验方案。

除此之外,课题组还用6兆~10兆电子伏的电子束测量 CaF_2 晶体对电子的响应。叶铭汉把"测量 CaF_2 晶体对电子和对 γ 射线的响应"作为田卫华硕士学位论文的题目,由田卫华作为主力进行测量研究,由祝玉灿和郑志鹏指导。在这一测量工作中,研究组用了多种放射性同位素的 γ 射线和电子回旋加速器的10兆电子伏电子束做实验。研究组与北京气象科学研究所合作,利用他们的一台电子回旋加速器做实验。在做实验时,他们受到强烈的电磁干扰,影响了实验的进行。为了降低电磁干扰，课题组使用了多种屏蔽办法，终于成功完成实验，得到了 CaF_2 晶体在 6 兆～10 兆电子伏时对电子和 γ 射线的响应。结果表明，CaF_2 晶体对电子和对 γ 射线的响应完全相同，脉冲信号对于能量的反应呈线性关系。这意味着 ^{48}Ca 的无中微子双 β 衰变实验的先导准备工作取得了成功，长春光机所生长的 CaF_2 的性能可以满足该实验的要求，从而落实了正式实验方案。这一工作也锻炼了研究生解决困难的能力。

课题组与长春光机所合作，得到 4 块未掺铕活化的 CaF_2 圆柱体大晶体。每块直径 17.8 厘米，长 12.0 厘米，4 块总重 37.37 千克，其中 ^{48}Ca 总含量为 43.0 克。这 4 块晶体既作为 β 源，又作为闪烁晶体，在实验方法上有独到之处。

为了尽可能地提高实验结果的精确度，课题组要尽可能地降低本底的干扰。一方面，他们测量了 CaF_2 晶体中的杂质含量，结果显示铀、钍和钾的含量都很低，估计这些杂质造成的本底很小，不影响实验；另一方面，为了减少探测装置本身产生的本底，他们采用了石英窗光电倍加管。

除了晶体，做这项实验还需要一套实验设备。物理一室就有这种设备，但叶铭汉却不去借用。身为所长的他很清楚物理一室的家当，如要长期借用一两年，必定会影响北京谱仪的研制工作，他绝对不允许自己的博士研究生的论文实验影响北京谱仪的研制。因此，叶铭汉决定另外想办法。

此时，唯一的途径是向国家自然科学基金委员会申请。参加申请者一共 13 人——郑志鹏、祝玉灿、游科、吕军光、孙汉生、田卫华、赵文衡、于长江、姜国坚、何祚庥、庆承瑞和长春光机所的结晶物理专家崔凤柱，以及叶铭汉本人。

1987 年，叶铭汉等申请到 14 万元，对开展这个实验来说，这笔经费实在很紧张。14 万元中，1 万元用作有关理论研究费用，余下的 13 万元就用来支付所有开支，包括购买仪器设备的费用、人员劳务费、场地租用费、出差费、水电费等。除了经费的限制之外，人力也是一个极大的制约因素。虽然申请表上有13个人，但两位理论学家和长春光机所的结晶物理专家无法参加实验值班取数。剩下的8人中，只有博士研究生游科一人能够全时做这个实验，别人都是另有任务在身。

四、深入地下做实验

^{48}Ca的无中微子双β衰变实验必须在低本底的环境中进行，这是实验成败的又一个关键。低本底就是要选宇宙线强度低的环境，一般是在地下深处找一个洞窟，越深越好。20世纪70～80年代，寻找质子衰变是热门实验，我国的物理学家曾在全国寻找合适的洞窟或地下国防工事，据说也找到了。但是由于课题组经费和人力的双重限制，他们不可能到远离北京的外地去工作。

游科找到了门头沟煤矿，这个矿场有一个很深的矿井，其中的煤已被采掘空了，而且水电都通，课题组可以在那里安放仪器并接上电。洞窟上有约500米厚的岩石，条件虽不是很理想，但已基本可以开展工作。门头沟煤矿十分欢迎课题组去做实验，并对研究工作给予大力支持。叶铭汉认为，没有门头沟煤矿大力且无偿的支持，这项研究工作是无法进行的，因而十分感谢他们。

另外，仪器设备需要经常照看，所以得有值班人员，值班人员不调试设备，只是做安全监视。但是课题组没有人力24小时值班，需要请临时工。于是，游科想出了一个办法——请门头沟煤矿帮助解决这一难题。他们有一批退休的电工师傅，年龄刚过60岁，都是富有经验的老技工，水平很高，一讲就明白，而且提的要求也很合理，只要课题组提供补助，使他们的收入达到与退休前相同就可以了，而研究基金正好可以支付得起这笔费用。这样，人力问题就顺利解决了。叶铭汉当时没有想到，这个方案还有一大好处——老师傅们有不少徒弟在矿井工作，课题组要给仪器接电时，老师傅只要一打招呼，徒弟们就都来帮忙，保证了 24 小时不断电。在研究期间，游科独当一面，下矿井十分辛苦地做实验。

最初的实验是比较地面和矿井中的本底。测量发现，在矿井中，本底下降了 3 个数量级，满足实验条件。有了这一结果，课题组就开始做长时间的测量。他们在矿井中做实验工作，有效的取数时间共计 7588.5 个小时。

实验结果表明：^{48}Ca 不放中微子的双 β 衰变的寿命（$T_{1/2}$）的下限大于 9.5×10^{21} 年，比吴健雄等测出的结果（2×10^{21} 年）高了约 4.7 倍。

不同实验测定的 ^{48}Ca 无中微子双 β 衰变的寿命

实验者	^{48}Ca 的质量/克	实验取数时间/小时	探测器	寿命/年
Goldhaber	11.4	689	CaF$_2$（掺 Eu）	$> 2 \times 10^{20}$
吴健雄	10.6	1150	流光室	$> 2 \times 10^{21}$
叶铭汉等	43.0	7588.5	CaF$_2$	$> 9.5 \times 10^{21}$

^{48}Ca 无中微子双 β 衰变是一项基础物理前沿实验，是我国第一个在地下深处进行的基础物理实验。课题组以很少的人力、物力和经费，得到了较好的结果。

叶铭汉认为，这次实验取得成功的原因有许多。其一，选题先进，量力而行；其二，不迷信别人对于 CaF$_2$ 晶体性能的测试结果，大胆质疑，细心验证；其三，因陋就简，尽量创造开展工作的条件，大力开展协作。叶铭汉认为，自己在这项工作中的贡献是十分有限的，而认为游科、郑志鹏、祝玉灿、田卫华在这项工作中做出了主要的贡献。

第七节　BEPC Ⅱ 和 BES Ⅲ

一台高能粒子加速器从开始酝酿到立项，再到建造出束，到最后正式投入物理实验使用，往往要跨越10年时间。所以，一台高能粒子加速器刚投入使用后不久，科研人员就要开始酝酿建造下一代加速器。这不是因为在十多年前最初设计时科学家看得不够长远，而是因为科学技术发展的速度实在太快。10年前，科学家是按照对当时物理发展的认识和当时最高的技术水平来设计新加速器的，而10年后，一切都会有很大的变化。因此，要想跟上科学的发展，就必须及早考虑下一步应该怎么办。

一、陶粲工厂

国际高能物理学界十分关注"陶粲工厂"。早在1987年北京正负电子对撞机正在建造过程中时，一位在欧洲核子研究中心工作的科学家柯克比（Kirkby）就提出：要在北京正负电子对撞机工作的能区建造比它亮度大100倍的正负电子对撞机，名为"陶粲工厂"。

1990年，我国科学家也开始关注陶粲工厂。1990年叶铭汉在日本进行学术访问时，参加了一位日本科学家关于陶粲工厂初步设想的学术报告会。世界各大高能物理研究中心都有一批科学家提出研制陶粲工厂的想法，并举行国际性的工作研讨会进行探讨。大家一致得出一个结论：陶粲工厂是研究陶轻子和粲夸克物理的最佳对撞机。

1993年，美国和日本都提出了要建造B工厂[①]，而B工厂也能产生大量陶粲粒子。那么，这是否意味着陶粲工厂会被B工厂取代？于是，在李政道和潘诺夫斯基的倡议下，来自世界各地的三十多位高能物理学家参加了在斯坦福直线加速器中心召开的"陶轻子和粲夸克物理"国际学术会议，探讨"在B工厂时代，陶粲工厂是否还有优势"的问题。

---

① B工厂是美国和日本各自建造的以产生底夸克（B夸克）为主的正负电子对撞机，美国的B工厂的质心能量为10.5吉电子伏。——作者注

郑志鹏和参与北京正负电子对撞机工程的几位同事参加了会议，并应邀做了报告。李政道和潘诺夫斯基也全程参加了会议。

在会议上，有两种不同意见针锋相对。一种意见是：B工厂能产生与陶粲工厂差不多的事例，因而B工厂可以取代陶粲工厂；另一种意见是：虽然两者产生的粒子数差不多，但陶粲工厂有较低的本底，可使用特有的双标记方法，提高信噪比，大大减小系统误差。此外，在陶粲能区特有的J/Ψ及其激发态和陶子产生阈是B工厂所没有的。郑志鹏在报告中还引用了陶轻子质量测量的例子，说明有些特点B工厂是无法取代的。斯坦福直线加速器中心的蔡永赐教授在报告中提出：用陶粲工厂的极化束测量陶子的CP破坏的物理建议非常吸引人，展现了陶粲工厂的优势。B工厂不能取代陶粲工厂，在B工厂之后，建造陶粲工厂的建议是合理的。会上还讨论了国际合作建造陶粲工厂的问题，与会科学家认为，最好由中国牵头，其他国家合作来建造陶粲工厂。

李政道十分赞成这个合作建造陶粲工厂的想法。1994年9月1日，他给我国领导人写了一封很长的亲笔信，共16页A4纸。现摘录有关建议部分如下：

> 八月中在美国加州斯坦福直线加速器中心（SLAC国家实验室）召开"陶轻子和粲夸克物理"国际学术会议，来自世界各地高能物理研究中心的物理学家（包括在这领域的主要专家，即很多十分重要的科学家）以科学的立场，长时间认真地进行了讨论，一致认为，现在开始着手准备建造一个陶粲工厂（即一台能区在3～6 GeV、亮度在10^{33}、二环的正负电子对撞机）对进一步检验现有的理论、寻找胶子球、轻子系统的CP和时间反逆的不守恒、粲子素结构的不守恒性等当前高能物理重要课题，以及对未来粒子物理更深层次的研究有极为重要的作用。
>
> 陶粲工厂的能区，就是1984年北京正负电子对撞机选择的

能区。当时就因为看准了，在这能区中有相当多的物理问题尚未被世界其他类似装置所能覆盖，而1988年后，北京正负电子对撞机能脚踏实地地在此能区做出了世界水平的物理工作。虽然这能区的能量不高，但有它的特性，其中的物理不是其他高能量的对撞机可代替的。

会议中，一致对北京正负电子对撞机的成就做出了高度评价。但是如果要出更新的成果，必须增加亮度100倍，这就是陶粲工厂的10^{33}范围了。

尽管美国阿贡国家实验室和俄国两个研究所都在会上提出了他们自己建造陶粲工厂的设计方案，但当在会议最后讨论时，大家公认在北京正负电子对撞机的基础上，建立陶粲工厂是最合理想的。其价格仅为目前其他建造前沿的高能加速器的百分之几。其优点是能在中国科学院高能物理研究所现有场地的地下进行，并可用北京正负对撞机的现有注入器。同时，现北京正负电子对撞机的储存环可转变成一台专用同步辐射加速器，完全致力于应用。

会议建议，中国在北京正负电子对撞机基础上建造陶粲工厂，宜在国际合作基础上进行。对中国在这台机器上的财政贡献比例尚需研究。目前仅需中国牵头。为了最大限度促使国际参与和贡献，中国方面确切和肯定的承诺是至关重要的。

我参加了这个国际会议，完全赞成由中国牵头、国际合作建造陶粲工厂的意见。同时，我认为在发展中国家的中国建立这样一个具有发展中国家特点的、极高水平的国际的实验室，对促进中国和其他发展中国家乃至世界科技水平的提高能起很大作用，对增强中国和其他发展中国家自尊、自信，提高国际地位有一定重要的意义。

……

现在是一个很好的时机。由于北京正负电子对撞机过去这几年的成果，通过陶粲的能区，在基础研究的高科技领域已有初步的一席之地，但若不加强努力，中国会失去现有的一席之地。我觉得中国一开始就介入此事是十分必要的，是很值得的。
……

李政道的建议得到了党和国家领导人的部分回应，获得一笔开始做预制研究的经费，总额500万元，但是并未承诺我国一定要建陶粲工厂。叶铭汉认为，李政道的建议是十分中肯的。

在当时所长郑志鹏的领导下，高能物理研究所开始进行陶粲工厂的预制研究。1996年，预制研究提出的陶粲工厂的指标是：双环方案，束流能量1.5亿～2.5亿电子伏，优化在2亿电子伏，造价约10亿元。这一预算包括把原来的北京正负电子对撞机改装成专用的同步辐射光源，主要建议人为郑志鹏、王书鸿、黄涛、李金、吴英志、吴济民等。这一方案于1997年左右提交给中国科学院。

1998年，高能物理研究所特出版了一本纪念文集——《继往开来，不断进取》来纪念邓小平同志1988年10月24日到高能物理研究所视察北京正负电子对撞机工程并发表《中国必须在世界高科技领域占有一席之地》讲话十周年。叶铭汉为此写了一篇文章《牢记小平同志教导，努力占有一席之地》收录在该文集中。在该文中，他写道：

我们如果从世界高能物理发展的趋势来看，从中国现有的条件来看，陶粲工厂很可能是一种最佳选择。1996年，可行性研究报告通过了由国内、国际有关专家组成审议小组的审议，得到国际同行的赞同。陶粲工厂建造费用是很高的，但如果从她与国内生产总值的比值来看，与当时建造北京正负电子对撞机正好一样。北京正负电子对撞机预算为2.4亿元，1985年国内生产总值为8964亿元，其比值为0.0267%。陶粲工厂预算偏高的估计为20亿元，1997年国内生产总值为74 722亿元，其比值也为0.0267%。

当时人们对于陶粲工厂的投资有不同的估计，从12亿元到20亿元不等，具体金额与设计的细节有关，如添不添加极化束，建造一台还是两台探测装置，等等。叶铭汉的结论是：

从这一点来看，如果80年代可以承受BEPC的建造，那么应该可以说，目前我国国力可以承受陶粲工厂的建造。

叶铭汉当时充满信心，他一直在考虑如何不断地提高研究工具——中国加速器和探测器的性能，相信我国的高能物理梦一定能够实现。

二、陶粲工厂方案受挫

1998年，郑志鹏、王书鸿、李金等向中国科学院正式提出建造陶粲工厂的建议，但没有得到回应。

叶铭汉现在回忆起来，认为可能是因为提交陶粲工厂的方案时，申请人犯了一个错误：当时提出的是"最佳方案"，却没有同时提一个"最低方案"供领导选择。

事实上，后来几经周折，到2001年才通过了以"双环方案"改造北京谱仪的计划——在原有隧道内加一环，没有专用的同步辐射光源，最高能量只有 2×2.2 亿电子伏，这就相当于陶粲工厂的"最低方案"。

2007年，潘诺夫斯基在他的自传中明确表示：他强烈赞成中国研制陶粲工厂，他的意见扼要翻译如下：

北京正负电子对撞机组提出一个建议：要建造一台能量与

北京正负电子对撞机相同,但亮度提高100倍的"陶粲工厂"。所建议的对撞机为双环,一个环建在已有的隧道内,在它附近另建一个新隧道安装一个环,两个环有一对撞的相交点。通过中国的几个研究所的合作,该计划的可行性报告在1995年底完成了,我强烈地支持这个建议。

……中国科学院不支持这个纯基础研究工程。……只批准对北京正负电子对撞机进行小规模的改进。……我认为,对北京正负电子对撞机做一些小规模的改进,将是花了钱而收获极其有限。幸好高能物理研究所的加速器组以不丢面子的方式重新提出了"陶粲工厂",设计了一个可以安装在现有的对撞机隧道内的双环对撞机,取名为"北京正负电子对撞机Ⅱ"(BEPCⅡ)。中国政府批准了这个名为BEPCⅡ的工程,它的性能基本上接近早先提出的陶粲工厂,但是损失了大量宝贵的时间。

从潘诺夫斯基自传中写的看来,他的观点非常清楚——强烈地支持我国建设陶粲工厂。

2000年7月,国家科技教育领导小组原则上批准了中国科学院提交的《中国高能物理和先进加速器发展目标》,同意投入4亿元对BEPC进行重大改造,即BEPCⅡ。

三、来自康奈尔大学的竞争带来转机

就在叶铭汉等处于迷茫之际,美国康奈尔大学著名加速器物理专家莫里·泰格纳[①]教授的建议给他们带来一线生机。

莫里·泰格纳教授曾在1998~1999年的学术休假期间到中国访问,在高能物理研究所做访问教授,进行学术交流,还帮助郑志

---

① 莫里·泰格纳(Maury Tigner),美国康奈尔大学核研究实验室主任,物理学荣誉退休教授,曾领导美国超导超级对撞机(Superconducting Super Collider,SSC)中心设计组的工作。——作者注

鹏等完善了关于建造陶粲工厂的建议。1999年,他回美国后建议:把康奈尔大学一台正负电子对撞机CESR的质心能量从9亿电子伏左右降低到4.5亿电子伏左右,专用来研究陶粲物理。康奈尔大学同意了他的建议。

为什么要这样做?当然是因为这些美国科学家预见到陶粲物理实验研究的前途,抢着进入这领域。

他们要把CESR的能量降低,并要求其在该能量的亮度达到6×10^{32}厘米^2/秒,但这在技术上是很难实现的。正负电子对撞机的亮度与设计能量区域的关系极其密切,在它的能量设计值处最大,稍微偏离设计能量,无论是增大还是减小能量,其亮度都急剧下降,以至于无法做物理实验。因此,康奈尔大学的物理学家改装这台正负电子对撞机的想法在技术上非常困难,而且风险极大。

泰格纳当然很清楚这一点,但是为了抢先在这个领域做实验,他们决心冒风险及早下手,因为一旦成功,将获得巨大的收益。如果他们达到了预期目的,这台正负电子对撞机的亮度将达到改进后的BEPC的5～6倍,而且在时间上比BEPC的改装完成要早几年。这就意味着,BEPC完成改装的重生之日就是她的死亡之时,她将失去在国际上占有的一席之地,难逃关门大吉的厄运。

中国科学院领导和高能物理研究所领导也注意到了康奈尔大学的这个决定,很快,他们特地组织了一个考察组到康奈尔大学访问。

四、对BEPC和BES升级方案的讨论

经过考察,2001年4月2日,高能物理研究所组织了BEPC Ⅱ可行性研究国际评议委员会,评议北京正负电子对撞机和北京谱仪的升级方案。

国际评议委员会主席为潘诺夫斯基,委员共24人。其中,中国学者共7人,其余17人为外国学者。除了叶铭汉,其他中国委员分别是陈佳洱、王乃彦、方守贤、许咨宗、陈森玉和赵振堂。外国

学者有潘诺夫斯基、米歇尔·戴维尔[①]、邓昌黎、黑川真一等。讨论时，先分成加速器和探测器两个小组进行讨论，然后由全体大会讨论。叶铭汉属于探测器小组，组长为米歇尔·戴维尔。

在加速器部分，会上讨论了两种方案。第一，单环方案：亮度为 36×10^{31} 厘米^2/秒；第二，双环方案：亮度为 100×10^{31} 厘米^2/秒。

与会人员一致赞成双环方案，基于两个原因：第一，从物理方面考虑，亮度必须提高到 BEPC 现有亮度的 100 倍，才能在陶粲物理的研究上居于世界领先，对此没有人提出异议；第二，从加速器理论来分析，双环方案较易实现。加速器专家都认为，在技术上更有把握实现双环方案的亮度指标，而且当时正在建造中的两台 B 工厂都是双环方案。

大家都清楚，两种方案的优劣一目了然，但是，问题的症结却在这里——当时只获批 4 亿元经费来升级改造 BEPC，而大家推崇的双环方案却需要约 6 亿元经费。

高能物理研究所领导担心，如果上交的申请中只提双环方案，万一上级不批准，就可能导致全盘否定，到时高能物理研究所将是"竹篮子打水一场空"。陈和生所长特向潘诺夫斯基说明了这个顾虑，所以潘诺夫斯基虽然最后在他的总结中仍并列提出两种方案，但指出双环方案更加合适，单环方案很难跟康奈尔大学竞争。潘诺夫斯基也特把他的苦衷告诉了叶铭汉。

在探测器方面，大家一致认为，应重新研制一台性能为当前最高水平的谱仪，但没有讨论太具体的问题。

最终，高能物理研究所提出了双环方案——在现有的隧道内增加一个储存环、一个加速电子、一个加速正电子，实现双环对撞，并采用超导高频系统和超导插入磁铁等技术，将亮度提高到 10^{30} 厘米^2/秒，估计造价为 6.4 亿元。国际评议委员会做了推荐，并于 4 月 17 日做

[①] 米歇尔·戴维尔（Michel Davier），法国高能物理学家。——作者注

出了一致通过的评审报告。

五、为争取双环方案而建言献策

在等待期间，一些学者担心领导从经济角度考虑而采用单环方案。

叶铭汉想起来，之前领导说过，决定是在征求了一批专家意见后做出的。他想，要争取领导支持双环方案，除了国际评议委员会的建议外，还应该收集一些民间意见供领导参考，以便领导做出决策。为此，他游说了国内顶尖的加速器专家——谢家麟、方守贤参加。

叶铭汉认为，他们的意见代表了一批关心中国高能事业发展的科学工作者的呼声。他没有请提出建造陶粲工厂建议的人签名参加，那是为了表明这批写信者是局外人。

意见书的内容如下：

关于BEPC Ⅱ的两种方案的意见——给路甬祥院长的报告

甬祥院长：

今年4月BEPC Ⅱ可行性研究国际评审委员会在北京举行，听取了高能物理研究所等单位科技人员提出的BEPC Ⅱ的两个方案：

（一）单环方案，亮度可达 $3\times10^{32}cm^2/sec$；

（二）双环方案，亮度可达 $10\times10^{32}cm^2/sec$。

会议对方案进行了较深入的讨论，并于4月17日作出了一致通过的评审报告。

委员会认为以上两种方案在技术上都是可行的，但单环方案（即第一种方案）不仅亮度指标低，而且技术难度也极大，只是投资少些。双环方案（即第二种方案）亮度则较第一种方案增强数倍。由于对撞机在每秒内产生的高能物理事例正比于亮度，双环方案实现后，高能物理事例率约为单环方案的3倍，而且技术上更有把握（"A lower risk in attaining its design luminosity"），但投资稍多。委员会认为，由于国际物理学的发展，最近康奈尔大学决定，拟将其CESR对撞机能量降到BEPC工作的能区，并可能在2003年达到其目标。这样我们的单环方案即使建成也没有太大竞争力，将失去建造的意义。因此，中外评审委员一致强烈地倾向于推荐双环方案（"Strong preference for the two ring option"）。

作为中国的几位高能物理和加速器的科技人员，我们完全同意委员会的总结意见，现将我们的补充意见向您报告如下。

当今国际科技发展一日千里，我国的高能粒子实验物理在党中央和小平同志直接关怀下，自1988年开始已占有了一席之地，但能否保持，要看我们国家的继续投入和科技人员的创新意识和努力。

从BEPC建成以来，我们一直是质心能量3～5 GeV能区内唯一的一台对撞机，独享这一优势，作出了国际上领先的研究结果。但现在国际形势发生了变化。美国康奈尔大学的CESR正负电子对撞机，原工作在质心能量10 GeV左右，现决定要把能量下调到3～5 GeV，也进行陶粲物理研究。他们对撞机的亮度设计指标是$3 \times 10^{32} \text{cm}^2/\text{sec}$，如今年得到批准，预计在2003年可以完成。因此，对我BEPC来说，形势十分严峻。

从90年代初至今，曾研讨过几种改进BEPC及新建对撞机（陶粲工厂）的方案，现列表如下。

	亮度 /10^{32}（厘米^2/秒）	建造费用 /亿元	高能物理事例率比（与康奈尔大学的CESR相比）
BEPC II（单环）	3	约4	1.0
BEPC II（双环）	10	约6	3.3
陶粲工厂	10～20	15～20	3.3～6.6

双环方案的经费比单环方案增加50%，而物理事例率增加

约230%。

我们如采用单环方案并在今年得到批准，估计只能在2005年建成，且亮度与康奈尔大学的相差不多，届时我们将十分被动，将事事落后于康奈尔大学，极难做出领先的创新工作，我国高能物理将失去一席之地。而且单环方案技术难度极大，达到设计亮度指标可能需要更多的时间。

因此，为了确保占有一席之地，我们认为必须采用双环方案，尽管需要增加一些投资（估计约增加2亿元人民币），但在2005年时亮度能超出康奈尔大学数倍，物理研究工作可能超出康奈尔大学而仍居世界领先地位。双环方案可做原陶粲工厂方案的很重要的物理工作，而投资仅约为原陶粲工厂方案的三分之一。

相反，如果采用单环方案，最终必将导致极不理想的结果，投资花费4亿元而得不到国际领先成果，意义不大。国家一旦下决心继续投资高能物理，就应取得国际领先的创新成果。

我们非常希望，我国经过几十年奋斗而占有的一席之地能够继续保持下去，并有所扩大。在如此激烈的国际竞争中，我们恳请领导尽快研究审定双环方案，一旦批准，立即组织实施，以确保在此领域的国际竞争中的领先地位。

当否，请酌。

叶铭汉　谢家麟　方守贤　陈佳洱　何祚庥
2001年5月29日

最后，领导决定采用双环方案。得知这个消息，叶铭汉等十分高兴，同时他也告诉自己要保持清醒，领导改变看法并非单单由于他们几个人的这份建议。叶铭汉说：

我不敢夸大说这一建议起了多大的作用，我们做了什么贡献，我们不过做了应做的事，发表了应该发表的意见，也算尽了我们的责任，算我们对我国高能物理实验做了一点小小的贡献。仅仅这封信是不可能影响最后的决策的。这封信不过表明了我们当时的心态和关心，仅仅是表达了一些人的看法，给领导增加一点参考意见。写信的人中有一位过去是反对陶粲工厂的，这也可以表明我们的意见是有比较广的群众基础的。

六、北京谱仪升级方案的争论

关于探测器，2001年4月的BEPC Ⅱ可行性研究国际评议委员会并没有给出很具体的意见，只在原则上指出：探测器的水平必须是国际先进水平的，否则没有竞争力。

2001年10月3日，高能物理研究所组织了关于BES Ⅲ的国际研讨会，讨论了BES Ⅲ的结构的可能选择。对于不同的选择，谱仪性能有差别，经费也随之变化。由于经费实在紧张，大家不得不将经费的限制作为重要考虑因素。这次研讨会没有得出确切的结论，只是安排大家会后分头做不同方案的预制研究。

2002年9月16日，高能物理研究所组织BES Ⅲ项目评议会。与会人员除中方代表外，还有十多位外国专家，叶铭汉也参加了这次会议。

叶铭汉在讨论中的指导思想一向很明确——"做基础科学研究只有第一，没有第二"。不能因为要省钱而降低对探测器性能的要求，如果钱不够，宁可不做也不能退而求其次。因为退而求其次的后果必将是彻底失败，浪费人民的血汗钱，无法向人民交代。

这次项目评议会上有两个问题引发了激烈的争论：第一个焦点是产生北京谱仪所需的磁场要采用常规磁体还是超导磁体？常规磁体的磁场强度只能到0.4特斯拉，而超导磁体可以达到1.0特斯拉。磁场强度高对于测量带电粒子的动量有很大优势。国际上新建的陶粲物理实验装置（如CLEO-c），就是采用超导磁体的。但是，超导磁体造价高，而且我国当时尚未掌握相关技术。有几位工作人员从省钱的角度出发，建议用常规磁体，遭到叶铭汉的极力反对。

叶铭汉主张，要建造新的谱仪，其性能必须是最好的，而且我国必须掌握超导技术，不能见难而退，将来超导磁体技术还可以推广，发挥更大价值。

第二个焦点是电磁量能器采用哪种晶体？量能器主要有两种类型：一种是用碘化铯（CsI）闪烁晶体，其能量分辨本领高，但投资高；第二种是由多层金属吸收体和气体探测器构成的簇射探测器，其能量分辨本领较差，但投资较少。

BESI 和 BES II 都采用了第二种类型的电磁量能器。但在 BES III 方案的前期讨论中，却遭到了与会人员的一致否定。大家达成的共识是：新建造的电磁量能器必须采用闪烁晶体作为探测单元。此时，问题的关键就转为究竟选用哪一种晶体？

有人建议，可以考虑采用锗酸铋晶体，它在欧洲核子研究中心被应用于丁肇中领导的大型正负电子对撞机 LEP 上工作的 L3 谱仪。LEP 已在 2000 年 11 月停止运行，当时 L3 谱仪即将拆除。他提出，或许可以利用这一批晶体，甚至能无偿取得。

叶铭汉反对这种想法，他有三点理由。

第一点，没有把握能确保拿到这批锗酸铋晶体。L3 谱仪的建造经费大部分来自美国能源部，因此属于美国政府的财产。拆下来的这批晶体，美国能源部肯定要先公布并征求用户，而美国本国用户是会被优先考虑的，我们未必能拿到，即使拿到也不一定是免费的。

第二点，BES 实验组是国际性的，也有美国科学家参加，也许由他们出面提出请求，我们的确可以得到这批晶体。但是即使拿到了，它能够在 BES III 上使用吗？这是一个大问题。另外，这批晶体在 L3 谱仪上经受了近十年的射线辐照，肯定有一定程度的损伤，每一块晶体的损伤程度都各不相同。那么，受伤的晶体是否还能满足我们的使用需求？谁也无法回答这个问题，但做大工程，不能没有根据就贸然下决定。

第三点，就算这批晶体质量合格，可以使用，但是为了用于BES Ⅲ，很可能需要切割。大家知道，锗酸铋晶体比较脆，机械加工时较困难，容易开裂。如果有一部分在机械加工过程中损坏，需要补充，那么到哪里去找替代品？当初中国科学院上海硅酸盐研究所为了供应 L3 谱仪，特别建立了一条生长锗酸铋晶体的生产线。但供应完毕后，没有他人需要大量锗酸铋晶体，生产线就被拆掉了。如果那时候BES Ⅲ需要，就需要重新花费大笔资金和时间，可能会拖延 BES Ⅲ 的建造进度，甚至导致不能按计划完成。一个大科学工程的计划不容许有这么多的不确定性。

最后大家取得一致意见：一定要采用最先进的技术，采用超导磁体和碘化铯闪烁晶体。从此，BES 的研制走上了向世界先进水平迈进的道路，即 BES Ⅲ。

七、BEPC Ⅱ 和 BES Ⅲ 的建造

2004 年 4 月 30 日，BEPC 和 BES 圆满完成任务，结束运行，接下来就是逐步开始 BEPC Ⅱ 和 BES Ⅲ 的建造。

经过近四年的建造，2008 年 7 月 19 日，BEPC Ⅱ 和 BES Ⅲ 联合调试对撞成功。

此后，对撞机和谱仪仍在不断地提升性能，向国际尖端水平持续冲刺。2009 年 5 月，BEPC Ⅱ 在 1.89 亿电子伏能量下的亮度达到 3.01×10^{32} 厘米^2/秒，达到其设计指标。

2016 年 4 月 5 日，BEPC Ⅱ 在 1.89 亿电子伏能量下的亮度达到 1×10^{33} 厘米^2/秒，达到了设计的最高要求，这在技术上是十分难以实现的，但是中国科研工作者成功地做到了。此时，BEPC Ⅱ 和 BES Ⅲ 双双居于粲能区对撞机与谱仪的国际领先水平，取得了许多国际领先的成果。叶铭汉等国内外高能物理学家对这一优异的成果都感到非常高兴。

八、习近平总书记考察高能物理研究所

2013年7月17日,习近平总书记到高能物理研究所考察工作。在高能物理研究所所长王贻芳的介绍下,习近平总书记察看了北京正负电子对撞机、北京谱仪和北京同步辐射装置,参观了核应用技术成果介绍和实物样品,了解了网络和计算平台的历史与现状等,并接见了叶铭汉、方守贤、陈森玉三位院士。

习近平总书记对高能物理研究所取得的成绩给予了高度评价。随后,在中国科学院大学召开的座谈会上,他发表了重要讲话,系统阐述了科学技术的本质特征和重大意义,深刻揭示了当代科技发展的现状和重要趋势,全面总结了我国科技发展的历史进程、主要经验及当前面临的突出矛盾和问题。他要求中国科学院要牢记责任,率先实现科学技术跨越发展,率先建成国家创新人才高地,率先建成国家高水平科技智库,率先建设国际一流科研机构。他还对高能物理研究所成立40周年表示祝贺。

第八节 高能物理研究所与互联网

一、引进国外通用软件

1982年,吴为民在欧洲核子研究中心杰克·斯坦伯格[①]的CDHS

---

① 杰克·斯坦伯格(Jack Steinberger,1921—2020),生于德国巴特基辛根,后加入美国籍,1942年毕业于芝加哥大学,1968年起在欧洲核子研究中心兼职,他在美国布鲁克海文国家实验室利用质子加速器发现了第二种中微子——μ中微子,与利昂·莱德曼(Leon Lederman)、梅尔文·施瓦茨(Melvin Schwartz)共享1988年诺贝尔物理学奖。——作者注

实验组参加工作，他注意到国外的研究所有很多通用的计算机软件，能大大提升科研工作的效率，可谓一柄利器。假期返回国内到高能物理研究所时，他注意到物理一室肖健的一名研究生正在为论文写作编写程序。吴为民认为，这名研究生完全可以利用国外软件，于是就帮助他用欧洲核子研究中心现成的软件做毕业论文，结果出乎意料，事半功倍。这件事引起了肖健的注意，他找到叶铭汉，提出应该尽可能地利用前人的研究成果提供的条件，北京谱仪的工程设计与物理性能模拟计算也应该走这条道路。叶铭汉听了肖健的介绍后，深以为然，决定邀请吴为民到物理一室工作。

此时，吴为民正在物理二室推动与ALEPH的合作，非常艰难。接到叶铭汉的邀请后，他婉言推却，说道："我有困难，正在忙ALEPH合作的事情，离不开。"虽然被拒绝，但叶铭汉非常理解吴为民的选择，他明白，做科研工作最好能与个人志愿相结合，而且当时吴为民正在承担一个国际合作项目，不能临时中止，导致半途而废。叶铭汉一直认为，研制北京正负电子对撞机和北京谱仪固然是高能物理研究所压倒一切的任务，必须投入全所的主要资源，但通过国际合作培养人才、引进必备软件也是非常重要的，应该投入相应力量。除了集中力量建造北京正负电子对撞机和北京谱仪外，还应该有一小部分力量参加国际合作，吸收开展工作所急需的必要资源。

1984年高能物理研究所正式参加ALEPH组合作后，叶铭汉再一次找到吴为民，并告诉他："北京正负电子对撞机和北京谱仪是高能物理研究所的首要项目，是优先级最高的工作。只有把ALEPH合作跟北京谱仪结合起来，ALEPH合作才能纳入高能物理研究所的主流。"叶铭汉建议道："你依然负责ALEPH的合作，同时参加北京谱仪的工作，把两者结合起来。"听到这些，吴为民终于同意了。

后来的事实证明，叶铭汉的这个观点是正确的。最后北京谱仪的主要软件大部分来自欧洲核子研究中心，其中多数是在ALEPH的软件基础上发展而来的。此外，还借鉴了美国MARK Ⅲ的相应软件。

二、四处寻求高性能计算机

1980年，高能物理研究所的计算机还处于十分落后的状态。当时由于西方国家严格控制高科技产品对中国的出口，所以高能物理研究所只有一台性能比较落后的大型计算机，不能分时使用。由于科研工作的需要，只能按班次轮流安排大家使用计算机的时间和顺序。这台计算机十分老旧，还是利用纸带穿孔方法完成数据与计算程序的输入输出。在今天看来，很难想象巨大的科学工程竟是依赖于这样落后的设备。

1982年，叶铭汉被任命为高能物理研究所北京谱仪研究室主任。北京谱仪的工程设计、物理性能的模拟计算等许多环节都急需高性能的计算机。为了北京谱仪的研制，大家只能尽全力到处寻找。

当时李政道也在想办法帮助高能物理研究所从美国进口 VAX 计算机，而叶铭汉在美国也跟数字设备公司（Digital Equipment Corporation，DEC）的工程师讨论过订购他们生产的 VAX 计算机。这位工程师在介绍公司产品时，强力推荐最新的硬盘——存储量可达 1 G。叶铭汉听到能达到这么大的存储量，十分惊喜，他马上提出：高能物理研究所订购的 VAX 计算机一定要装配上这种硬盘。

如今，叶铭汉拿着一部普通的智能手机感叹道：

科技发展真是太快了，现在一个手机的存储量就有几十上百 G，当年怎么能想到以后会有这样好的条件。当时可是远水解不了近渴，当务之急是尽快有一台较好的计算机，可以使用就够了。

三、中国第一个远程终端模式

为了解决使用计算机进行数据运算的燃眉之急，高能物理研究所物理一室的王淑琴、王泰杰等经过多方了解得知，中国水利水电科学研究院有一台 M160 计算机，这是从日本进口的机器，用于中日合作水电站的设计。他们马上与中国水利水电科学研究院协商，希望对方可以在他们使用的空隙时间允许北京谱仪的研制人员临时使用。可喜的是，中国水利水电科学研究院大力支持，同意了高能物理研究所的请求。

于是，高能物理研究所物理一室的王淑琴、王泰杰等工作人员为了上机而奔波往返于玉泉路（高能物理研究所所在地）与木樨地（中国水利水电科学研究院所在地）之间。每天在路上花费几个小时，换乘好几种交通工具，哪怕仅仅是修改几条指令，也要专程跑到中国水利水电科学研究院去，十分辛苦。这样勉强可以进行一些计算工作，可是效率非常低。

为了上机计算，吴为民和其他人一样，每天从高能物理研究所到中国水利水电科学研究院。有一天，他突然萌生一个念头：大家知道，计算机由三大部分——主机、显示屏和键盘组成。虽然计算机主机在中国水利水电科学研究院，但是通过某种办法联通上一个放在高能物理研究所的显示屏和键盘，那么工作人员不就可以在高能物理研究所远程操作而不必费时费力地跑到木樨地去了吗？

这个"人机分离"的想法看似简单，但的确是极具开创性的一步。如果没有这个远程终端，那么中国互联网的历史又要推迟开启一年多。如今叶铭汉感叹道，现在智能手机又再次把三者合而为一，这在 30 多年前是无法想象的。

在中国当时的条件下，只有通过微波通信才可以实现这一设想。肖健十分支持吴为民的想法，着手尝试远程终端，并找到了无线电通信专家——物理七室的张报昌。

1984 年初，几人开始合作，很快确定了微波通信的方法，然后购买设备、安装调试，克服重重困难，向电信管理部门申请许可证，终于达到了目标——人坐在高能物理研究所就能通过微波通信操作放置在中国水利水电科学研究院的计算机，这一天是 1984 年 7 月 1 日。

此后，高能物理研究所的工作人员再也不需要两地奔波，只需在高能物理研究所直接连接上中国水利水电科学研究院的计算机主机，就可以完成计算工作。

这种远距离终端的操作模式，是中国第一封电子邮件最早的模型。1984年7月23日，叶铭汉签发了1984年第10期《高能物理研究所情况简报》，这份报道由吴为民起草，报道高能物理研究所启用了远距离终端，提出"这种利用远程终端共享计算机资源的方法，可以说它是充分利用计算机资源的一个重要发展方向"。官方文字记载了这一事件，并且上报中国科学院的卢嘉锡、钱三强、严东生、周光召等领导。

那时，在中国进行国际通信非常不便，寄一封邮件一般需要好几天时间。当时高能物理研究所因工作需要新添置了一台电传打字机，可以向国外发送英文文件，十分便捷。

当时，高能物理研究所有一位工作人员正在瑞典进行短期访问，当地邀请他担任一个国际学术研讨会的组织者之一。根据当时我国的出访惯例，这种事应请示国内意见，于是他打来电话询问。叶铭汉认为，做会议组织者是一件好事，马上同意了，外事组立刻用电传打字机给予答复。瑞典的单位收到反馈时非常惊讶，没想到这么快就收到了回复，这件小事让他们意识到高能物理研究所与众不同。

四、中国第一条国际卫星通信线路

1984年9月，欧洲核子研究中心举办纪念成立30周年的庆祝活动，叶铭汉应邀参加。在访问期间，叶铭汉向他们请教了关于预算经费分配的问题，他们提到"1/6的经费用在通信上"，这让叶铭汉大吃一惊。那时候他并没有意识到通信交换信息的重要性，而高能物理研究所此前在做工程项目预算时，也从来没有把通信费用单独列出来，而是把它放在日常行政管理经费里，没想到在国外同行中这一项开支这么大。

这次访问中，双方还正式签署了高能物理研究所与 ALEPH 的合作协议。该协议不仅保证了探测器建造工作的顺利进行，而且为今后的物理分析工作奠定了基础。

1985 年底，高能物理研究所为 ALEPH 建造了缪子探测器，其性能完全达到设计要求，可谓取得了圆满成功。这是高能物理研究所迄今国际合作程度最高的实验，也是所里制造的规模最大的探测装置。

ALEPH 的主持人杰克·斯坦伯格十分高兴，他进一步建议：高能物理研究所应该在中国本地做数据处理与分析工作，取得物理研究结果，做出与硬件一样好的贡献。

要实现这样的目标，计算机网络通信是必不可少的。为此，二者成立了一个联合工作组：欧洲核子研究中心方面由帕拉齐（Palazz）博士负责，高能物理研究所方面由吴为民负责。此时高能物理研究所已经有了远距离终端操作模式的经验，只要利用中国与海外的卫星电话线，就可以实现在北京远程进入欧洲核子研究中心的计算机。

帕拉齐博士告诉中方，由于国际原子能总署设在奥地利维也纳，为了保持与北京的通信，架设了一条连接两地的卫星通信线路，据说是当时中国唯一公开的国际卫星通信线路，已于 1986 年 6 月 1 日开通。维也纳的那一端是维也纳广播电台，北京的那一端则是 710 研究所[①]。叶铭汉等马上与 710 研究所联系，得到对方的大力支持。经过高能物理研究所、710 研究所、欧洲核子研究中心许多人员的辛勤努力和密切配合，这一想法终于得以实现。

1986 年 8 月 25 日，吴为民坐在北京 710 研究所内，通过卫星电话线联到维也纳广播电台，再通过瑞士电话局连上了位于日内瓦

---

① 中国船舶重工集团公司第七一〇研究所始建于 1958 年，是我国舰船科技、海洋工程重点骨干研究所，现总部位于湖北省宜昌市。——作者注

欧洲核子研究中心的 VAX 计算机，他用远距离登录的办法，从中国向瑞士发出了一封电子邮件。

这封电子邮件意义重大，实现了中国与瑞士通过计算机通信交流的目的，也是中国向世界发出的第一封电子邮件。

当时的吴为民在点击发送时，并没有想到自己是在创造历史。有趣的是，历史总是惊人的相似——1971 年下半年，电子邮件的发明者雷·汤姆林森[①]本人在第一次从两台相邻计算机上给自己发送电子邮件时，根本没有想到这是互联网新时代的开创之举，也难怪他早已忘记具体日期和内容了。

不久以后，这条计算机通信线路的中国端落地点从 710 研究所转到了高能物理研究所物理一室办公楼一间小小的电磁屏蔽室里，自此，这里成为国外来宾访问高能物理研究所的例行参观项目。

来自美国、德国、法国、意大利等国家的来宾进入这个小房间，坐在老式的电脑前，通过远程终端的方式登录到国外的计算机上，虽然网速非常慢，在键盘上敲一个字母，往往几秒钟后才显示到屏幕上，但人们总是有足够的耐心等待。当这台小小的机器联通到他们所在国家的计算机时，他们的脸上不由得绽放出惊讶、喜悦、振奋的表情，让叶铭汉至今仍记忆犹新。这不仅仅是网络的联通，更是中国高能物理研究界与世界同行学者最快速、最高效、最直接的沟通桥梁。

这条通信线路从开通到 1986 年底，高能物理研究所与欧洲核子研究中心 ALEPH 之间一直保持着联系，总通信时长达 1821 分钟，通信费用 7732.29 元。这也许是关于中国计算机网络通信最早的文字记载。

从 1986 年开始，通过这条通信线路登录欧洲核子研究中心计算

[①] 雷·汤姆林森（Ray Tomlinson，1942—2016），美国网络通信工程师，1967 年在麻省理工学院取得电脑工程博士学位，1971 年在 BBN 科技公司从事电脑研究工作时发明了电子邮件，被称为"E-mail 之父"。——作者注

机后，高能物理研究所已经可以转而再登录到世界各国网站了。高能物理研究所必须通过登录到欧洲核子研究中心的网站才能从那里获取计算机程序，而当登录该网站时就可以登录到欧洲核子研究中心能够登录的所有网站。

同年8月12日，中国科学院院长周光召到高能物理研究所听取工作汇报，吴为民向他演示了如何在高能物理研究所登录到美国网站。

五、谁是中国的第一位网民？

1986年6月1日中国唯一公开的国际卫星通信线路刚刚开通之后，高能物理研究所工作人员马上着手设置与欧洲核子研究中心的网络通信，同年8月25日吴为民就成功发出了中国第一封电子邮件，所以，吴为民作为1986年的网民，应该是中国有公开记录的第一位网民。

可是现在有一种流传甚广的说法是：1994年中国第一位网民从北京登录到国外网站，了解事实的读者朋友知道，这显然是不准确的。1993年，高能物理研究所与美国斯坦福直线加速器中心联网，当年就有无数高能物理研究所的工作人员登录到斯坦福直线加速器中心的网站，那都比1994年早一年。更何况，1986年连接北京和维也纳的710研究所通信线路开通后，高能物理研究所参加欧洲核子研究中心L3谱仪组合作的人员也早已用过这条网络。

因此，可以说，中国互联网的历史比人们印象中的认知还要更早一些。

六、谁发出了中国第一封电子邮件？

中国第一封电子邮件是什么时候发出的？

最为广泛流传的说法是，钱天白于1987年9月20日从北京计算机应用技术研究所向德国成功发出了一封电子邮件，邮件内容为

"Across the Great Wall, we can reach every corner in the world"（越过长城，走向世界），被称为"中国第一封电子邮件"。很多媒体如是报道，也有人称钱天白为"中国互联网之父"。然而，现在已证明钱天白并未参与发送这封电子邮件。

2000年，远在美国的吴为民从海外报刊上看到这些报道，他心想：这不对啊！高能物理研究所从北京发送电子邮件到瑞士日内瓦，肯定比1987年要早。于是，在欧洲核子研究中心的支持下，他找到了当时记录那封电子邮件的计算机磁盘，打印出电子邮件的原文，查阅了ALEPH的档案，找到了通信记录，然后写信给有关方面，希望加以纠正。

但是这些努力并没有效果。

七、高能物理研究所对中国互联网发展的贡献载入史册

2005年，吴为民找到了叶铭汉请求帮助。叶铭汉想，"中国第一位网民""中国第一封电子邮件"并不是吴为民个人的功劳，而是高能物理研究所为中国计算机通信与网络所做的开创性贡献，也是基础学科研究带动其他学科发展及应用的一个例子，应该得到社会的公认，历史应该恢复它本来的真实面貌。于是，叶铭汉鼓励他写一篇文章，详细描写当时的经过，并把这篇文章推荐给《科学时报》。

《科学时报》于2006年2月20日以特别报道的形式刊登了吴为民的这篇文章，用满满一整版的篇幅，并冠以非常醒目的标题——究竟是谁发出的中国第一封电子邮件。随文章附有1986年8月25日吴为民从北京发给斯坦伯格的电子邮件，以及高能物理研究所1984年7月23日关于远程终端试验成功的情况简报原文影印件。

这篇文章发表后，一时间引发各界关注，中国互联网络信息中心的工作人员和各大媒体纷纷前来了解情况，因吴为民本人身在美国，由叶铭汉代为介绍。叶铭汉组织了高能物理研究所的有关人员，

大家一起回忆当时的情景，写了许多见证材料。

2007年5月，中国互联网络信息中心采纳了高能物理研究所的意见，正式承认中国第一封电子邮件是高能物理研究所于1986年8月25日发出的，并且将该事件列在中国互联网络发展大事记的第一条。

2009年3月12日，中国互联网络信息中心的王恩海博士正式给吴为民发去电子邮件，邮件中写道：

> 经过我们的核实，以及中国互联网络发展大事记评审专家委员会的讨论，现在将您在一九八六年发出E-mail一事正式纳入"中国互联网络发展大事记"，并荣登第一条。

邮件的最后写道："感谢您对早期中国互联网的贡献。"

这样，这件事总算得到了圆满解决。王恩海博士为了求证这桩史实花了很多时间，他以尊重事实、实事求是的态度，在恢复中国互联网历史真实面貌方面做出了重要的贡献。叶铭汉衷心钦佩、赞赏，也十分感谢他。

为了纪念高能物理研究所1986年发出中国第一封电子邮件20周年，2006年8月25日，中国高等科学技术中心和高能物理研究所联合举办了纪念中国第一封国际电子邮件发出20周年——从远程终端到网格计算研讨会。会议主席由高能物研究所计算中心主任陈刚担任，会议邀请了中国互联网协会理事长胡启恒等以及行业内外的专家、领导参加。会上，叶铭汉代吴为民做了报告《从远程终端到中国第一封电子邮件》，陈和生做了报告《从远程登录到网格计算》，许榕生做了报告《记高能物理研究所国际专线的建立与中国第一个Web服务器》，陈刚做了报告《高能物理与数据网格》，郑国瑞做了报告《高能物理研究所计算机网格的研制历程》。这一系列报告系统地讲述了高能物理研究所在计算机通信方面所做出的开创性工作与贡献。这次研讨会在社会上引起了巨大反响。

除了上文所述的事件外，高能物理研究所还创造了许多历史。

1993年3月2日，高能物理研究所的64K DECnet专线正式开通，这条线路租用了美国电话电报公司（AT&T）的国际卫星信道，接入美国斯坦福直线加速器中心。此后，在国家自然科学基金委员会的大力支持下，许多学科的重大课题负责人能够通过拨号的方式进入这条专线，数百位中国科学家得以在国内使用电子邮件。从某种意义上讲，这时中国就已经完全进入了互联网世界。

1994年4月20日，中国国家计算机与网络设施（The National Computing and Networking Facility of China，NCFC）工程通过美国斯普林特（Sprint）公司连入互联网的64K国际专线开通，实现了与互联网的全功能连接。

1994年5月15日，高能物理研究所设立了国内第一个Web服务器，并推出中国第一套网页。

2004年，中国有关部门把1994年4月20日这一天定为"中国全方位进入互联网"的日子，并且举办了十周年庆祝活动。遗憾的是，此次庆祝活动并未安排高能物理研究所做报告。叶铭汉曾联系会议组织方，但并未得到支持。

八、铭记过去，创造未来

叶铭汉认为，高能物理研究所在互联网方面的贡献是不可替代的，说"高能物理研究所是中国互联网发展的先驱"毫不夸张。这其实一点儿也不奇怪，因为万维网最初就是欧洲核子研究中心发明的，诞生之初就是高能物理研究的"副产品"，而高能物理研究所的角色就类似于"中国的欧洲核子研究中心"。高能物理研究所作为从事基础研究的科研单位，其对社会的贡献应该得到肯定。

然而，这些史实在很长一段时间内并不为人所知。这是因为，长期以来，高能物理研究所从她的前身近代物理研究所、原子能研究所开始，一向工作任务紧迫，人们习惯于保持低调、埋头苦干，同时出于保密要求，基本上不做宣传，因此知道研究所在高能物理以外贡献的人很少，而且作为"非主流"互联网研究所，其在互联网方面的贡献更是长期被忽视。

如今，互联网已经从纯粹的科研合作手段成为大众生活的必需品，是现代社会方方面面离不开的重要工具，甚至成为国民经济建设乃至国家发展战略中的关键一环。因此，对中国互联网追根溯源的历史研究就显得更有意义，也越发有趣了。

现在，"互联网+"正在中国如火如荼地开展起来，人们迈入一个崭新的互联网时代。叶铭汉希望，人们在享受互联网带来的便利的同时，不要忘记高能物理研究所的肖健、吴为民、王泰杰、王淑琴、张报昌、钱祖玄、陈和生、许榕生、郑国瑞等为中国引进、接入、普及互联网事业做出贡献的人，以及欧洲核子研究中心的斯坦伯格、帕拉齐等做出开创性贡献的人。不忘历史，就是鼓励人们再去创造新的历史。

第九节　访问学者

在一次与叶铭汉的对话中，李政道谈到了美国研究所人事管理方面的一个不成文的规定：当一个科研单位的领导退下来后，往往会以到其他单位做访问学者的方式离开本单位一段时间。他解释说，此举是为了帮助新一任领导顺利完成过渡。叶铭汉深以为意，并决定借鉴这个经验。

一、到日本国家高能物理研究所做访问学者

1988年，叶铭汉担任高能物理研究所所长期满换届，他马上就开始考虑到外所做访问学者的事情。

正好，当年日本国家高能物理研究所邀请叶铭汉作为访问教授参加为期一年的研究工作，叶铭汉欣然同意。

1989年7月5日，北京正负电子对撞机和北京谱仪通过国家技术鉴定，这个凝结了叶铭汉多年心血的大型科研工程终于告一段落，他心中的大石头落了地。

不久，叶铭汉到日本国家高能物理研究所，参加该所正负电子对撞机 TRISTAN 上的研究工作。

当时，在 TRISTAN 上有三个实验组：AMY、TOPAZ 和 VENUS。叶铭汉在 AMY 组，这是由日本、美国、韩国、中国等国家的科学家组成的国际性研究组，开组会时使用的语言为英语。可惜的是，TRISTAN 的最高能量仅为 2×32 亿电子伏，低于 W 粒子的产生阈，不能做当时最前沿的研究工作。叶铭汉进组后，和 AMY 组其他组员一样参加实验值班，此外还做物理分析工作。

叶铭汉新工作的第一步是学习使用 IBM 计算机和物理分析软件，这对他来说，既陌生又新鲜，更让他兴奋欣喜。

之前在高能物理研究所时，叶铭汉一直非常想系统地学习、熟悉使用计算机，但是苦于担任所长之际事务繁忙，根本抽不出来时间用 VAX 计算机做一线的物理分析，所以并没有经验。到了日本，叶铭汉才有机会从零基础开始学习使用计算机。由于当时计算机还属于新生事物，人们认为年龄大的人一般较难掌握使用方法。叶铭汉当时已经64岁了，在现在看来也是颐养天年的年龄，记忆力自然衰退许多。他承认自己开始学习时比年轻人差一些，学习的确比较困难。他说："我学习计算机的使用，是'事倍功半'，而年轻人则是'事半功倍'。但是我坚信'只要功夫深，铁杵磨成针'，用心学就

肯定能掌握。我采取多试的方法，忘了就试，再忘再试，长此以往，也就记住了。"

大概过了三个月，叶铭汉已经可以比较熟练地使用日本国家高能物理研究所的 IBM 计算机了，这让已过花甲之年的叶铭汉在学习新事物、探索新领域方面增强了信心。他说："一个人要想掌握一项新技能，不能事先就认定自己不行、认为自己学不会，那样很可能在没有开始学时就放弃了。老年人不必怕，老年人也是可以学会使用计算机的，可以以我为例。"

1989 年 8 月 8 日，叶铭汉应邀在美国斯坦福大学举行的 1989 年高能轻子和光子相互作用国际研讨会上做报告，题目是 "Status and Physics of the Beijing Electron Positron Collider"（北京正负电子对撞机的现状与物理学）。参加会议的代表对我国北京正负电子对撞机和北京谱仪的建成表示极大的关注及赞赏。会后，普林斯顿大学的 S. 史密斯（S. Smith）教授对高能物理研究所在普林斯顿大学访问工作的陆昌国说："叶铭汉的报告得到的掌声比其他任何报告都多。"这是国际上对我国高能物理发展的认可。

1990 年 8 月 1～9 日，叶铭汉参加了在新加坡举行的第 25 届国际高能物理大会（25th International Conference on High Energy Physics）。叶铭汉在分组会上代表 AMY 组做了一篇用蒙特卡罗方法做预测的研究成果报告——Comparison of Quark and Gluon Jets Using Three Jet Events from e^+e^- Annihilation at TRISTAN（《利用在 TRISTAN 上所产生的 e^+e^- 湮灭的三喷射事件来比较夸克喷注和胶子喷注》）。

在日本国家高能物理研究所做访问学者期间，日本科学家的敬业给叶铭汉留下了极其深刻的印象。

平时，即使不是自己的值班时间，日本国家高能物理研究所的科研人员也会在上午九点左右到研究所，有的人还带着午饭和晚饭，绝大多数研究人员工作到晚上九十点后才回家，这样勤奋的工作态度着实令人敬佩。

除了科研人员，叶铭汉也体会到了日本工人一丝不苟的敬业精神。一件小事让他深有感触，在日本期间，叶铭汉住在日本国家高能物理研究所的客房，工人每月来检查一次空调机。每次来，都严格遵守自己的一套工作程序：事前，客房管理人员会通知某月某日有人来检查空调机，到时候工人穿着整洁的工作服准时来到，一进门，先说明来意，接着就开始工作。他先把空调机擦干净，然后开始检查，检查完毕再一次擦干净空调机后才离开。

在日本做访问学者的经历不仅帮助叶铭汉开阔了学术研究的眼界，而且为他提供了在其他领域深入观察与思考的机会。叶铭汉对日本研究机构的管理制度产生了极大兴趣，发现有很多可以借鉴的经验。

第一，在人员编制方面，日本国家高能物理研究所属于政府机关，有一定的编制，是国家法律规定的硬性指标，不得超过。如果要新进一个人，必须经过国家议会讨论通过，是十分困难的。因此，研究所内可外包的工作一律尽可能地通过雇用合同工的方式解决，后勤岗位中的保安、清洁工作都由社会上的公司来承担。反思我国的研究所，例如高能物理研究所，曾经一度有过12位副所长，在事业单位的编制上或许可以向日本学习。

第二，在经费方面，日本的研究所不配备专门的车队，公务用车全靠出租车。出租车公司在研究所附近设有出租车站，所里工作人员和访问学者要用车时，只需向研究组秘书领两张用车券，一张用于出去，一张用于返回。秘书给出租车公司打电话约定时间，车子准时来到，把人送到目的地。到了目的地后，在用车券上签字交给司机。回所时，打电话叫车，车子就到指定地点接人，回所后在用车券上签字就可以了，没有烦琐的报销手续。一般外来客人从外地或外国来到日本或离开，都由出租车公司到机场或车站接送，不动用研究所的人力。

第三，在研究人力的使用方面，日本的研究所很珍惜业务人员的工作时间，力求把有限的时间投入科研工作中，不让琐碎的日常事务浪费研究人员的精力。更换办公地点是一项费时费力的事，AMY组在变更办公场所需要搬迁时，全部由专业搬家公司全程代办，不用组里的人员动手，甚至不需要研究人员事前做任何准备工作，包括抽屉内和桌面上的物品都不必亲自动手整理，搬家公司负责照原样搬到新办公室，将对工作的影响降到极小。

第四，在人员待遇、奖励方面，叶铭汉曾跟该研究所员工交流过这个问题，他们介绍，物质待遇基本上是"大锅饭"，公务人员的工资起薪按他大学毕业的年代计算，之后按工作年限逐年增加，并没有我国研究单位中要评论文的年评制度等规定。只有很少数特别拔尖的人员才会被破格提升，因此所内人员在工资方面的矛盾较小。这让叶铭汉回想起自己在负责所务时，最伤脑筋的就是职工职称晋升问题——上级只给一个指标，规定当年能给几个晋升名额，但不给长期的计划。导致曾经出现这种情况：有一年评职称时有人赶上了，而接下来几年因故停止评审升级，闹得人心惶惶。此后，每次晋升时，人人都想争取这次评上，因为大家内心都不安，都怕"过了这个村就没这个店了"。如果恰巧当年他认为合格的人数多于上级给的指标，他就非常难办，难以平衡，而且容易激发矛盾，导致每次晋升都可能挫伤一些人的积极性。此外，日本公务人员与民营企业的奖励一般采用年中和年底加发一个月或多个月工资的方式，人人都有，每年所在单位按各自的经济情况决定发几个月奖金。如果一个公司经济效益不好，一般不会像美国那样裁员，而是采用少发或不发奖金的办法度过危机，这样有助于长期地稳定队伍。叶铭汉认为，日本这种薪资规定比较适用于研制和使用大科学设备的科研单位，可以借鉴。

二、美国布鲁克海文国家实验室

1990年，美国布鲁克海文国家实验室邀请叶铭汉去做访问学者，时长两年。当时，美国正在研制一台相对论性重离子对撞机

（Relativistic Heavy Ion Collider，RHIC），可以加速从氢核到铀离子的一系列各种离子。叶铭汉想参加在该对撞机上工作的某一探测器的研制项目。

1991年初叶铭汉到了布鲁克海文国家实验室后发现，所有准备在RHIC上工作的探测器的设计都已确定，并且已经把研制任务分派给到了各参加单位。叶铭汉的长处是探测器硬件方面的研制，可是这一工作已有人在做。为了取长补短，也为了多了解软件方面的技术，他决定转为参加实验分析软件的准备工作，主要检测一些事例产生软件，共完成了三个工作报告：① Compilation of Histograms by FRITIOF, HIJET and VENUS（《事例产生软件 FRITIOF、HIJET 和 VENUS 所产生的直方图集成》）；② Compilation of Histograms by FRITIOF 7.0（《事例产生软件 FRITIOF 7.0 所产生的直方图集成》）；③ Comparison of Experimental Measurements of $p\bar{p}$ Collision with Monte Carlo Generators FRITIOF 1.7 and 7.0 and VENUS 4.02（《用蒙特卡罗事例产生软件 FRITIOF 1.7 和 7.0 以及 VENUS 4.02 所产生的 $p\bar{p}$ 相撞事例与实验的测量的比较》）。

此外，叶铭汉还学习了欧洲核子研究中心的GEANT软件，准备用来分析将在RHIC上工作的PHENIX谱仪性能。后来得知已有别人在做，他也就没有再重复工作了。

叶铭汉在访美期间发现，美国的国家实验室十分注意自己的职工、访问学者等人员的身体健康。每位访问学者刚进实验室，就要被安排一次细致的身体检查，还要进行如何避免工伤等内容的培训。等到访问学者工作期满，临离开前还要进行一次同样的详细体检，证明个人健康并没有因在该实验室工作而受到伤害。这些细节方面的工作非常到位，值得我们借鉴。

三、德国电子同步加速器研究所

1990年8月叶铭汉到新加坡参加第25届国际高能物理大会

时，遇到了德国电子同步加速器研究所（Deutsches Elektronen-Synchrotron，DESY）所长沃尔克·泽格尔（Volker Soergel）教授，他邀请叶铭汉到 DESY 工作一年。

DESY 于 1960 年成立，由于一开始要建造一台电子同步加速器，就把加速器作为单位的名称。1964 年，加速器建成，可以把电子加速到当时世界最高的 7.4 亿电子伏，开展粒子物理研究。现在，DESY 是德国最大的高能物理研究中心，研究领域扩展到同步辐射的应用、新光源的研究等。1995 年 7 月，叶铭汉应约来到位于德国汉堡的德国电子同步加速器研究所工作。

当时，DESY 新建并运行了一台名为 HERA 的电子质子对撞机，在此对撞机上的实验工作已经开始。有一批德国科学家提出一个大胆的想法：在此对撞机上进行一个"寄生实验"，即在不干扰正常对撞的前提下，让该对撞机质子环中运动的质子束在轨道的某处与极细的金属丝相撞，从而产生大量次级粒子（如 B 粒子）。当时美国和日本正在建造 B 工厂，德国科学家希望能在两国的 B 工厂建成之前抢先取得实验成果。DESY 的科学家把这实验定名为 HERA-B。

HERA-B 实验的想法着实令人振奋，但想要取得成功却是非常困难的。因为它属于质子打金属靶实验，所产生的粒子多种多样，对要研究的 B 粒子而言，本底极大。要把 B 粒子从本底中分离出来，对探测器的要求很高。

叶铭汉参加 HERA-B 谱仪的一个部件——量能器的研制。这个量能器的选型及其结构都尚未确定，需要做大量预制研究，叶铭汉的工作偏重于预研所用的漂移室。他需要用一个名为 Garfield 的专用程序估算漂移室的性能，然后才能决定漂移室的结构。那时 HERA-B 组有同事刚从欧洲核子研究中心引进了 Garfield 程序，并把它转交给叶铭汉，但是 Garfield 的运行总是出问题。叶铭汉过去没有接触过这个程序，好在通信和交流都十分方便，他就直接发邮件向该程序的编写者——在欧洲核子研究中心工作的研究员

Veennhof 求教，并很快得到了热情的回信欢迎。叶铭汉与他通过电子邮件交流，告诉他遇到的问题，他就给出应对建议方面的指导。

但是，往往是一个问题解决了，又会出现新的问题，这样反反复复一周后，Veennhof 认定，DESY 所引进的老版本 Garfield 程序无法适应 DESY 的计算机系统，应该改用他的新版本，于是他把新版本发给叶铭汉并进行远程安装指导。麻烦的是，叶铭汉最初不会用 Garfield 程序中采用的欧洲核子研究中心的常用软件包，因此他不得不先学习这些软件包，然后再继续学习使用 Garfield。在学习期间，叶铭汉遇到问题，就想办法自己解决，如果自己解决不了，就发电子邮件向远在瑞士的 Veennhof 求教，他也总是热心帮助，很快给出回答，叶铭汉十分感谢他。

当时整个 DESY 只有叶铭汉一人在学习使用 Garfield 程序，他还同时学习了其他必须先掌握的作图程序、文章排版程序（LaTeX）等一系列应用程序。经过一番苦功夫，他终于能够熟练使用 Garfield 程序解决估算问题了。

叶铭汉在长期工作中养成了习惯：不怕不熟悉的新问题，他相信总能通过学习来解决出现的新问题。他也不怕自己年龄大、记忆力差，坚信只要锲而不舍，努力天天学、天天用，就一定能掌握。

附 录

附录一　叶铭汉大事年表

1925 年
　　4 月 2 日，出生于上海。

1931 年，6 岁
　　春，就读上海唐家湾小学；秋，转学到上海金荣小学。

1934 年，9 岁
　　秋，转至上海萨赛坡小学读二年级。
　　小学四年级时，因算术不及格，留级一学期。

1937 年，12 岁
　　夏，从上海萨赛坡小学毕业。秋，入震旦大学附属中学初中部。

1938 年，13 岁
　　初中二年级，国文老师张鹤群对叶铭汉的一篇读书报告十分欣赏，在课堂上大加表扬，自此叶铭汉的学习成绩开始全面提高。

1939 年，14 岁
　　初三上学期得到奖学金，免交下学期的学费。

1940 年，15 岁
　　夏，从震旦大学附属中学初中部毕业。初三下学期得到奖学金，可以免交高中一年级上学期的学费。为了大学能考进清华大学，决心到以英语为主要外语的学校求学，离开了以法语为主的震旦大学附属中学。秋，进入上海大同大学附属中学高中部。

1941年，16岁

在上海大同大学附中高中部求学。

1942年，17岁

夏，读完高中二年级。叔父叶企孙来信要叶铭汉去重庆读书。随后，大姐叶铭燕来信希望叶铭梯等也去重庆。家中决定让叶铭汉、叶铭梯和叶铭璇同去。

10月，叶铭汉、叶铭梯、叶铭璇和表兄曹本钧四人一同离开上海，经九江到南昌。在南昌通过日军封锁线，经过衡阳、桂林、金城江、贵阳到达重庆。

1943年，18岁

1月，到达重庆，在北碚的大姐叶铭燕家中居住，等待分配学校。

3月，被分配到中央大学师范学院附属中学高中部，进高中二年级。学校在离重庆五六十公里的青木关山上。

7月，以同等学力报考中央大学水利系，被第二志愿心理系录取。经叔父叶企孙劝导，继续留在中央大学师范学院附属中学读书。

1944年，19岁

7月，从中央大学师范学院附属中学高中部毕业。报考西南联合大学土木系，在重庆的初试只考了国文、英语和数学，被录取。8月底到昆明参加复试，考物理、化学、生物、史地，被录取。

10月，入西南联合大学土木系一年级。

11月底，西南联合大学举行知识青年从军演讲会，梅贻琦、冯友兰、闻一多、钱端升等教授讲话，鼓励学生从军。

1945年，20岁

1月底，参加青年军。

2月5日，乘飞机前往印度汀江，在汀江编入暂汽一团。

2月14日，坐火车前往蓝伽训练基地，在该基地的汽车学校学习驾驶汽车。

3月26日，蓝伽训练基地汽车学校汽车驾驶班修业期满，成绩合格，准予毕业。

5月初，从蓝伽坐火车到印度和缅甸交界处的雷多。在雷多又练习了约两周时间驾驶汽车，主要是为了熟悉山地驾驶。

7月6日开始，全团分批离开雷多，驾驶吉普车回国，三人合开一辆，同车者为汤梦秀、余煜华。

7月18日，到达昆明，上交吉普车后，暂编陆军辎重兵暂编汽车第十四团驻扎在昆明附近西山脚下的车家壁。

8月22日，办理请长假手续，离开军队。

8月24日，返校复学，仍念大学一年级。与李政道结识，当时李政道刚转学西南联合大学，为物理系二年级转学生。

11月25日晚，昆明大中学生6000余人在西南联合大学新校舍大草坪举行反内战时事晚会。晚会进行中，国民党第五军武装士兵包围会场，发射小钢炮、机关枪等进行恐吓威胁，国民党特务乘机捣乱，切断电源。西南联合大学学生很愤慨，26日当即决定罢课。

12月1日，上午11时左右，"一二·一"惨案发生。下午，西南联合大学代常委叶企孙召开紧急教授会议，发表谴责当局暴行宣言。叶铭汉当时基于正义感，参加了一些看守校门和宣传工作。

1946年，21岁

5月4日，西南联合大学结束历史使命，复校为清华大学、北京大学、南开大学三所大学，学生可以自愿选择一所学校。叶铭汉选择了清华大学，并从土木系转入物理系。和部分西南联合大学师生一起回迁，从昆明坐飞机到重庆，再从重庆坐飞机到北平。到北平后，因清华大学校舍尚未修好，和西南联合大学部分先到北平的同学一起暂住北大四院。

10月10日，清华大学开学，但学生宿舍10月下旬才修好，学生从北大四院搬到清华大学。

11月5日，清华大学正式上课。清华大学理学院院长由叶企孙担任，物理系系主任是霍秉权。物理系有叶企孙、周培源、霍秉权、王竹溪、余瑞璜、孟昭英、任之恭、范绪筠等教授。

寒假，到天津的大姐叶铭燕家看望母亲。

1947年，22岁

5月17日，清华大学学生宣布罢课，并发表《反饥饿反内战罢课宣言》。在反饥饿反内战反迫害运动期间，参加游行示威运动，并参加一些宣传工作。

7~8月，除暑假到在天津的大姐叶铭燕家看望母亲外，大部分时间在清华大学校园内，经常上午与几位同学合作，抄录、油印王竹溪先生的《热力学讲义》，下午到颐和园游泳。

1948年，23岁

年初，到天津的大姐叶铭燕家看望母亲。

1949年，24岁

1月31日，北平宣告和平解放。

2月，进城参加宣传工作。

4月，在清华大学加入新民主主义青年团。

5月，参加清华大学工学院和物理系、化学系应届毕业生东北参观团，去东北参观了沈阳、鞍山、本溪、抚顺、长春、吉林、哈尔滨等地，为时两周。

7月，清华大学物理系毕业，获学士学位。

7月，参加华北学生暑期学习团，学习团在清华大学内举办。

9月，考上清华大学研究生，导师是钱三强。第一年以学习基本课程为主，学习量子力学、核物理和电动力学，导师安排课余自学有关回旋加速器的知识。

1950年，25岁

5月19日，中国科学院成立近代物理研究所，吴有训兼任所长，钱三强任副所长。

7月中，钱三强了解到加速器等大型科研设备只能在中国科学院建造的政策，建议叶铭汉转到近代物理研究所工作，叶铭汉遂调入该所。因为当时尚不具备建造加速器的条件，被安排到王淦昌、肖健领导的宇宙线研究组，参加安装一台云室及其控制线路的工作。

10月，中国科学院发动干部报名到东北参加抗美援朝工作，叶铭汉报名参加，但未被批准。

11月底，赵忠尧突破重重阻拦回到中国。近代物理研究所成立了由赵忠尧领导的静电加速器组，李寿楠、陈耕燕和叶铭汉被调往参加我国第一台带电粒子加速器——700千电子伏静电加速器的研制。

1951年，26岁

3月，吴有训辞去近代物理研究所所长一职，由钱三强任所长，彭桓武、王淦昌任副所长。

静电加速器组的叶铭汉等从自己动手配制焊料开始，焊接金属真空部件，开始研制离子源。

7月，当选为第一届北京市民主青年联合会代表。

年底，杨澄中回国，参加静电加速器小组。此时，组内还增加了四名年轻人，全组共八人，由赵忠尧、杨澄中领导。

1952年，27岁

继续700千电子伏静电加速器的研制工作，相继开始研制离子源、加速管、真空系统等部件。

6月，全国高等院校院系调整，叔父叶企孙调到北京大学物理系任教，搬到北京大学镜春园76号。

10月，近代物理研究所制定了第一个五年科研工作计划，确定办所方向"以原子核物理研究工作为中心，充分发展放射化学，为原子能应用准备条件。"

1953年，28岁

春，近代物理研究所全体科研人员停止工作，突击学习俄语一个月。一个月后，大多数人都能阅读俄文科技文献。

5月，北京市青年第二届代表大会在北京召开，近代物理所的邓稼先、黄祖洽和叶铭汉三人被中国科学院选为代表参加大会。

10月6日，中国科学院院务会议决议：将电子学研究筹备处、数学研究所的电子计算机部分合并到近代物理所，并决定将近代物理研究所改名为物理研究所。

10月，700千电子伏静电加速器开始安装。

年底，除离子源系统外，静电加速器的安装初步完成，成功产生了高电压。

1954年，29岁

1月，物理研究所从东黄城根迁到中关村。叶铭汉负责700千电子伏静电加速器的搬迁、重新运行和改进。该加速器运行时，绝缘支柱常发生电火花放电击穿，导致加速器电压不稳定。重新安装时，叶铭汉改进了绝缘支柱的电压分配系统，绝缘支柱不再发生电火花放电，加速器的电压从此稳定。同时，添加了电晕针对高电压电极放电的电压稳定装置，高电压可稳定到0.5%左右。把离子源系统安装入高电压电极内，完成了离子源的远距离控制系统。

10月，静电加速器组装完成，开始运行，很顺利地加速了质子。

年底，叶铭汉被提升为助理研究员。

1955年，30岁

年初，叶铭汉用 $^7\text{Li}(p,\alpha)$、$^{19}\text{F}(p,\gamma)$ 反应测定了高电压的读数，加速器的最高能量达到700千电子伏。

1956年，31岁

何泽慧领导的核乳胶组用核乳胶作为探测器，在700千电子伏静电加速器上测量 ^{7}Li(p,α) 的 α 粒子角分布，是我国第一个加速器核反应实验。

8月，与殷蔚薏结婚。殷蔚薏是殷宏章院士之女。1930年9月5日生于天津，印度德里大学肄业，北京大学生物系毕业。曾任中国科学院植物研究所副研究员，1990年退休。

9月，物理研究所与北京西南远郊坨里正在兴建的原子能科研基地601厂合并，名称仍用物理研究所。中关村部分为所一部，坨里部分为所二部。所长是钱三强，副所长增添赵忠尧、力一等。

秋季，中国科学院决定，物理研究所分出一部分工作人员到兰州建立兰州近代物理研究所，杨澄中担任所长。

1957年，32岁

负责第一台静电加速器的运行和改进，并参加第二台静电加速器（2.5兆电子伏静电加速器）的研制工作。

上半年，杨澄中率兰州近代物理研究所人员全部迁到兰州新址。

年底，2.5兆电子伏静电加速器出质子束，初步建成，但运行时机械噪声较大。

1958年，33岁

担任静电加速器组副组长（组长为赵忠尧），负责两个小组，一组负责加速器的维护运行和改进，另一组负责核反应实验。

改进了2.5兆电子伏静电加速器输电带的传动结构，使加速器的运行大为稳定。

6月，义务劳动参加建造十三陵水库，时间约1个月。

7月1日，物理研究所改名为原子能研究所，应用物理研究所改名为物理研究所。

1959年，34岁

2.5兆电子伏静电加速器的能量达到设计值，同时改进了电压稳定和测量系统，通过静电分析器的质子束（流强为微安级时）的能量分布为±0.1%，加速器能量测定的重复性达到±0.1%。2.5兆电子伏静电加速器的各项性能都达到了当时国际上同类型的水平。

开始进行 $^{23}Na(p,α)$ 反应研究的准备工作，用核反应产生的α粒子来检验由金建中等建造的重粒子谱仪的性能。

开始重粒子谱仪的改进工作，夏广昌负责改进其磁体电源，以提高其稳定度；重新设计磁场场强测量系统。

1960年，35岁

负责2.5兆电子伏静电加速器的日常维护和运行。

夏广昌完成了重粒子谱仪励磁电源的改进工作，同时完成了新的磁场监测系统，使谱仪的磁场的长期稳定度好于±0.1%。这一改进为核反应实验做好了准备。

1961年，36岁

重粒子谱仪的性能达到了实验要求，开始进行 $^{23}Na(p,α)$ 反应研究，测量反应的产生曲线和α粒子的角分布。

1962年，37岁

继续在2.5兆电子伏静电加速器上开展 $^{23}Na(p,α)$ 反应实验，研究 ^{24}Mg 的能级。进行在质子能量1.40～1.55兆电子伏范围内的 $^{23}Na(p,α)$ 反应的研究。从 $^{23}Na(p,α)$ 反应的激发曲线中发现 ^{24}Mg 的一条在当时国际上实验中尚未测出的能级。这一实验结果说明2.5兆电子伏静电加速器和重粒子谱仪都达到了先进水平。此外，还测量了这一新能级附近的两个能级所放出的 $α_0$ 粒子的角分布。

叶铭汉和陈鉴璞提出下一步建造串列式静电加速器的建议，被列入中国科学院关于发展加速器的规划中。

1963年，38岁

陈鉴璞和叶铭汉对电晕针分压方法进行了研究，测量了静电加速器工作的高气压范围内电晕针放电的特性，这一测量有助于把电晕针放电分压法应用于高气压下工作的静电加速器。

10月，叶铭汉和陈鉴璞、夏广昌等完成了专著《静电加速器》，赵忠尧先生审校了全稿。这是国内第一本比较全面系统地介绍和讨论静电加速器的工作原理、设计以及维护、运转等方面的专业著作。

在赵忠尧先生的领导下，开始筹建串列静电加速器。

1964年，39岁

原子能研究所进行提升副研究员考核，叶铭汉和汪容作为候选人，做了工作成果报告，在所内通过了答辩。不久，因政治运动，提升一事自动停止。

国家实施"三线"建设方针，停止在北京的一切基建，串列静电加速器的筹建停止。

10月，下乡到辽宁省开原县清河公社大孟屯大队参加"四清"运动。

11月13日，母亲因肺癌病逝，享年78岁。1948年，母亲随大姐叶铭燕远寓台北，她晚年归乡心切，只因两岸阻隔，无法返回。

1965年，40岁

1月，工作队开展了宣讲"双十条"、秋收分配、"小四清"等工作，主要参加清理工分工作。

2月，春节后，工作队开展"大四清"，主要参加清查账目工作。

3月底，"大四清"工作结束，开展组织建设等工作。这一段时间内，分工负责管生产。

夏季，"四清"工作队工作结束，队员都留在原地劳动锻炼。

10月中，下乡满一年，回到北京。

1966年，41岁

6月，"文化大革命"开始，被作为"反革命分子"批判。

1969年，44岁

1月15日，父亲叶鸿绩病逝。

10月，下放到位于湖北潜江的二机部"五七干校"。

11月，叔父叶企孙转回北京大学隔离审查，身患重病。

1970年，45岁

在"五七干校"劳动。

1971年，46岁

在"五七干校"劳动。

1972年，47岁

2月，返回北京。

5月，北京大学对叶企孙做出"敌我矛盾按人民内部矛盾处理"的结论，允许家属探视。

2.5兆电子伏静电加速器在1969～1971年被拆改使用了一段时间后停止运行。叶铭汉回所后担任静电加速器组大组长，负责恢复工作。在1966年"文化大革命"前设计并订制的新加速管、绝缘支柱、磁分析器等都已加工完毕，用该批新部件替换了旧部件。

1973年，48岁

负责2.5兆电子伏静电加速器的恢复运行。在恢复过程中进行了大修和改进，更换了绝缘支柱的全部绝缘垫块和加速管，新安装的加速管是陈鉴璞于1963年重新设计制造的，重新研制了高压电极内离子源的供电电源及其控制系统，加速器的控制台也重新进行了设计、布线。经过这次改进和大修，加速器的运行稳定度大大提高。

2月1日，原子能研究所一部（即中关村分部）从原子能研究所划出，独立成为高能物理研究所。

3月13日～4月7日，中国科学院在北京召开了高能物理研究和高能加速器预制研究工作会议。有36个单位的119位代表参加会议，朱洪元、霍安祥、王祝翔、郑林生、叶铭汉等18位代表在会上做报告。

1974年，49岁

高能物理研究所的大部分从中关村迁到玉泉路，全所以研制高能加速器和准备高能物理实验为工作重点。

叶铭汉与物理研究所合作，在国内首先开展静电加速器在半导体器件制造方面的应用。解决了用质子轰击半导体所需的剂量问题，成功地协助物理研究所制成双异质结激光二极管，性能接近国际水平。叶铭汉还开始了质子束在物质分析方面的应用，进行了硅晶体堵塞效应等研究。

4月，调离静电加速器组，专攻高能物理实验研究。

1975年，50岁

开始高能物理实验研究的预备工作。经过仔细调研，肖健和叶铭汉认为电子计数器类型的探测器（如多丝室、漂移室等）已逐渐取代泡室、流光室成为高能物理探测器的主流。肖健建议，成立一个研究小组专门研究多丝室、漂移室，研究室同意并任命叶铭汉为组长。

研制了小型多丝室。

1976年，51岁

10月初，美国斯坦福直线加速器中心所长潘诺夫斯基来华学术访问，叶铭汉赞同其提出建造质心能量为40亿电子伏的正负电子对撞机的建议。

1977年，52岁

11月，国家批准"八七工程"，计划先建造一台300亿电子伏的质子同步加速器作为注入器，计划在1987年建成4000亿电子伏的高能加速器。

被中国科学院评为"先进工作者"。

1978年，53岁

3月，叶铭汉被破格从助理研究员提升为研究员。

赵忠尧、叶铭汉等完成的质子静电加速器，叶铭汉、陈鉴璞、夏广昌、阮同泽、张华顺等完成的《静电加速器》（书）两项成果获中国科学院重大成果奖。

利用自主研制的CAMAC插件和数据获取系统，肖健、叶铭汉等在国内首次实现了多丝正比室计算机在线数据获取。

与毛慧顺、王运允建造了我国第一个漂移室。

8月，到日本东京参加第十九届国际高能物理会议。

12月，到美国考察高能物理实验区域的设计。

1979年，54岁

7月，经李政道和美国各大学及有关实验室联系和推荐，高能物理研究所选派叶铭汉等30余位实验物理人员分批赴美国、瑞士参加物理实验研究，为开展高能物理实验研究储备人才。

12月，叶铭汉作为访问学者到美国普林斯顿大学参加在美国布鲁克海文国家实验室的AGS加速器上进行的反应研究，实验目的是寻找η_c粒子。

1980年，55岁

继续在美国布鲁克海文国家实验室的研究工作。

4月，肖建、叶铭汉、毛慧顺、白景芝、武振东等完成的"小型多丝正比室在线实验"获中国科学院科技成果奖三等奖。

1981年，56岁

3月17日，朱洪元、谢家麟和叶铭汉参加由李政道组织的在美国费米国家加速器实验室与美国科学家讨论在我国质子加速器下马后的工作方向的学术研讨会,大家一致建议建造一台 2×2.2 亿电子伏的正负电子对撞机。该加速器的造价估计远低于 500 亿电子伏质子同步加速器的,并可用来开展最前沿的物理问题研究,以及进行附带产生的同步辐射的应用。

5月,结束在美国布鲁克海文国家实验室的研究工作,应邀去犹他大学访问,参加超高能宇宙线的观测。所用实验装置名为 Fly's Eye,是国际上唯一能观测能量在 10^{18} 电子伏以上的粒子在大气中飞行轨迹的实验装置。叶铭汉参加了该装置的研制和实验观测。

1982 年,57 岁

3月,担任高能物理研究所物理一室主任,主持北京谱仪的研制。

3月8~9日,中美高能物理联合委员会第三次会议在高能物理研究所举行。参加会议的中方代表有钱三强、张文裕、谷羽、朱洪元、谢家麟、冯因复、张厚英、叶铭汉、季承、柳怀祖、全金关。会议回顾了高能物理研究所和美国国立实验室之间的合作,并讨论了下阶段的合作问题。

6月中,结束在犹他大学的访问工作。

6月20日~9月,参加以谢家麟、张厚英为首的北京正负电子对撞机总体设计考察组,到美国斯坦福直线加速器中心考察,与有关专家讨论北京正负电子对撞机和北京谱仪的总体设计方案。

1983 年,58 岁

进行北京谱仪的物理设计和预制研究。

11月13~15日,中美高能物理联合委员会第四次会议在美国斯坦福大学召开。参加会议的中方代表有谷羽、张厚英、朱洪元、谢家麟、叶铭汉、方守贤、赵文彦、柳怀祖、李树宝、侯儒成。

12月,中央书记处第103次会议决定将北京正负电子对撞机工程列入国家重点工程建设项目。

12月，党中央、国务院任命谷羽、林宗棠、张寿、张百发组成北京正负电子对撞机工程领导小组，谷羽任组长。

1984年，59岁

2月7日，中国科学院党组决定张文裕任高能物理研究所名誉所长，叶铭汉任高能物理研究所代理所长，谢家麟、张厚英、陈东任高能物理研究所副所长，领导全所投入研制北京正负电子对撞机和北京谱仪。北京正负电子对撞机主要由谢家麟、方守贤负责，北京谱仪由叶铭汉负责，张厚英负责土建、北京正负电子对撞机和北京谱仪的非标准部件加工。

2月15日，中国科学院任命谢家麟兼任北京高能物理实验基地工程项目经理，方守贤任副经理。

4月28日，完成北京正负电子对撞机工程的扩大初步设计。

6月12~21日，北京正负电子对撞物理工作研讨会在高能物理研究所举行，应邀参加会议的有美国、民主德国、日本和国内相关单位的代表100多名。会议讨论了北京正负电子对撞机工作能区的物理工作，对北京谱仪的设计提出了建议。

8月24日，中国科学院党组同意张文裕任高能物理研究所名誉所长，免去其所长职务；叶铭汉出任高能物理研究所所长（任期三年），张厚英任常务副所长，何龙任党委书记。

9月，国务院批准了国家计划委员会《关于审批北京正负电子对撞机（即8312工程）建设任务和规模的报告》。

10月7日，北京正负电子对撞机工程破土动工，邓小平、杨尚昆、万里、方毅、余秋里、胡乔木、胡启立等领导同志亲自为工程奠基。

10月7~9日，中美高能物理联合委员会第五次会议在高能物理研究所举行。参加会议的中方代表有谷羽、章综、叶铭汉、谢家麟、朱洪元、张厚英、方守贤、柳怀祖、李明德、季承、李树宝、陈森玉、侯儒成，会议签订了《中美高能物理合作计划》。

完成北京谱仪的工程设计，随即进行部件加工。

参加彭桓武领导的中国科学院1986～2000年规划专题研究报告物理专题组，并负责编写《核物理的现状及展望》，提供中国科学院规划攻关办公室参考。

1985年，60岁

4月16日，中国科学院批准高能物理研究所《关于将宇宙线高能天体物理实验室建设列入一九八五年计划的报告》，"该实验室建成后争取作为院开放实验室对外开放"。

9月9日，中国科学院党组决定，王迪任高能物理研究所党委书记。

9月21～26日，中国物理学会高能物理分会召开了第二届会员代表大会，选出第二届理事会39人，叶铭汉为理事长，副理事长为胡宁、谢家麟、郑林生，秘书长是霍安祥。

10月16～18日，叶铭汉、谢家麟、方守贤、冼鼎昌等参加在美国布鲁克海文国家实验室召开的同步辐射装置建造和调试会议。

10月21～22日，中美高能物理联合委员会第六次会议在美国布鲁克海文国家实验室召开。参加会议的中方代表有谷羽、张百发、章综、叶铭汉、袁承愚、谢家麟、张厚英、陈森玉、侯儒成。会议讨论了正在执行的高能物理领域的合作，并签订了《中美高能物理合作计划》。

11月7～12日，中国电子学会、中国核学会的核电子学与核探测技术学会在四川举办了第三届全国计算机在核科学技术中应用学术会议暨核电子学与核探测技术学会第二届委员会成立大会，叶铭汉被选为主任委员。

叶铭汉和郑志鹏、祝玉灿等进行了未掺铕（Eu）活化的CaF_2晶体的闪烁特性的测量，根据测量结果，落实了^{48}Ca双β衰变实验方案。

1986年，61岁

叶铭汉和何祚庥、郑志鹏、祝玉灿等合作，指导博士生游科进行 ^{48}Ca 双 β 衰变实验。实验中使用了长春光机所生长的未掺铕（Eu）活化的 CaF_2 大晶体。4块晶体既作为 β 源，又作为闪烁晶体，在实验方法上有独到之处。实验在门头沟煤矿矿井底进行，岩石层厚512米，宇宙线本底可减少很多，这是我国首次在地下深处进行的基础物理实验。

1月18日，叶铭汉因事务繁忙，不再兼任物理一室主任，由郑志鹏担任物理一室主任，郁忠强、吴为民担任副主任。

7月3日，四人工程领导小组组长谷羽因健康问题，不再担任组长，由周光召继任。

8月25日，当时任高能物理研究所 ALEPH 组组长的吴为民从北京成功发给 ALEPH 的领导——位于瑞士日内瓦欧洲核子研究中心的斯坦伯格一封电子邮件，这是我国第一封发到国外的电子邮件，高能物理研究所是国内最早连接因特网的单位。

10月8～10日，中美高能物理联合委员会第七次会议在高能物理研究所举行。参加会议的中方代表有周光召、章综、叶铭汉、张麟玉、谢家麟、张厚英、方守贤、柳怀祖、陈森玉、侯儒成、程尔晋，会议签订了《中美高能物理合作计划》。

1987年，62岁

2月，谱仪的磁铁及其配套的大型螺旋管线圈分别由天津新河船舶修造厂和中国原子能研究院研制成功。

6月12～13日，高能物理研究所首次举办公众开放日活动，向社会介绍近年来的科研工作和北京正负电子对撞机工程的进展情况。叶铭汉负责接待参观群众。

9月29～30日，中美高能物理联合委员会第八次会议在美国费米国家实验室举行。参加会议的中方代表有周光召、叶铭汉、谢家麟、张厚英、方守贤、陈森玉、柳怀祖、侯儒成、詹文山、许明堂、安建基，会议签订了《中美高能物理合作计划》。

11月，完成北京正负电子对撞机的输运线及储存环的安装工作，开始准备对撞机的全面调束。北京谱仪开始在谱仪大厅内组装。

12月3日，对撞机的注入器电子直线加速器调试出束。

12月17日，来自直线加速器能量为1.15亿电子伏、流强为100毫安的稳定电子束流注入储存环，并在环中转了5圈，实现了1987年底出束的预定目标。

1988年，63岁

3月8日，召开北京正负电子对撞机预制研究鉴定会：1.4亿电子伏注入器预制研究、储存环与束流输运线非标准件预制研究、对撞机数控与束测系统预制研究、北京谱仪电子学系统预制研究的鉴定会。鉴定会认为BEPC的预制研究工作是成功的。

4月，北京谱仪进入总装阶段，电子学系统就位。

5月4日～7月11日，对撞机进行第二轮调速，顺利实现了正负电子积累和加速。

8月22日，所长任期期满换届。1984年就职时，中国科学院规定，其任期为3年，实际上已经超过。8月24日，代表所领导班子做《高能物理研究所1984年至1988年所领导任期工作总结》。

中国科学院决定任命方守贤为高能物理研究所所长，李德中、陈森玉、郑志鹏、徐绍旺、马彤军为高能物理研究所副所长。免去叶铭汉高能物理研究所所长职务，免去张厚英、谢家麟副所长职务。

8月，高能物理研究所建成与欧洲核子研究中心的X.25计算机通信线路，进入了国际因特网。

10月，北京谱仪总调成功，测到宇宙线粒子轨迹。

10月16日凌晨，北京正负电子对撞机实现正负电子对撞。

10月23日，北京谱仪顺利取得宇宙线数据并进行了初步数据处理，在北京谱仪的控制台上可以显示出清晰的宇宙线轨迹。北京正负电子对撞机和北京谱仪建成。北京谱仪是世界上性能优异的高能物理实验装置之一。

10月24日，邓小平等党和国家领导人视察北京正负电子对撞机工程，并慰问了参加工程建设的代表。

10月24～26日，中美高能物理联合委员会第九次会议在高能物理研究所举行。参加会议的中方代表有周光召、方守贤、叶铭汉、谢家麟、陈森玉、郑志鹏、柳怀祖、张厚英、侯儒成等。会议签订了下一年度的中美高能合作计划。

11月1日，中国科学院学位委员会同意高能物理研究所学位评定委员会组成，主任由叶铭汉担任。

1989年，64岁

4月，北京谱仪安全准确地安装到北京正负电子对撞机的对撞点上，其精度完全达到要求。4月下旬，北京谱仪在对撞区运行。

5月15日，北京谱仪首次观测到大角度巴巴事例和双 μ 事例。

6月22日，北京谱仪观察到 J/ψ 粒子，说明谱仪的探测器、电子学系统、粒子选择控制系统、在线数据获取系统、离线分析系统联调成功，运行正常，性能良好。

6月28日，叶铭汉加入中国民主同盟。

7月4日，应日本国家高能物理学研究所的邀请，作为访问教授，参加 AMY 合作组的研究工作。

7月5日，由中国科学院与 BEPC 工程领导小组组织的北京正负电子对撞机和北京谱仪鉴定会在高能物理研究所举行，王淦昌担任鉴定委员会主任。委员会确认了 BEPC 自1988年10月实现正负电子对撞以来的调试结果和取得的成绩，认为北京正负电子对撞机、北京谱仪已按期建成，其主要技术指标和性能参数已达到或超过设计指标，实现了任务书制定的目标。

高能物理研究所和国内外十余所大学、研究所成立北京谱仪合作组，开展高能粒子物理实验研究，叶铭汉加入合作组参加研究工作。

8月8日，在1989年高能轻子和光子相互作用国际研讨会上做大会邀请报告，题目是"Status and Physics of the Beijing Electron Positron Collider"，报告北京正负电子对撞机和北京谱仪的建造及其对物理研究的展望。

11月，由谢家麟、方守贤、叶铭汉等领导的"北京正负电子对撞机"项目获中国科学院科学技术进步奖特等奖。

1990年，65岁

8月1～9日，在新加坡参加第25届国际高能物理大会。8月3日叶铭汉在分组会上代表AMY组做了研究成果报告"Comparison of Quark and Gluon Jets Using Three Jet Events from e^+e^- Annihilation at TRISTAN"。

9月21日，结束在日本国家高能物理学研究所的访问。在参加AMY合作组期间，叶铭汉共完成两篇研究成果报告。

11月，北京谱仪合作组成为国际性的合作组，美方有斯坦福直线加速器中心、加州理工学院、麻省理工学院等10个单位参加。

11月，由谢家麟、方守贤、叶铭汉等领导的"北京正负电子对撞机和北京谱仪"项目获国家科学技术进步奖特等奖。谢家麟、方守贤的主要贡献是加速器方面，叶铭汉的主要贡献是探测器方面。

12月11日，应邀到美国布鲁克海文国家实验室做访问教授，进行将在相对论性重离子对撞机上做实验的PHENIX谱仪的物理实验准备工作，用蒙特卡罗方法估算重离子对撞所发生的反应等。

叶铭汉与郑志鹏、祝玉灿、何祚庥等合作，指导博士生游科进行 ^{48}Ca 双 β 衰变实验，测定出 ^{48}Ca 不放中微子的双 β 衰变的寿命下限为 9.5×10^{21} 年，比吴健雄测出的结果高出约4.7倍。

1991年，66岁

在美国布鲁克海文国家实验室从事研究工作。

1992年，67岁

在美国布鲁克海文国家实验室从事研究工作。

1993年，68岁

1月，结束在美国布鲁克海文国家实验室的访问。

12月，当选为民盟中央科技委员会委员。

1994年，69岁

4月，应李政道聘请，到中国高等科学技术中心工作，任学术副主任，参加组织物理学前沿问题和环境科学等学术研讨会，努力促进有关的学术交流。

1995年，70岁

2月24日，参加中国科学院基础局在高能物理研究所召开的"陶粲工厂可行性研究"项目论证会。

4月30日，清华大学举行"叶企孙铜像揭幕暨《一代师表叶企孙》首发式"，王淦昌、施嘉炀和叶铭汉为铜像揭幕。

6月18日，当选为中国工程院院士。

7月24日，到德国汉堡电子同步加速器中心做访问教授，参加HERA-B实验组工作，参加设计HERA-B谱仪的RICH切连科夫探测器。

1996年，71岁

7月29日，结束在德国电子同步加速器中心的访问。

8月，任中国高等科学技术中心学术主任，组织物理学前沿问题和环境科学等学术研讨会，努力促进有关的学术交流。

9月9日，组织"新型核能的探讨"研讨会，讨论加速器驱动的裂变和惯性约束聚变反应，于敏、王淦昌、朱光亚、王乃彦等参加研讨会。

11月3日，李政道主持，举行庆祝中国高等科学技术中心和北京现代物理研究中心成立10周年大会，叶铭汉做报告《中国高等科学技术中心十年》，陈佳洱做报告《北京现代物理研究中心十年》，朱光亚做报告《李政道在科学上的贡献》，温家宝总理做总结讲话。

11月4日，高能物理研究所召开"Tau-charm Factory Feasibility Review"（陶粲工厂的可行性评审会）。参加评审的有潘诺夫斯基、莫里·泰格纳、柯克比、J. Darfan、F. 吉尔曼（F.Gilman）、S. Kurokawa、D. Boussard、A. Chao、李政道、谢家麟、方守贤、叶铭汉。会议一致认为，建造陶粲工厂是当前开展陶粲物理研究的最佳选择，其亮度指标是能够做到的。

1997年，72岁

9月13～22日，应台湾"中央研究院"物理研究所所长李世昌邀请，到该所访问。叶铭汉同时将其母亲的骨灰带回大陆故乡，了结了一桩一直悬念的心事。

11月13～14日，中国高等科学技术中心举办"中国酸雨及其控制"研讨会，会议由李政道、林宗棠主持。

1998年，73岁

为了帮助中国培养年轻的加速器人才，特别是为了支持上海原子核研究所建造同步辐射光源，李政道与美国加速器学校（USPAS）合作举办中国加速器学校。是年，叶铭汉以全部精力和时间协助李政道，负责所有有关的教学和组织工作。

1月，应诺贝尔奖委员会邀请，推荐1998年度诺贝尔物理奖候选人。

10月12～23日，中国加速器学校第一阶段的学习开始，维德曼（Wiedermann）教授讲授加速器基础理论，学员共118人。

11月2～13日，中国加速器学校第二阶段的学习开始。

11月18日，中国高等科学技术中心举行两个有关环境的学术研讨会——"荒漠化的防治"和"南水北调新思路"，由沈鸿烈组织，李政道主持，朱光亚参加。

11月21日，清华大学举办纪念叶企孙先生100周年诞辰暨教育思想研讨会，叶铭汉在会上发言。

12月，应诺贝尔奖委员会邀请，推荐1999年度诺贝尔物理奖候选人。

1999年，74岁

6月10~11日，中国高等科学技术中心举办由孙鸿烈组织的"黄土高原生态环境综合治理与可持续发展"研讨会。

10月1日，参加庆祝中华人民共和国成立50周年大会，在天安门观礼。

12月9日，应诺贝尔奖委员会邀请，推荐2000年度诺贝尔物理奖候选人。

2000年，75岁

吴大猷先生在90岁高龄回顾中国物理学的发展时做了一个口述历史学术讲座——《早期中国物理发展之回忆》。台湾大学对此讲座做了录像和录音。台湾的学者不熟悉当时的情况，在整理文稿时，遇到很大困难。李政道建议，请大陆的物理学家帮助校对。他建议把此任务交给叶铭汉和戴念祖，两人接受这一任务后，抽时间听录音整理。

7月，国家科技教育领导小组原则上批准中国科学院提交的《中国高能物理和先进加速器发展目标》，同意投入4亿元对北京正负电子对撞机进行重大改造，用较小的投入继续取得高水平的研究成果。

2001年，76岁

1月5日，应诺贝尔奖委员会邀请，推荐2001年度诺贝尔物理奖候选人。

1月15日~2月15日，应台湾吴大猷基金会邀请，叶铭汉和戴念祖一起到台北整理吴大猷关于中国近代物理学史的讲稿。

4月2~6日，参加北京正负电子对撞机Ⅱ（BEPC Ⅱ）国际评议会，会上一致赞成采用双环方案。

7月30日～8月3日，参加在美国伯克利召开的2001年度国际核物理大会。

10月13～15日，参加北京谱仪国际研讨会。

10月，叶铭汉和戴念祖申请国家自然科学基金"吴大猷科教思想研究"，得到支持。

11月6日，应中央电视台邀请，参与电视专题片《百年诺贝尔》的制作。

2002年，77岁

1月，应诺贝尔奖委员会邀请，推荐2002年度诺贝尔物理奖候选人。

9月16～18日，参加北京谱仪Ⅲ（BESⅢ）工程国际研讨会。叶铭汉在研讨会上极力主张：BESⅢ必须用超导磁铁，量能器必须用厚度为$15X_0$的CsI晶体。

2003年，78岁

1月28日，参加高能物理研究所成立30周年所庆。

3月20日，参加中国科学院北京正负电子对撞机重大改造工程BEPCⅡ可行性报告论证会。

7月22日，参加高能物理研究所2006～2020年中长期规划讨论。

2004年，79岁

1月13～15日，参加CLEO-c和BESⅢ关于粲、陶物理和QCD联合工作研讨会，担任会议执行主席之一。

1月17～18日，参加大亚湾反应堆中微子实验可行性工作研讨会。

9月，叶铭汉和戴念祖在《科学》上发表《吴大猷论科学教育的理念和教学改革》。

10月，参加北京师范大学举办的庆祝黄祖洽院士八十华诞学术报告会，李政道、朱光亚、于敏等到会祝贺。

11月，叶铭汉和戴念祖在《科学》上发表《吴大猷论大学教育和高考》。

2005年，80岁

3月，参加高能物理研究所高能物理实验中长期规划研讨会。

4月2日，中国高等科学技术中心举办"中国高能物理发展中的叶铭汉"学术报告会，庆祝叶铭汉院士八十华诞。李政道、朱光亚等参加，李政道、周光召致辞，郑志鹏、陈和生、李金、谭有恒、吴为民、张厚英等发言。

4月，参加香山科学会议"中微子振荡与反应堆中微子实验"。

4月，叶铭汉和戴念祖在《物理》上发表《吴大猷及其科学思想》。

2006年，81岁

叶铭汉、王垂林和赵维勤在本年度以绝大部分时间与精力编辑《李政道科学论文选》，精选了李政道60年来创作的106篇科学论文，汇集成《李政道科学论文选》。为了使读者能更准确地了解其科学意义，将论文按其针对的问题分为61个单元，每个单元含一篇或多篇论文，并给每个单元加了中文评注，介绍该单元论文的主题、学科重要性以及相关背景，并插有人物照片或相关图片。这项工作在年底完成，交上海科学技术出版社，2007年9月出版。

8月25日，中国高等科学技术中心和高能物理研究所合办纪念中国第一封国际电子邮件发出20周年——从远程终端到网格计算研讨会。叶铭汉主持会议致开幕词，并代吴为民宣读他的报告《从远程终端到中国第一封电子邮件》。

10月，《早期中国物理发展之回忆》出版，该书由吴大猷口述、黄伟彦、戴念祖、叶铭汉整理。

11月24日，参加在人民大会堂举行的李政道从事物理研究六十年学术思想研讨会。

12月，参加香山科学会议，讨论面对国际直线对撞机（ICL）大科学国际合作项目中国该如何应对。

2007年，82岁

叶铭汉、王垂林和赵维勤在本年度完成编辑《李政道文选（科学和人文）》和《李政道教授八十华诞文集》。

9月28日，到台湾参加吴大猷百年诞辰纪念大会。

2008年，83岁

戴念祖和叶铭汉计划把叶企孙先生的所有文章、文稿、通信、日记等编成《叶企孙文存》，本年度投入一部分时间和精力编辑，从收集材料开始。

6月，在人民大会堂举行吴大猷先生100周年诞辰纪念大会，李政道发言，朱光亚因身体健康关系，他的发言由叶铭汉代念。

10月11日，清华大学举行叶企孙先生110周年诞辰纪念大会，顾秉林、李政道、陈佳洱、李静海、杜祥琬、杨国桢、王大珩、李德平、叶铭汉等发言悼念。

2009年，84岁

以大部分时间和精力继续编辑《叶企孙文存》，同时编写《20世纪中国知名科学家学术成就概览》物理学卷的赵忠尧部分。

4月10日，以私人名义，到美国斯坦福直线加速器中心参加潘诺夫斯基追思会。

5月15日，参加周光召先生从事物理工作55周年学术思想与科学精神研讨会，并代表李政道致贺词。

2010年，85岁

一部分时间和精力继续编辑《叶企孙文存》；一部分时间准备参加世界博览会，做科普报告；一部分时间多次接受首都师范大学硕士研究生王晓义的采访。

4月13日，向中国人民抗日战争纪念馆捐赠参加青年军时的一些纪念品、西南联合大学纪念碑拓片和西南联合大学抗战以来从军学生题名碑拓片。

6月10日，应中国计量科学研究院邀请，对其重大科研项目方案提出初步意见。叶铭汉指出，不必考虑自行建造专用的同步辐射光源，可以跟上海光源合作，联合在上海光源上建一条专用光束线。

6月19日，到无锡参加中国2010年上海世博会论坛"科技创新与城市未来"。6月20日在"保障城市安全"分讲坛做报告《节能灯的安全问题》。

2011年，86岁

4月24日，参加庆祝清华大学建校100周年大会。

12月，接受中国科学院研究生院人文学院柯遵科的采访，做老科学家学术成长资料采集工程相关工作。

2012年，87岁

11月，应中国科学院邀请，参加战略性先导科技专项评议，评议"大亚湾反应堆中微子实验Ⅱ期"。

9月15日，体检查出患肺癌。

12月10～25日，在中国医学科学院肿瘤医院治疗肺癌，接受放疗。放疗结束后，各项体检指标正常。

2013年，88岁

4月，叶铭汉、戴念祖、李艳平编写的《叶企孙文存》出版。

4月20日，中国科学院自然科学史研究所主办、中国高等科学技术中心和首都师范大学物理系协办，举行《叶企孙文存》发布会暨叶企孙诞辰115周年纪念会。叶铭汉参加，并发言、赠送《叶企孙文存》。

5月22日，在上海浦东临港新城的上海福寿园海港陵园举行叶企孙先生安葬仪式，安葬叶企孙先生骨灰，并举行叶企孙先生纪念像揭幕仪式暨《叶企孙文存》新书首发仪式（上海）。

6月7～12日，做手术治疗。

7月17日上午，习近平总书记一行来到高能物理研究所，察看了北京正负电子对撞机、北京谱仪和北京同步辐射装置，参观了核应用技术成果介绍和实物样品，了解了网络和计算平台的历史和现状等，并接见了叶铭汉、方守贤、陈森玉三位院士。

2014年，89岁

5月7日，由吕正操将军之子吕彤羽组织，到河北省保定市顺平县白银坨抗日纪念基地，向在该处建立的抗日战争纪念雕塑献花致敬，参加纪念座谈会。在抗日战争纪念雕塑中有清华大学抗日烈士浮雕，该浮雕为叶企孙、熊大缜、阎裕昌三位的头像。

8月，到天津参加由南开中学62届校友主办的纪念抗战胜利69周年座谈会暨捐赠抗战写实小说《顺和里故事》仪式，并发言。

10月16日，在左肺又一次发现癌变结节，是肺癌转移。

11月19~25日，在中国医学科学院肿瘤医院接受放疗。放疗结束后，自我感觉良好，各项体检指标正常。

2015年，90岁

4月2日，高能物理研究所举行"叶铭汉先生与北京谱仪物理"学术报告会。高能物理研究所印了"叶铭汉院士九十寿辰"影集，上海交通大学李政道图书馆印了"叶茂不言自成荫——恭贺叶铭汉先生九十寿辰"影集。

8月10日，参加高能物理研究所组织的 Workshop on Physics at the CEPC[①]，强烈支持建造 CEPC 的建议。

11月4日，被邀请作为专家参加教育部组织的李政道研究所建设方案论证报告会。

2016年，91岁

以一部分时间开始编辑《叶企孙文存（增订本）》，将在2013年

---

① CEPC（Circular Electron Positron Collider），环型正负电子对撞机，正负电子的能量设计为50亿电子伏。——作者注

《叶企孙文存》出版后新发现的文章增补进去。

2月26日，参加中国科学技术协会和中国邮政总局召开的第七组中国现代科学家纪念邮票审定会。审定的四位科学家为叶企孙、丁文江、金善宝和叶笃正。

4月，撰写的《深切缅怀谢家麟先生》一文发表在《物理》杂志2016年第4期。

5月，参加由中国科学技术协会和中国邮政总局召开的中国现代科学家（七）纪念邮票首发式，叔父叶企孙先生被选入"中国现代科学家（七）"。

11月11日，在右肺叶发现癌变结节，是肺癌转移。

11月28日，上午到上海交通大学参加宇称不守恒与中微子物理国际科学研讨会，下午参加李政道研究所成立典礼。是日，上海交通大学李政道图书馆编著的《心通天宇——李政道教授九十华诞文集》发布。

11月30日～12月15日，在中国医学科学院肿瘤医院接受放疗。放疗结束后，自我感觉良好，各项体检指标正常。

12月27～30日，每天下午接受记者田兆运采访。

2017年，92岁

6月30日，妻子殷蔚薏患肺炎，7月1～11日住院，后出院继续服药至31日，痊愈。

11月1日，参加西南联合大学建校八十周年纪念大会。

2018年，93岁

1月，《叶企孙文存（增订本）》出版，该书比《叶企孙文存》增加了13篇文章。订购120册，寄赠100余所大学图书馆。

3月，应《现代物理知识》杂志主编张闯约稿，撰写文章《纪念叶企孙先生》，在该杂志2018年第3期发表。

4月18日，在家中不慎摔跤，左腿股骨颈开裂。进北京天坛普华医院，22日在积水潭医院经过微创手术，5月14日出院。

7月15日，由中国教育改进社储朝晖等主办的叶企孙与一流大学建设学术会议暨叶企孙先生诞辰120周年纪念会在北京举行。叶铭汉因身体关系没有参加，做了录像发言。

7月16日，参加清华大学物理系王亚愚主持的叶企孙诞辰120周年纪念会，并做发言。

2019年，94岁

1月，从2018年底开始，不断咳嗽、痰多而吐出十分困难。1月19日进医院治疗，29日出院。到2月7日，痰才减少。

2月21日，给上海市委书记李强同志写信，建议在拆迁南市蓬莱路一带叶氏老旧房子时，将近200多年的老房子保留一部分作为纪念叶企孙先生故居。

4月，叶企孙与一流大学建设学术会议暨叶企孙先生诞辰120周年纪念会的会议集由科学出版社出版，书名为《文明的历程：怀念叶企孙》。

附录二　叶铭汉主要著述目录

北京谱仪合作组（丁慧良，于传松，叶铭汉，等）.1992.北京谱仪.高能物理与核物理，16：770.

北京谱仪合作组（丁慧良，于传松，叶铭汉，等）.1992.在北京正负电子对撞机（BEPC）上τ质量的实验测量.高能物理与核物理，16：865.

北京谱仪合作组（丁慧良，于传松，叶铭汉，等）.1995.τ轻子质量的精密测量.高能物理与核物理，19：97-105.

陈鉴璞，叶铭汉.1962.加速器分压用的负电晕间隙特性研究.原子能科学技术，（4）：256-264.

李整武，叶铭汉.1957.带电重粒子激发的γ射线在同位素分析及技术上的应用.科学通报，（10）：297-298.

马基茂，毛慧顺，叶铭汉，等.1979.小型多丝正比室计算机在线实验.全国核探测器和核电子学会议资料汇编：394.

毛慧顺，王运永，叶铭汉，等.1979.小型多丝正比室的性能研究.核技术，（3）：22-29.

王运永，李如柏，叶铭汉，等.1979.小型多丝漂移室的结构和主要性能.核技术，（4）：21.

叶铭汉，陈鉴璞，等.1965.静电加速器.北京：科学出版社.

叶铭汉，陈鉴璞.1963.串列式静电加速器的现状和展望.原子能科学技术，（8）：615-620.

叶铭汉，戴念祖.2004.吴大猷论大学教育和高考.科学，6：30-34.

叶铭汉，戴念祖.2004.吴大猷论科学教育的理念和教学改革.科学，5：30-34.

叶铭汉，戴念祖. 2005. 吴大猷及其科学思想. 物理，2：78-87.

叶铭汉，戴念祖，李艳平. 2018. 叶企孙文存（增订本）. 北京：科学出版社.

叶铭汉，黄涛，严武光. 1987. 高能物理学的进展. 物理，16：465.

叶铭汉，李整武. 1958, 带电重粒子激发的γ射线在测定同位素丰度上的应用. 物理学报，14（1）：64-70.

叶铭汉，孙良方，徐建铭，等，1963. 质子静电加速器. 物理学报，19（1）：60-69.

叶铭汉，席德明，郑志鹏. 1988. 北京谱仪//第四届核电子学与核探测技术和第三届全国高能实验物理学术会议论文集，西安：1.

叶铭汉，夏广昌，钟溟，等. 1964. ^{23}Na（p, α）反应的两个很靠近的共振能级. 物理学报，20（8）：728-730.

叶铭汉. 1974. 低能加速器在固体物理、原子物理和材料分析方面的一些应用//中国科学院. 低能核物理资料汇编. 北京：原子能出版社：284.

叶铭汉. 1982. 探测设备//中国科学院高能物理研究所：22/28亿北京正负电子对撞机初步设计提要（第四章）.

叶铭汉. 1984. 核物理//中国科学院规划公关办公室物理学规划专题组. 中国科学院1986—2000年规划专题研究报告之八. 物理学. 北京：中国科学院：84.

游科，祝玉灿，郑志鹏，叶铭汉，等. 1991。^{48}Ca无中微子双β衰变的寿命下限. 高能物理与核物理，15：966.

中国科学院物理研究所半导体激光组，中国科学院高能物理研究所一室应用组. 1975. 质子轰击室温连续工作GaAs—Ga$_{1-x}$Al$_x$A$_s$双异质结激光二极管的研制. 科学通报，20（12）：559-560.

中国科学院物理研究所半导体激光组，中国科学院高能物理研究所一室应用组. 1976. 静电加速器在固体物理上的贡献——质子轰击条形砷化镓双异质结激光二极管的研究. 物理，（1）：4-6.

Baltrusaitis R M, Cady R, Ye M H, et al. 1986. The Fly's Eye: An Ultra High Energy Cosmic Ray Observatory. Proceedings of International Symposium on Cosmic Ray Superhigh Energy Interactions, Beijing, 52.

Baltrusaitis R M, Cassiday G L, Ye M H, et al. 1987. Measurement of the angular distribution of Cerenkov light in ultra—high energy extensive air showers. Journal physics. G: Nuclear Physic, 13: 115.

BES Collaboration (Bai J Z, Ye M H, et al.). 1994. The BES Detector. Nucl. Instr. Methods, A334: 319.

Chiang I H, Johnson R A, Ye M H, et al. 1984. Experimental Search for Narrow Resonances in the Reaction $\pi p \to \gamma\gamma n$ at 13 GeV/c. Physics Letters, 140B: 145.

Chiang I H, Johnson R A, Ye M H, et al. 1986. Search for Exclusive J/ψ Production. Physical Review D, 34: 1619.

Decamp D, Steinberg J, Ye M H, et al. (ALEPH collaboration). 1990. ALEPH: a Detector for e^+e Annihilation at LEP. Nucl. Instr, Methods, A294: 121.

Tian W H, You K, Ye M H, et al. 1989. Test of the Unactivated Calcium Floride Crystal for Use as a Scintillation Detector in ^{48}Ca Double Beta Decay Experiment. Modern Physics Letters, A4: 213.

Ye M H. 1990. Comparison of Quark and Gluon Jets Using There jet Events form e^+e Annihilation at TRISTAN. Proceedings of the 25th International Conference on High Energy Physics, Singapore, 889.

Ye M H, Zheng Z P. 1987. BEPC, the Beijing Electron Positron Collider. International Journal of Modern Physics, A2: 1707.

Ye M H, Zheng Z P. 1988. BEPC, the Beijing Electron—Positron Collider. Nuclear Physics B(Proc. Suppl)1988, 1B:207c-216.

Ye M H, Zheng Z P. 1989. Status and Physics Program of the Beijing Electron Positron Collider. Proceedings of the 1989 International Symposium on Lepton and Photon Interactions at High Energies, Stanford, 122.

You K, Zhu Y C, Ye M H, et al. A search for neutrinoless double β decay of ^{48}Ca. Physics Letters, 1991,B265: 53-56.

Zhu Y, Lu J G, Ye M H, et al. 1986. Scintillation properties of unactivated calcium floride crystal. Modern Physics Letters, Al: 231.

附录三　北京谱仪工作人员名单

（以姓氏拼音为序）

白景芝	边　强	陈朝清	陈乐珺	陈沈南	陈雅清	迟延昆
崔化传	崔象宗	邓树森	邓亦卫	丁慧良	董宝中	董雪生
杜　侠	杜志珍	方　澄	冯　忠	付正善	高翠山	高美丽
高树琦	高文绣	高元宁	顾树棣	顾维新	管应重	郭红菲
郭愚益	过雅南	韩世温	韩　缨	郝　伟	何　炬	何可人
何孟嘉	后小江	胡贵云	胡加生	胡家伟	黄德强	黄因智
贾秋平	姜春华	居　强	赖元芬	郎鹏飞	李大仕	李　芳
李　环	李　佳	李建唐	李　金	李黎力	李佩琴	李启明
李如柏	李淑琼	李卫国	李　蔚	李正信	梁国宁	林树子
林　薇	刘　琦	刘荣光	刘　炜	刘　璇	刘振安	刘振宇
陆昌国	陆伟达	陆祖荫	吕军光	马东红	马基茂	马思成
毛慧顺	毛泽普	孟祥承	倪蕙苓	聂　晶	聂振东	牛卫平
潘玲君	漆纳丁	钱建京	屈云河	阙友昆	荣　刚	邵毓莺
沈本蔚	沈定力	沈　经	盛华义	盛俊鹏	史焕章	宋晓非
孙汉生	汤福坤	唐素秋	田卫华	汪贤文	汪中吉	王　锋
王广英	王建光	王俊英	王临洲	王灵淑	王　曼	王佩良
王　平	王少敏	王淑琴	王泰杰	王运永	王中和	魏诚林
魏庄子	吴坚武	吴书华	吴水清	吴为民	吴熙东	武振东
席德明	夏小米	肖　健	谢佩佩	谢小希	徐建国	徐芷菁

许榕生	宣百辞	薛生田	严武光	颜　洁	杨成章	杨春敏
杨熙荣	杨晓峰	杨长友	叶铭汉	于传松	俞晨虹	郁忠强
张炳云	张彩娣	张春燕	张达华	张　戈	张浩云	张会领
张家文	张良生	张少强	张英平	张　羽	张玉美	张长春
赵棣新	赵京伟	赵　萌	赵平德	赵平平	赵维仁	赵振国
赵宗琴	郑建平	郑林生	郑　敏	郑文生	郑志鹏	钟戈平
周光谱	周化十	周　杰	周　莉	周　林	周　鸣	周永参
周月华	朱国胜	朱启明	朱善根	朱永生	祝玉灿	庄保安